“十四五”国家重点出版物规划项目

日本远东战争罪行丛书

恶魔医生

日军对盟军战俘的人体实验

总顾问 | 张宪文　主编 | 范国平
[英]马克·费尔顿（Mark Felton）| 著
李学华 | 译　吕晶 | 审校

重庆出版社

图书在版编目（CIP）数据

恶魔医生 : 日军对盟军战俘的人体实验 / (英) 马克·费尔顿著 ; 李学华译 ; 范国平主编. -- 重庆 : 重庆出版社, 2025.7
书名原文: THE DEVIL'S DOCTORS: Japanese Human Experiments on Allied Prisoners of War
ISBN 978-7-229-18572-5

Ⅰ. ①恶… Ⅱ. ①马… ②李… ③范… Ⅲ. ①日本关东军—战争罪行—史料 Ⅳ. ①K265.606

中国国家版本馆CIP数据核字(2024)第074009号

恶魔医生：日军对盟军战俘的人体实验
EMO YISHENG:RIJUN DUI MENGJUN ZHANFU DE RENTISHIYAN
[英] 马克·费尔顿 著 李学华 译 张宪文 总顾问 范国平 主编 吕晶 审校

出　　品： 华章同人
出版监制： 徐宪江　连　果
出版统筹： 张铁成
策划编辑： 宋艳歌
责任编辑： 刘　红
特约编辑： 张锡鹏
营销编辑： 刘晓艳
责任印制： 梁善池
责任校对： 刘小燕
封面设计： 众己·设计 | 微信：orange_pencil

重庆出版社 出版
（重庆市南岸区南滨路162号1幢）
北京毅峰迅捷印刷有限公司　印刷
重庆出版社有限责任公司　发行
邮购电话：010-85869375
全国新华书店经销

开本：680mm×980mm　1/16　印张：16　字数：207千
2025年7月第1版　2025年9月第2次印刷
定价：69.80元

如有印装质量问题，请致电023-61520678

丛书总序一

再塑从全球视野揭露日本罪行的“典范之作”

时光如白驹过隙，自2015年12月《日本远东战争罪行丛书》第一辑出版后，九年时间已经过去了，《日本远东战争罪行丛书》第二辑的作品也已经陆续出版。我还清晰地记得在南京民间抗战博物馆召开丛书第一辑新书讨论会的情景。诸多与会专家高度肯定了丛书第一辑，将其誉为“从全球视角揭露日本战争罪行的典范之作”。

中宣部、国家新闻出版署给予《日本远东战争罪行丛书》很高的荣誉。第一辑（四卷本）获得“十二五”国家重点出版物规划项目、中宣部及国家新闻出版署“一百种抗战经典读物”称号。第二辑（三卷本）获得了“十三五”国家重点出版物规划项目称号及2019年度国家出版基金资助。第三辑（六卷本）于2022年入选“十四五”国家重点出版物规划项目，2023年入选重庆“十四五”重点出版物出版项目规划，其中五本获得2024年度国家出版基金资助。

我一直主张要将日本侵华战争的视野扩充到亚洲太平洋领域，日本在二战期间对被其侵略的亚洲各国人民及西方国家的平民和战俘犯下了罄竹难书的、令人发指的战争暴行。在我主编的教育部重大委托项目“抗战百卷”中，我将日本在东南亚战争暴行的研究交给了季我努学社的三位青年学者。重庆大学历史文化研究中心的钱锋副教授负责“巴丹死亡行军”暴行的研究；南京大学政府管理学院的刘超教授负责“缅泰死亡铁路”暴行的研究；武汉大学历史学院的王萌教授负责日本在东南亚地区整体暴行的研究。这三位都是季我努学社青年学者群体当中的优秀代表。

我非常鼓励季我努学社与重庆出版社持续地对日本在中国以外地

区战争暴行领域进行开拓性研究及出版。由于语言和资料搜集的障碍，也由于中国本土的日本战争暴行更加容易获得各类科研项目资助的原因，国内学者愿意将关于日本战争暴行研究的学术视野放到中国以外地区的不多。然而，日本在二战中的战争暴行，不仅仅伤害了中国人民，也伤害了被其侵略的东南亚国家和遭受其蹂躏的西方国家的战俘和平民，并且它对在其殖民统治之下的朝鲜、中国台湾和所谓“满洲国”的人民也造成了伤害。

现在中国国力日益强盛，国内的科研经费相对充裕，在国内利用外文资料、走出国门搜集外文资料进行研究的学者越来越多。季我努学社的青年学者们普遍外语能力较好，资料搜索、翻译能力在国内青年学者中堪称翘楚。重庆出版社北京华章同人文化传播有限公司一直非常重视《日本远东战争罪行丛书》，在这一课题上持续投入资金和编辑力量，的的确确且扎扎实实地为国内日本战争暴行研究外延的拓展做出了突出贡献，展现出了高度的历史使命感和社会责任感，令人称道。

在不远的将来，季我努学社将与重庆出版社密切协作，争取将丛书研究扩展到日本在亚洲太平洋战争期间犯下的主要战争暴行，如将新马华人“检证”大屠杀、马尼拉大屠杀等纳入其中；放大对于日本战争罪行研究的视角，关于日本战争罪行的审判、关于日本军国主义军队的体制等诸多与日本战争罪行研究相关的课题，也将纳入丛书。

作为季我努学社荣誉社长、丛书总顾问，我要表示一下感谢。感谢中国日本史学会荣誉会长汤重南教授、上海师范大学历史系苏智良教授等一批著名抗战史研究专家对丛书的支持。教授们为丛书撰写了精彩的序言、推荐语，并希望季我努学社与重庆出版社继续高标准、严要求地来规划、翻译、出版本丛书。我希望本丛书能够一如既往地当得起学界给予的“从全球视角揭露日本战争罪行的典范之作”这个极高的赞誉。学界对于本丛书极为关注，希望学社和重庆出版社不忘初心、牢记使命，继续做好这套已经进入中国抗战史学术界的重量级丛书。

国内对于日本在中国之外的战争暴行的研究才刚刚起步，希望《日本远东战争罪行丛书》成为抛砖引玉之作，希望国内有更多的学者可以关注日军在东南亚国家及对西方国家战俘和平民犯下的战争暴行。

张宪文
四川师范大学日本战争罪行研究协同创新中心名誉主任
季我努学社荣誉社长
2024年5月21日

丛书总序二

全球视野下的日本远东战争罪行研究方兴未艾

《日本远东战争罪行丛书》是由季我努学社翻译、重庆出版社北京华章同人文化传播有限公司出版的“十二五”“十三五”国家重点出版物规划项目。已经出版的丛书第一辑四部著作，受到学界专家们的高度肯定，被称为“典范之作”，并被中宣部、国家新闻出版署授予“一百种抗战经典读物”的荣誉。丛书第二辑三部著作，获得2019年度国家出版基金资助。我对重庆出版社的领导、编辑人员和丛书策划者季我努学社及各位译者表示衷心的感谢！

丛书第三辑的作品包括《日军的“治安战”》《士兵的战场：体验与记忆的历史化》《巢鸭囚犯：战犯们的和平运动》《恶魔医生：日军对盟军战俘的人体实验》《日军的毒气战》《铁蹄下的人间地狱：日本军事占领下的婆罗洲（1941—1945）》。丛书充分揭露了日军的惨无人道，其罪行罄竹难书，是不分种族、不分国家的普遍性犯罪。《日军的“治安战”》论述了日军为了维护占领区的“治安”，发动以敌后战场为目标的所谓“治安扫荡作战”“治安肃正作战”“治安强化作战”等作战，真实揭露了日军在华北战场的残暴罪恶，日军的扫荡作战造成的严重后果令人震惊，也促使人们对战争进行深刻思考。《士兵的战场：体验与记忆的历史化》则追溯了从中日战争爆发直到日本在亚洲太平洋战场上陷入绝境并最终战败这一历史过程，为读者展现了战争的残酷、生命的卑微和普通人的悲惨境遇。《巢鸭囚犯：战犯们的和平运动》首次将目光放在了巢鸭监狱中的乙丙级战犯如何认识、反思战争及战争责任上，从战俘反思的角度来揭示战争的残酷性。《恶魔医生：日军对盟军战俘的人体实验》集中记述了发生在奉天战俘营中，日本七三一部队对盟军战俘进行人体实验的战争暴行。《日军的毒气战》披露了日军在“九一八”事变中不顾国际规定开始准备毒气武器，到全面侵华毒气正式投入战场，随着战争的进行，日军毒气战逐渐升级的历史真相。《铁蹄下的人间地狱：日本军事占领下的婆罗洲（1941—1945）》详尽地再现了婆罗洲在被日军占领后，当地居民反抗日军暴行而被虐待、谋杀、斩首的历史。日军在对婆罗洲当地居民进行人身迫害的同时，还对婆罗洲当地的矿产资源进行非法开采，严重破坏了当地的地理地貌和环境。

丛书具有很高的学术意义。毋庸置疑，近二三十年来，我们对日本侵华战争中的日军罪行和中国人民抗日战争的研究，取得了丰硕成果；但是我们也要承认，对中国大陆以外地区，特别是对日军在东南亚地区的暴行和对东南亚各国及人民抗日斗争的研究却一直未受到国内学界应有的关注和重视，投入的研究力量有限，因而研究成果也极为稀少。我们以往的研究，取材主要来源于政府、军队、战役、战争等史料，材料的单一性局限了学者们关于日本在远东地区战争罪行的研究视角。本丛书则聚焦战争中不同国家、不同身份、不同遭遇的个人或者群体身上，比如劳工、战俘、“慰安妇”，甚至被奴役者的家属等，让日本远东战争罪行的全貌越来越清晰地呈现在世人面前。这表明全球视野下对日军罪行的研究方兴未艾。

丛书又具有很强烈的现实价值和社会意义。所辑录作品对日本歪曲历史、否认历史的言行进行了有力批判。日本军国主义在对外扩张中，侵略到哪里，奴役就到哪里，罪行也就延伸到哪里。日军所到之处，残忍施暴，毫无人性。然而，在日本投降七十多年后的今天，日本右翼团体非但丝毫不敬畏历史，反而处心积虑地想要篡改历史，这种掩耳盗铃的行为，是日军战争罪行的又一次重演。日军侵略战争罪行铁证如山，被侵略国家人民的悲惨遭遇历历在目，日本为何矢口否认？日本为什么不向中国人民、东方各国人民、全世界人民道歉、谢罪？主要原因在于日本国内的民族主义恶性膨胀、日本右翼化社会思潮泛滥，而根本原因则是美国在二战后对日本战争罪行和战犯进行包庇（特别是不对昭和天皇战争罪行进行追究）。

重庆出版社和季我努学社的各位同人，为丛书的出版付出了艰辛的努力。丛书总顾问、学术委员会主任张宪文先生一直主张从全球视角研究抗战史，值得充分肯定！张先生对丛书的后续翻译、出版方向作了前瞻性的擘画：关于日本在亚洲太平洋地区的主要战争暴行，如新马华人"检证"大屠杀、马尼拉大屠杀；关于对日本战争罪行的审判；关于日本军国主义军队的体制研究；等等。我们始终清醒地认识到，我们的抗日战争史研究任重道远，尚待学界不懈努力。我们殷切地期望更多的学界同人关注日军在亚洲太平洋地区，特别是东南亚地区的战争罪行研究，并不断涌现出优秀的研究成果。

汤重南

中国社会科学院世界历史研究所研究员

中国日本史学会荣誉会长

2019年2月4日

揭开七三一部队与沈阳盟军战俘营关系真相

1931年，日本发动了侵略中国东北的“九一八”事变，随即侵占了中国东北地区。1933年，日本违背《日内瓦议定书》在哈尔滨秘密设立了“满洲”第七三一部队（亦称“石井部队”），公开身份是“关东军防疫给水部”，其实质是根据天皇敕令设立的用来进行细菌实验和发动细菌战的特种部队，是日本策划、组织和实施细菌战的大本营，是细菌武器研究、实验和生产的军事基地，是准备和发动细菌战争的策源地。

七三一部队组织机构庞大，下设八个部门和五个支部，共有4500人，七三一部队违反国际法则和人道主义秘密实施了大规模人体实验、动植物实验和毒气实验，强制使用大量中国人、苏联人、蒙古人和朝鲜人作为受试者进行了惨无人道的细菌感染、冻伤和活体解剖实验，研制了鼠疫、霍乱、炭疽、鼻疽等至少50余种细菌战剂，以七三一部队为罪魁的日本细菌战给中国人民带来了重大灾难和严重危害。

1941年，日本偷袭美国珍珠港海军基地，挑起了太平洋战争。美、英等盟国由于准备不足，在初期太平洋战场上损失惨重，致使大量盟军官兵被日军俘虏。而随着战线的不断延伸，日本方面战争资源及劳动力明显不足，于是日本制定了“以战养战”的国策。在此背景下，日军将盟军战俘运往本国及各占领地，驱使他们劳役。沈阳二战盟军战俘营（亦称“奉天俘虏收容所”）是日军在二战期间唯一一座专门为关押战俘而修建的规模庞大的战俘营，从1942年11月11日至1945年8月20日，这里先后关押了美国、英国、澳大利亚、荷兰、新西兰和新加坡等盟国战俘，总数保持在1500人左右，其中美军战俘占85%。沈阳盟军战俘营是日本军国主义无视人权、虐杀战俘的实物罪证，是中国人民同盟军官兵并肩作战反法西斯侵略的重要见证。

1943年2月，七三一部队曾奉命对沈阳盟军战俘营1000多名战俘进行过极为特殊且隐秘的“医学检查”。这段历史于战后分别以战俘日记、老兵证言等方式被陆续零星公布出来。近年来，伴随着新资料的不断发现、挖掘与整理，这段历史受到了中国和日本方面相关学者的广泛关注，相关的考证和研究成果陆续发表，逐渐接近历史真相。加强对七三一部队在盟军战俘营进行医学战争犯罪还原，是剖析日本军国主义侵略历史的必要之举，亦为反思战争与人性、医学与伦理问题提供了历史依据。然而，在若干研究成果中，专题论文居多，或是在著作类成果中以专门章节形式予以呈现，总体上缺乏系统专门研究的著作类成果。英国学者马克·费尔顿于2012年出版的《恶魔医生：日军对盟军战俘的人体实验》一书，则是国内外难得一见的立足于档案、史料、口述、证言基础上，抽丝剥茧，循序渐进地从不同角度集中揭露七三一部队在沈阳盟军战俘营对战俘实施隐秘“细菌实验”的代表性著作成果。

七三一部队人体实验在战争中处于绝密行为，其战后又在冷战背景下被美国包庇免于战争审判从而隐匿于日本社会。七三一部队史实具有战时绝密性、败退管控性、战后回避性及国际博弈性的特点。七三一部队与沈阳盟军战俘营之间的联系由于涉及“活着”的第三国，尤其是欧美国家“受试者”，其战时的实际操作会更为隐秘，成为“秘密中的秘密”。联系到战后美国包庇七三一部队窃取“实验成果”的行为，可以推测，当时美军上层可能默认了战俘被作为“受试者”的行为，基于国家利益需要，从而掩盖了细菌实验的事实真相。时至今日，核心档案即直接性证据的缺失，导致“沈阳盟军战俘营的欧美国家战俘是七三一部队细菌实验受试者”的结论存在学术争议。正如作者在书中指出“并没有一份独立的文件证据确凿无疑地证明，关押在奉天战俘营的盟军战俘是日军七三一部队邪恶的医学试验的受害者”。

从学术创新来看，历史研究的创新重在新史料、新视角和新观点。

本书虽然在史料运用上不算新颖，基本上采用了目前学界已经掌握公开的资料，大量运用了《西蒙德·施赖纳秘密日记》《罗伯特·皮蒂少校日记》等私人档案，重点参考了琳达·高兹·霍尔姆斯《有失正义的致富之路：日本公司是如何利用美国战俘累积战后财富的》、谢尔顿·H.哈里斯《死亡工厂：1944—1945日本生物战及美国的遮掩》、丹尼尔·巴伦布莱特《人性的瘟疫：轴心国日本发动细菌战的种族灭绝式秘密行径》等欧美学界揭露侵华日军战争犯罪的代表性成果，但是作者在研究视角上却另辟蹊径，把研究线索主要建立在逻辑学基础上，将现存证据置于一处并通过缜密分析，以符合逻辑的线性顺序予以梳理，从而获得结论依据。正如作者指出“不同的人在不同的消息源中提供了佐证。他们所说的时间、地点综合起来，无不暗示着奉天战俘营内实施了人体实验这件事千真万确，盟军战俘是日军秘密试验项目的受害者千真万确。不假思索地否定这些证据是对历史的不负责，也是极端短视的行为”。本书的研究视角和方法具有较高的参考和研究价值，值得国内从事细菌战问题研究甚至抗日战争研究的同仁借鉴与学习。

从内容构成来看，本书虽以“恶魔医生：日本对盟军战俘的人体实验”为题，却不局限于对七三一部队利用沈阳盟军战俘营战俘进行实验问题进行专门论述，而是用三章的篇幅记述梳理了日军将美国、英国、澳大利亚、新西兰、荷兰战俘在战争期间辗转新加坡、菲律宾、日本、朝鲜等地运往沈阳盟军战俘营的诡异历程，并作出自己的研判与解释。重点比较了沈阳盟军战俘营同其他战俘营在生存环境、条件保障及劳作内容方面的区别，既揭露了侵华日军违背国际人道主义原则经常性对盟军战俘实施搜身、掳财、辱骂、体罚、冷冻、禁闭等多种犯罪行为，又回答了七三一部队是否在沈阳盟军战俘营的欧美战俘身上做细菌实验的疑问。

从史学视角来看，作者跳出东西方国家之间“意识形态”的束缚，能够摒弃国别分歧与偏见，让学术归于学术，历史归于历史，提出了“我们虽然不能忽略苏联审判的政治宣传目的，但更不能无视审讯过程中获得的一些有价值信息，从历史角度来说，看轻苏联方面的调查是一种幼稚做法”的观点。认为“在检视奉天战俘营被关押者所做证词前，还有另外一个信息源值得关注和调查，那就是苏联。在遥远的苏联，确实存在一些令人信服的证据，证明七三一部队曾利用奉天战俘营内的战俘做过试验”。在吸纳运用了《前日本陆军军人因准备和使用细菌武器被控案审判材料》后，使得全书论述内容更加完整和连贯。

20世纪80年代，日本作家森村诚一的纪实文学《恶魔的饱食》三部曲风靡日本，在日本的销量超过300万册，并在中国有多种译本印行。七三一问题开始进入公众视野，并引起学术界关注，经过四十余年的努力，学界在宏观上界定了以七三一部队为罪魁的细菌战是日本自上而下发起的有组织、有预谋的国家犯罪；在微观上对七三一部队细菌实验、细菌战剂和医学伦理等展开专题研究，揭示了日军细菌战准备、实验和实施的过程。

“七三一部队与沈阳盟军战俘营问题研究”是七三一问题研究的重要专题，是确认日军对欧美战俘实施细菌实验的重要线索依据。此次由重庆出版社出版翻译的《恶魔医生：日军对盟军战俘的人体实验》一书，有助于深化这一问题的研究，让读者全面了解这段鲜为人知的战争历史和日军的罪行。当然，本书仅是冰山一角，相信在学界同仁的共同努力下，七三一部队在沈阳盟军战俘营开展“细菌实验”的直接档案文件一定会在将来的某一天重见天日，随着新档案、新资料的不断解密公开、发掘整理及翻译研究，这段历史的真相也一定会被完整系统地揭露出来，成为固化七三一部队反人类暴行的重要证据。

特此为序。

金成民

侵华日军第七三一部队罪证陈列馆 馆长 研究馆员

2021年5月11日于哈尔滨

致方芳

和威廉姆斯

目录

致　谢

我对下列个人、机构和团体表示衷心感谢。他们对我的问题不吝赐教，对我的撰写帮助极大。感谢皇家陆军军需部队协会的乔纳森·诺利斯中校；国家陆军博物馆的贾斯汀·萨丁顿；台湾战俘营纪念协会会长、大英帝国员佐勋章获得者何麦克；伦敦帝国战争博物馆的罗德·苏达比和西蒙·奥福德。特别感谢派特·王以及奉天战俘营纪念协会；后者如同一座非常优秀而且藏品丰富的纪念馆，在中国沈阳市政府的帮助下保存了大量奉天战俘营的遗留物。“奉天幸存者及后代”社团的谢利·齐博勒和苏·齐伯勒的贡献也令我感激不尽。在本书的研究写作过程中，罗恩·泰勒和远东战俘协会为我提供了宝贵的帮助，在此表示最衷心的感谢。感谢《斯卡普拉行动》一书的作者莫里斯·克里斯蒂。在本书写作过程中，我的妻子方芳是我最得力的研究助手以及译者。在她的帮助下，我得以与中国学者和作家进行商讨，中国方面对七三一部队的看法也因而得到了最全面的展现。她在自己繁忙的工作中抽出时间为我筹谋，听取我的想法和观点，帮助我集中精力构思此书。感谢雪莉·费尔顿；她在英国为我无偿提供帮助，协助我搜索到了大量出版物信息，并热情地向远在上海的我寄送了很多资料。最后，感谢陆军准将亨利·威尔森，以及马特·琼斯。二人对此项目提供了极大帮助。感谢笔与剑图书出版社的优秀团队，以及我的编辑苏·布莱克霍尔。

引　言

我们把他们身上的某些器官切除，还截掉了胳膊和腿。有两个受害者是十八九岁的年轻姑娘。难以启齿的是，我们还把她们的子宫切开向年轻的士兵展示。士兵们对女人几乎一无所知，这也算是性教育的一种吧。

——七三一部队老兵牧野明，2007年3月

在滴水成冰的天气里，几个美国战俘紧紧地裹着臃肿的冬衣和厚实的帽子，一边喘息着喷吐出肺里的残余气体，一边把战友们的尸体拖进一座长木棚，然后像堆木头一样把尸体堆放起来。尸体是从简陋的战俘营医院里直接运来的，来时身上只裹了一层肮脏的床单，却将在这里度过中国东北（简称东北）寒冷刺骨的冬天。按照战俘营日本指挥官的命令，这些死者将被剥夺以基督教葬仪下葬的权利。自1942年日本人把几座破烂的中国兵营改建成奉天战俘营以来，无以名状的恐怖就攫住了营内战俘们的内心——一种始终无法查明的疾病以令人恐惧的速度不停地收割着美国战俘的生命。战俘营中的英国高级军官罗伯特·皮蒂少校每天都静静地躲在自己的床位上，小心地记录死去战俘的数量。通常情况下，每天都会有1到3个年轻人的名字不幸出现在他的本子上。少校发现，死者普遍患有严重的腹泻，且在疾病恶化后很快死去。另外，他还注意到总是有一群群日本医生莫名其妙地到访战俘营。营内所有战俘，不分国籍，都接受了频繁的皮下注射。

开春后，日本人又让那几个曾奉命把战友尸体拖进冬季存尸处的美国战俘再把解冻后的尸体拖出木棚。他们事先已经在柔和的阳光下搭起了台子，那些尸体被拖出来后就摆放在台子上。裹尸布被打开后，日本陆军外科军医一边嘟嘟囔囔地说着什么，一边对赤裸的尸体进行仔细检查。紧接着，军医们毫无征兆地把尸体切开，取出器官和各种样本，并对其逐一编号。这无疑是对死者的亵渎。但盟军战俘们却无可奈何，只能沉默地站在旁边看着。解剖结束后，尸体终于可以被掩埋了。日本医疗人员随即带着他们的瓶瓶罐罐离开战俘营，这些容器

里面封装着日本人刚刚采集到的阴森样本。一系列检查和解剖并没有给战俘营带来变化，杀死盟军战俘的未知病菌仍在暗中吞噬着战俘们的健康，奉天战俘营中的死亡仍在继续。皮蒂少校的记录也还在继续。每天，他都用铅笔把代表着死亡的数字记在秘密日记里。

在今天的中国，有一处备受人们痛恨和憎恶的地方。它坐落在黑龙江省哈尔滨市平房区，与位于南京的侵华日军南京大屠杀遇难同胞纪念馆齐名；这两处设施都揭露了70年前侵华日军的真实面目，控诉了日本帝国主义于1931年至1945年间给中国人民造成的巨大苦痛。同时，它还是横亘在中日两国之间的巨大情感障碍，影响着21世纪两国达成真正的友好关系。在这处红砖砌成的坚固建筑之中，驻扎过历史上最臭名昭著的一支部队——七三一部队。

此处是日本军队当年在伪满洲国进行大型生化战实验的遗留建筑。数以千计的无辜民众被日本人以科学的名义送进平房区的这处设施并杀死，其中不仅包括来自不同国家的婴儿、孩童和成年人，甚至还有传言中的盟军战俘。在宪兵队的协助下，得到相关允许的日本军医在这些人身上做了各种活体医学实验，试图挑战人类对人体的认识以及人能够抵御疾病、感染、温度、海拔和饥饿的极限。出于法律、道德、政治和公众情绪上的考虑，这些实验通常是被禁止的，但打着科学探索旗号的日本人做起这些事来随心所欲，他们的所作所为与臭名昭著的纳粹党卫军医生在集中营所做的如出一辙。

平房区的秘密层出不穷，最终积累成浓厚的迷雾，至今无法消散。我们确知，曾有数以千计的中国平民在这座死亡工厂中以最恐怖的方式死去，还有很多白俄罗斯人和苏联人也在这里的手术室里或实验场上消失了。此外，我们还掌握了一些令人唏嘘的线索，这些线索赫然指向美国和英国战俘也有在平房区基地中死去的可能。

言而无信的日本人从来都拒绝以公约规定的方式对待敌方俘虏和平民，所以盟军战俘在日军手里的经历是一段相当黑暗的历史。英美士兵死于人体医学实验，而相关责任人却从未受到惩罚——当这一切水落石出，揭露出的便是第二次世界大战（简称“二战”）中最令人痛心的一段秘辛。本书旨在从围绕“是否有盟军战俘死于日军人体实验”一事形成的若干传言中寻得事实，并得出合理结论，让人们知道事实真相究竟为何。在探寻真相的过程中，我们就能发现：与此前人们所想不同的是，许多事情看似传说，实则离真相不远。

1945年8月，二战随着盟军对广岛和长崎的轰炸而结束，日本人开始忙着掩盖七三一部队的罪行。但该部的大多数设施建造得异常坚固，轻易不能摧毁，七三一部队基地也因此最终得以保存到21世纪，成为日本人曾处心积虑屠杀无辜的鲜明罪证。七三一部队在平房区及其他占领区犯下的罪行罄竹难书，直到今天仍影响着中日两国关系。日本官方对平房区及其他地方发生的大部分事件持否认态度，但中国政府坚决维护自身权益，认为人们永远不应该忘记当年发生的一切。美国和英国政府对此事并无兴趣，且更希望抹除关于“七三一部队和盟军战俘有直接关联”的有力证据——大部分相关文件可能都包含了七三一部队曾染指盟军战俘的直接证据，但这些文件或者遗失，或者仍处于保密期内。英美官方也不愿意正式披露其战俘与七三一部队之间的关联，这也使相关事件显得更加迷雾重重。

本书作者将把笔力集中在一座特别的战俘营上。那里发生的一切将会作为不容否认的证据，证明盟军战俘曾不知不觉被卷入了七三一部队的研究项目。位于中国极北部的奉天战俘营几乎全部由木质棚屋组成，这里关押着数千名盟军战俘；他们大多被俘于1941—1942年盟军亚洲大溃退期间。从1942年被关押起，直到1945年重获自由，集中营内的战俘们一直在艰难困苦的条件下苦苦挣扎着。人在冬天好像会被冻僵，到了夏天则像会被烤焦，而奉天的气候仅仅是他们被抓后需要面对的诸多生命威胁之一。日复一日，战俘们都早早地起床，排队走出集中营，前往日本人开设的私人工厂干活。这是另一项能证明日军违反了关于战俘待遇公约的事实。战俘们的伙食极差，有时还会受到看守的殴打或羞辱。如果你曾看过描写日本人如何对待战俘的书籍或电影，便不会对上述情形感到陌生。

二战前，奉天战俘营所处亚洲之地被称为“满洲”。今天，这块位于中国遥远北方且与蒙古国和俄罗斯接壤的地区被划分为三个相互连通的省份，即辽宁、吉林和黑龙江。从这里出发，中国最后一个封建王朝，即清王朝，向南横扫，并于17世纪征服了整个“天朝大国”。不过，1912年建立的中华民国最终将清王朝最后一位皇帝溥仪赶下了台。与日军在当时建立的其他战俘营相比，奉天战俘营的建筑情况、日常生活情况、伙食情况和看守的残暴程度等并不特别恶劣，也不显得独一无二，唯有一处例外——对历史学家来说，这座以最近的东北城市奉天（1949年被中国政府更名为沈阳[1]）命名的战俘营充满了神秘的气息，因为这里可能是医学实验的场地；而日本人可能也就是在这里，将七三一部队的实验对象扩展到了白人士兵。

在六十多年时间里，一直有传言称日本人曾在盟军战俘身上做过实验。而一直以来，与奉天战俘营以及其内命运悲惨的战俘联系在一起的名字，便是驻扎在此的七三一部队。臭名昭著的七三一部队充满了神秘色彩。这支队伍的所作所为混合了虐待、谋杀和远远偏离正轨的所谓科学，早已突破了人类的道德底线，堪称人神共愤。这样一支恶魔般的部队与盟军战俘营搅在一起，这几乎是不可想象的；但正如本书将要展现的一样，上述情况与那些令人战栗的事实并非相去甚远。上文中曾提到，相关话题仍然十分敏感。人们发现，美国或英国政府仍未对七三一部队在其诡异的实验项目中使用了盟军战俘予以官方承认。然而，无数被封存的档案，无数尚未得到解答的问题以及无数散布于目击者证词、日记、文件和书籍中的线索都表明，发生在奉天战俘营内的事情确实“与众不同”。这并非凭空想象。也许正是奉天战俘营，把那些来自美国、英国、澳大利亚、新西兰和荷兰的年轻军人与地球上最邪恶的伪科学行凶者联系在了一起。

1　原文如此。1923年设奉天市，1929年改为沈阳，以在浑河支流小沈水之阳得名。1949年为中央直辖市（由东北人民政府代管）。1954年为辽宁省地级市、辽宁省会。——编者注本书的写作前提比较简单，但愿它能激起读者的好奇心和思考。根据历史记载，1942年，盟军大溃退后的亚洲正处于第二次世界大战中最黑暗的阶段，而对一批来自美国、英国和澳大利亚的战俘，以及零星的来自新西兰和荷兰的战俘来说，命运已然改变：他们这些人原本在两处相隔甚远的热带地区，但他们都被带离热带，送往位于中国遥远北方的奉天战俘营。奉天附近没有任何一座盟军战俘集中营，而最近的关押白人战俘的集中营也位于数百英里[1]之外的吴淞，也就是华中城市上海的郊区。日军一路动用大量轮船和火车，在最终抵达中国东北前辗转新加坡、菲律宾、日本和朝鲜等地，只为把数千盟军战俘转送到奉天。转送途中，他们还冒着战俘船随时会被盟军潜艇击沉，以及船上人员因疾病大量死去的风险。日军这种不辞辛劳、不惜花费的情状，着实让人对他们的动机迷惑不解。

基于上述事实，本书提出了一个大胆的假设，力图解释日本人为什么不惜花费巨大人力物力把数千名盟军战俘送到中国东北。那就是，只有这样做，他们才能为隐于幕后、极其恶毒的七三一部队提供实验材料，以便后者进行一系列致命的生物战实验。尽管奉天战俘营在七三一部队位于平房区的主研究基地以南数百英里处，但它隔壁就是七三一部队的分部——奉天军事医院。

彼时，日本正急迫地研究可用来对付战场上主要对手的生物武器，所以需要白种人充当实验材料，以进一步验证该武器的威力。自20世纪30年代早期开始，日本人就用细菌进行了非法实验，以期制造出毁灭性武器。七三一部队的头目石井四郎医生是个智力超群但道德败坏的科学家。在他的领导下，七三一部队一直借助人体实验的手段研究疾病损害人体的方式。数以千计的男人、女人和孩子在这些残忍的秘密实验中死去。通过实验，日本人费尽周章地研制出了他们梦寐以求的种种武器，并将其用于中国当地的村庄和城镇，这些武器杀伤力极

1　英美制长度单位，1英里合1.6093千米（公里）。——编者注

强。七三一部队的“科学家”利用空中喷洒、特制陶瓷炸弹、污染水源或食物等方式，在各地恶意传播疾病。成千上万的中国人被那些疾病夺走了性命。病菌武器项目的成功让日本军部的高级军官们看到了生物武器的“极值”。因此，等到日本1944年在美国和英联邦军队的攻击下节节败退时，日本领导人便开始模仿其纳粹盟友的做法，逐渐把希望寄托在“奇迹武器”上，以期扭转不可避免的失利战局。通过与德国在科技方面的密切合作，日本人研制出了喷气式战机和早期的巡航导弹，以及先进的潜艇和生物战武器。而随着战局的发展，日军军部竟开始认真考虑用生物战武器与美国对抗，并成功找到了能让噩梦成真的新方式。不少曾被关押在奉天战俘营的美国老兵都回忆，日本人（做）医学实验（的频率）正是在1943年达到峰值。而恰在同一时间，日军也正在研究如何将致命的生物战武器投送至美国本土防线。这一切绝非巧合。

从美国、英国和日本的知情人士处获得的证据表明，日本人此前已在被关押在中国东北的亚洲战俘身上做过某些疾病的免疫实验，而接下来，他们想测试一下白种人对这些疾病的抵御能力——可以推想，如果日本人确实有意发动针对美国人的生物战，上述举动便有一定的逻辑性，而且也符合情理；当然，如果他们接下来打算在太平洋和缅甸战场使用生物战武器，也说得过去。

历史学家认为，尽管初步证据已指向日本人曾用盟军战俘做实验，但直接证据却基本没有留存下来，因此我们难以明确回答关于“七三一部队是否在奉天战俘营的美国和英国战俘身上做实验”的疑问。不过，已有确凿证据表明，日本医生对关押在亚洲其他地区的美国、英国和澳大利亚战俘做过实验，这也就为类似实验开了先河。曾在七三一部队服役的日本军人在口供中明确承认，“科学家”在奉天战俘营的盟军战俘身上做过实验。营内曾发生过的一系列不寻常的医学事件，让奉天战俘营在整个日军战俘集中营史中都显得特殊起来。这些医学事件显然是由营外部门执行实施的、有组织的实验项目。实际上，本书接下来的章节便会讲述奉天战俘营中的真实情况，而我们也可以很肯定地说，奉天战俘营确实是一处不同寻常的营地。

战争结束后，关于日本人利用盟军战俘做实验的证据几乎传遍了半个地球。在本书作者之前，从未有人试图把这些证据全部收集起来，更不必说在此基础上拼凑出日军生物战项目的内幕，以及该项目与关押在奉天战俘营内的可怜士兵之间的关系。而最令人深思的是：本书中的证据均由不同国籍人士在不同时间口头讲述或书面确认；尽管这些证据彼此分散，但它们却能在关键之处彼此契合印证，因而为我们提供了绝佳机会，让我们一举得以解答“七三一部队在加害亚洲人的同时，是否还将盟军战俘变成了他们的受害者”这一历史问题。

根据保存完好的证据，日本军部在战争后期曾认真考虑过列装生物武器攻击美国本土的计划，并且下令挪用了大量人力、资金和资源制造生物战弹药空投系统，以实现该计划。同样，还有证据赫然表明，美国和英国政府在二战结束后立即展开了一场大范围的、掩盖日本战时人体实验项目的行动。通过幕后交易，盟军允诺石井四郎医生和他的刽子手团队将会拥有豁免权；只要他们交出当年通过残忍手段获得的所有秘密资料，便不会受到控告。二战结束60年后，上述掩盖行为仍在继续。很多此类档案资料不能解密，有的甚至直接灭失了。这让人们不得不思考一个很明显的问题，那就是英美两国政府究竟要掩盖什么。

本书的主要线索自有其逻辑基础。军方几乎不会一时兴起便启动花费甚巨的实验项目，且现有证据强有力地表明，盟军战俘就是七三一部队生物武器实验项目的受害者。能证明此事的“巧合”很多，而前后矛盾、否认上述实验的声音也很多。在日本人魔爪之下的盟军战俘有过地狱般的经历，这或许是最黑暗的部分，也是最神秘的部分。然而，当我们破天荒地把一切证据集中起来之后，就会发现真相是那么冷酷、那么令人不安，却又无比符合逻辑。

第一章

死 亡 之 种

细菌战无疑具有一些特殊的可能性，否则国联也不会禁止。

——石井四郎大佐，1931年

一艘大型运输船颠簸着在大浪中行进；大船的马达驱动着螺旋桨，发出震耳欲聋的声音；船尾的海水被犁成一团团愤怒的白色泡沫。年久失修的船体沾满污垢，船舷锈迹斑斑、肮脏不堪。船的上层建筑包裹着一层厚厚的盐壳，看上去灰暗油腻；一座烟囱矗立其上，不断向空中喷吐着浓浓的黑烟。大船沉重而执着地一路向北。甲板下，船舱里的场景让人想到历史上的“中间通道”（指奴隶贸易船从欧洲至非洲，之后到美洲，再回到欧洲的“黑三角”航行中，从非洲西海岸横渡大西洋的那段旅程）：几百个白人密密麻麻地挤在肮脏黑暗的船舱里，想在坚硬的金属舱底板上找地方躺一躺几乎不可能。过度拥挤的船舱里还充斥着令人抓狂的嘈杂声音——呻吟声、咳嗽声、喊声、干呕声、喃喃自语声……人长时间不能洗澡，加之排泄物和呕吐物四处横流，导致船舱里充斥着恶臭的味道。

几张狞笑的大脸从敞开的舱口处向下盯望，这些人嘴里叼着烟卷，在战俘头顶上高谈阔论着——他们是日本士兵。日本人脚下的船舱里，满面污秽的白人“奴隶”偶尔向上瞄几眼，目光里满是掩饰不住的恐惧和憎恶——他们是在菲律宾战役结束时被俘的美国士兵。这些士兵衣衫褴褛，且均为一支部队的残部。这支部队在战场上被敌人轻易击败，而战前，大部分人还认为敌人处处不如自己，这让他们羞愧难当。再加上之后俘虏他们的又是一群被认为突破人类底线的人，他们在关押期间饱受虐待就在所难免了。这群人此行将去往一座新的战俘营，而等待他们的是日本战争计划中新的一环。对他们之中的大多数人来说，这次向北的行程将是他们生命中最后的旅途，是通向地狱的单行线。

秉持20世纪初应对很多事务时的心态，日本人对化学和生物武器产生兴趣也是因为恐惧。他们担心西方列强，尤其是英国和美国，会在此项技术的领域大幅赶超日本。当时在亚洲占据统治地位的美英两国是最先研制生化武器的国家，还在第一次世界大战中投入使用了这些令人生畏的武器。日本化学与生物战项目的始作俑者是一名相当偏执的医生；他将毕生精力花费在制造此类毁灭性武器上，他的名字以及他一手创建的组织因此被永远钉在历史的耻辱柱上。这个人就是石井四郎医生，他创立的组织就是后来臭名远扬的“七三一部队”。

1925年，日本外交官签署《关于禁止在战争中使用窒息性、毒性或其他气体和细菌作战方法的议定书》（简称《日内瓦议定书》）[1]，也就与其他在公约上签字的国家一道放弃了研究和部署化学与生物武器的合法权利。当时以军官身份陪同外交官前往瑞士的日本陆军年轻军官原田中佐写了一份关于公约以及被公约禁止的武器的报告。刚刚从著名的九州帝国大学毕业并以医官身份参军的石井看到了这份报告，心中顿时萌生出一股被他自己称为“我找到了！”的感觉。拥有一头浓密黑发、鼻子上架着一副金丝圆框眼镜的石井虽然是个异端分子，但却极其聪慧。他意识到化学武器，尤其是生物武器，是一款威力无穷的战争工具。第一次世界大战中，芥子气被广泛使用——那噩梦般的情形影响了《日内瓦议定书》起草者，也影响着他们最终做出禁止使用和研究此类武器的决定。另外，他们做出这个决定也是出于对中世纪“黑死病”死灰复燃的担心。他们认为，拥有生物武器的国家具备利用黑死病及其他可转化为杀人武器的病菌屠杀上百万人的能力。上述担心类似于后世对所谓“大规模杀伤性武器”的惧怕。2003年，坚信萨达姆·侯赛因拥有恐怖“末日武器”的美国和英国正是打着担心“大规模杀伤性武器”的旗号，对伊拉克发动了战争。1925年，世界各国均将生化武器归类为“不道德”且“非必要”。但对此类武器的禁止却激活了石井的变态想法——它们被禁止仅仅是因为威力极其强大，而逻辑

1　1925年6月17日，世界近40个国家在瑞士日内瓦签署了《日内瓦议定书》。《日内瓦议定书》明确规定“禁止使用细菌作战方法”，各缔约国必须接受这一公约和禁令的约束。日本是《日内瓦议定书》的签署国，但日本竟然违背国际公约和禁令，于1932年4月在东京日本陆军军医学校设立了“防疫研究室”，正式开始细菌武器的研究。黄振位，《旷世骗局 日本右翼势力翻案评析》，广州：广东人民出版社，2022年，第205页。——编者注

上，这恰恰说明了日本人应该拥有此类武器。

石井是个执着的民族主义者，他坚信日本有权在亚洲建立一个帝国。他数年如一日单枪匹马地争取着拜见高级将校军官的机会，然后迅速而狂热地向对方描述自己脑海里秘密研制生物武器的想法。他认为，日本未来将面对许多敌人，其中不只包括西方列强，还有令人生畏的苏联，而生物武器可以让日本在军事上建立针对这些敌人的优势。同时，石井还断然宣称日本有权研究生物武器，因为西方列强在类似问题上都采取了虚伪政策。他可能是指这项事实：英国、德国等国虽然签署了1899年的《海牙公约》，同意禁止化学武器的研究，但在第一次世界大战期间却又在西线战场部署了这种武器。那么，谁又能保证上述国家及其他国家在签署《日内瓦议定书》后不会暗中做同样的事情呢？日本的竞争对手们完全可以用天花乱坠的外交辞令来遮掩背地里正进行着的罪恶项目。石井的说法有些道理。后来的事实证明，尽管生物武器的研制遭到明确禁止，但两次大战之间的英国却在其位于威尔特郡波顿当的主要研究设施内保留着研究工作的框架。此举让他们能够在1939年德国入侵波兰后立即全面启动了生物武器的研究活动。美国人也同样以秘密手段掩盖着本国的生物武器研究工作。

然而，对石井来说，此时并不是在日本军方面前展示和游说的恰当时机。当时，日本军方尚未成为政坛的绝对核心，也无法左右国家的命运。民选政府又相对平和，除了在20世纪20年代有过入侵朝鲜和中国东北的民族主义行径外，它在国际舞台上表现得中规中矩。

不过，石井也发现日本拥有某些方面的绝对优势，那就是：20世纪20年代的日本是世界上少数几个掌握顶尖医药技术的国家之一。如果他的计划得以实施，他可以得到充足的研究人员和研究设施的支持。第一次世界大战期间，日本在中国俘虏了一批奥匈帝国的战俘并以人道的方式对待他们，日本人颇以此为荣。确实，日本人当时的行为无可指摘，且与其后二十年他们对待被俘敌军的做法大相径庭。在当时的国际社会中，日本占据了道德和科学的双重高点。但这些都将在接下来的十年中发生天翻地覆的变化。

石井四郎提出的生化武器研究计划是否应该受到强烈谴责？他是否应该被视为传统意义上的“魔鬼”？ 七三一部队及其附属机构后来在亚洲地区的所作所为表明，石井和他的同事们对用于实验的个体生命毫不关心。此种心态形成的原因可以从石井的成长过程中窥见一斑。1892年，石井出生在东京郊外的一个武士贵族家庭。在当时的日本，武士阶层几个世纪以来都占据着统治地位，习惯了普通民众的俯首帖耳。虽然1868年的明治维新给日本带来了新兴工业和渐进民主，推翻了被称为“大将军”的世袭制军事独裁者的统治，代之以削弱了天皇权力的、活力十足的君主立宪制，但明治维新并未对日本人的传统观念造成太大改变。相反，明治维新催生了一批新的权力精英，这批人重新霸占了政治和经济上的统治地位。其中，反对大将军的激进武士家族成为日本向西方思想和技术打开大门的受益者。他们组建了早期的数届政府，开办了早期的一批大公司——最典型的例子是后来因在奉天强迫美国、英国和澳大利亚战俘充当劳力而备受谴责的三菱公司。武士家庭出身的军人构成了日本陆、海军军官阶层的主体，享受着高人一等的地位。和当时世界上最先进的工业国家大不列颠帝国一样，贵族阶级的后代和拥有大量土地的、绅士阶级的后代依旧在大学、军官团和政府中占据着上层位置。从小到大，石井的生活起居都由仆人照料，时时有人教他注意自己的社会地位，他也被灌输着以地位为荣的观念。“不准与所谓的低等人结交的规定……一定对石井影响很深，”丹尼尔·巴伦布莱特在他的著名作品《人性的瘟疫》一书中写道。“这使得他和另外那些致命人体实验的凶手们轻易地沉沦，变得对人类生命冷酷无情。”[1]当然，出身高并不意味着一个人骨子里就有着变态或是反社会的人格。石井之所以如此，极大程度上是受到了本人野心以及极端民族主义的影响。此外，直到职业生涯的后期，他身边还围绕着

1 丹尼尔·巴伦布莱特，《人性的瘟疫：轴心国日本发动细菌战的种族灭绝式秘密行径》（*A Plague Upon Humanity:The Secret Genocide of Axis Japan's Germ Warfare Operation*），伦敦：纪念出版社，2006年，第5页。

一批上级军官，而这些人无不希望他能继续人体实验以帮助日本取得战争的胜利。诚然，石井尽管智商过人，但是看上去对身边的人缺乏情感。“做学生时，石井好像在性格上有问题：简单点说，他这个人固执己见、不体谅人而且非常自私，总是给别人带来麻烦。”[1]与此同时，他还拥有铁石般的心肠以及向上钻营的野心。当这样一个人投身史上最凶残的战争机器之一——日本帝国陆军之中，上述特点还会促使他的人格变得出奇地有破坏性。“石井是一个矛盾的集合体：他高声大嗓、举止粗鲁，却又在社会生活和职业生涯中擅于钻营；他身为狂热的民族主义者和科学家，却又热衷社会交际。”[2]日本社会中出现这样一个明目张胆的钻营者是很少见的。“在一个对上级存有深深敬意而且上下尊卑观念非常强烈的社会里，行为举止都是有分寸的；石井不顾一切地向上钻营，实际上是一种对规则的践踏。”[3]嫖娼时喜欢找16岁以下的少女是他在品格上的恶劣倾向之一。丹尼尔·巴伦布莱特给石井贴上了一个“高功能反社会分子”的标签；考虑到石井后来罄竹难书的罪行，这个评价确乎公正。

供部队在战场上使用的便携式水过滤装备是石井给日军带来的首批成果之一，该装备让日本士兵从河流、池塘，甚至小水坑等原本被视为劣质水源之处取水成为可能。在亚洲战场上，热带疾病是交战双方都面临的严重威胁，而石井意识到通过科学手段提高日军士兵的健康状况极其重要。他对自己的发明信心十足，甚至在某次向裕仁天皇展示时当场出丑——这位科学家竟向过滤装置里撒尿，然后把过滤出来的净水拿给天皇喝。天皇理所当然地予以拒绝，但却对石井留下了深刻的正面印象。1937年，石井前往时任大藏大臣高桥是清家拜访时

1　哈尔·高德，《七三一部队证词：日本战时人体实验项目》(*Unit 731 Testimony*)，北克拉伦登，佛蒙特州：塔特尔出版社，1996年，第23页。

2　丹尼尔·巴伦布莱特，《人性的瘟疫：轴心国日本发动细菌战的种族灭绝式秘密行径》，伦敦：纪念出版社，2006年，第7页。

3　哈尔·高德，《七三一部队证词：日本战时人体实验项目》，北克拉伦登，佛蒙特州：塔特尔出版社，1996年，第23页。

又闹出了职业生涯中的另一桩丑事。[1]获得进入高桥宅邸的许可后，石井手持一个装有霍乱病菌培养液的烧瓶径直走进高桥家的厨房；他声称，如果大藏大臣不立即拨出大量款项来秘密支持他进行生物武器研究，他就会把瓶子里的东西洒满整个厨房。高桥识破了石井的威胁伎俩，断然拒绝了他的要求。疯狂的科学家随即改变策略，开始二十四小时赖在高桥家里不走。大藏大臣被他的纠缠不休闹得心烦意乱，最后不得不捏着鼻子同意以秘密基金的形式给石井拨以巨款。正是这笔拨款，让七三一部队的成立终于有了资金上的支持。

在道德沦丧的七三一部队出现前，石井其实还是做了几件好事的。除了发明水过滤装置，他还于1924年加入了一支取得了开创性成果的团队。这支团队鉴定出了一种在四国岛上导致3500人死亡的致命疾病，也就是后来的“日本乙型脑炎”。石井第一次显露出对用人体充当实验材料的兴趣则是在另外一个完全不同的领域。1927年，尚未转入生物武器研究项目的年轻陆军大尉石井与一位同事合作撰写了一篇广受欢迎的学术文章，阐述二人在治疗淋病病人期间的研究工作。外界没想到的是，两人在此次研究工作中采用的方法可能成为了推动石井进入人体实验领域的催化剂——当时，这两个医生实际上是通过细胞移植的手段，故意引起病人发烧以杀死淋病病菌，进而达到治愈病人的目的。1928年到1930年，石井自费环球旅行，途中拜访了全球所有知晓生物武器研究情况的顶尖科学家。途中，他临时起意回国，因为彼时日本国内的政治风向已转向军方。对于石井这个野心勃勃的军医来说，他终于等来了青云直上的无限可能。

1928年，日本特工曾试图借助刺杀掌握当地政权的军阀来搞乱中国东北。正如我们今天经历过的诸多所谓“政权更迭”事件一样，日本特工当时这么做也主要是为了资源和金钱。当时的中国并没有一个能真正发挥职能的中央政府。1912年，中国最后一个王朝清王朝被推翻，孙中山领导建立了第一个共和国，但共和国也很快四分五裂。自

1　此处可能是作者笔误，高桥是清已死于1936年的“二二六”事件。——编者注

此，中国这片土地被几个军阀把持在手里。他们大多是军人出身，相互间争斗不休。后来，前清朝将领袁世凯自立为帝；尽管他在宝座上还没坐稳就被赶了下来，但随之而来的政治动荡却导致了中央政府瓦解、各省军阀林立。对各路心怀不轨的野心家来说，当时的中国就是一座唾手可得的巨大金库。1842年第一次鸦片战争后，得意扬扬的英国以战胜国的身份占据了香港，并与美国、法国一道，躲在大财团和城市实体背后控制着中国最重要的商业城市上海。在当时的中国，整个东海岸的港口城市中都分布着外国租界；这意味着中国的大部分贸易已经被外国资本家的意志所左右。中国的独立只是名义上的了。此时的日本已经在1905年那场短暂的战争中击败沙俄，并迫使对方将中国东北的辽东半岛（日本人称之为“关东州”）割让给自己，同时还控制了整个朝鲜半岛以及中国沿海的台湾岛。太平洋中的马绍尔群岛、加罗林群岛、马里亚纳群岛和澎湖列岛也成为日本占领区。另外，日本政府还于1918年[1]从德国手里夺取了中国港口城市青岛。日本军方高层有很多人认为，占领中国东北剩余之地的时机已经成熟了。那里不仅盛产石油和矿物资源，而且还有充足的廉价劳动力。

1928年刺杀中国东北军阀的做法[2]经媒体曝光后导致了时任首相的下台。上台组阁的是更激进的右翼派别和军方势力。日本帝国陆军开始将苏联视为最大的敌人，认为通过占领中国东北能把本国边界向北推到蒙古和西伯利亚一带，并最终达成征服苏联远东地区的目的。但他们这么想的时候丝毫没有料到：十年后，英勇的苏联红军及其睿智的将领格奥尔吉·朱可夫将会成功粉碎他们的侵略野心。

到20世纪30年代中期，日本开始经历极端民族主义革命带来的阵痛。一方面，军队和学界的反动分子喋喋不休地指责英国和美国采取“帝国主义的”态度对待日本——他们认为这一点是极其不公的；另一方面，民主主义同时也在被逐渐踢出主流政治。日本帝国陆军开始奉行

1　原文如此，1914年底，日军占领了青岛。——编者注
2　即日本帝国主义暗杀奉系军阀首领张作霖的“皇姑屯事件”。——编者注

被称为“皇道派”的极端民族主义、准法西斯主义的政治信条。“皇道派”思想起源于20世纪20年代。当时，日本军官群体中正在形成各个截然不同的民族主义团体。然而，到了20世纪30年代初期，这些团体最终合而为一。石井四郎及其门徒，以及他的强大后台都是这种思想的坚定支持者。

“皇道派”思想致力于通过赢得民主选举或其他更直接的手段将陆军扶植成日本国内真正的政治力量，在日本建立相当于军事独裁的统治，并推动迅速发展着的日本帝国向外扩张。与陆军相比，日本海军内部尽管也弥漫着民族主义思想，但却寻求不同路线，力图令天皇信奉他们的教条。所以在整个二战期间及二战之后的一段时间，日本的这两大军种的关系一直相当紧张，且并不彼此信任。阴谋策划者们经历过挫败，也获得过令人瞠目结舌的成功。

经济大萧条和日军在中国的早期冲突把极端民族主义催化成日本外交政策中的主流。谁阻挡了极端民族主义者奔向目标的道路，谁就会付出沉重代价。1930年，日本国会在滨口雄幸首相的周旋下批准了伦敦海军会议上的条约，滨口首相于是站在了陆军和海军军方激进分子的对立面。伦敦海军条约限制了快速发展中的日本舰队扩大规模，维持了远东的军事力量平衡，还使得日本帝国海军在实力上仍然屈居英美两国之后，而英国皇家海军和美国海军的实力则保持在不相上下的水平。[1]不少极端民族主义者认为，该条约是对日本的侮辱，反映出西方人中盛行的、针对日本人的种族歧视。1930年11月，滨口首相遭遇未遂刺杀并因此受伤。1931年，有人在东京酝酿一场军事政变，但这场政变在最后时刻被叫停；次年，海军军官暗杀了新任首相犬养毅，希望能以此逼迫政府宣布军事管制，以将日本国置于军方的有效控制之下，但他们的谋划未能得逞。

为了把自己的科学设想变成现实，石井四郎需要强有力的后台。

1　根据1930年在伦敦和华盛顿签订的条约，英国皇家海军亦将不再拥有世界上规模最大的舰队。为了在数量上与美国海军保持平等，英国海军部不得不将一些战舰废弃并拆解。在亚洲和太平洋地区，美国成为英国的平等合作伙伴。

于是他开始在日本当时军国主义兴起这一背景下寻找此类人物。他首先向陆军大将、时任防卫大臣的荒木贞夫推销研制生物武器的必要性，声称自己在环球旅行时已经发现日本之外的很多国家正在非法做着同样的事。陆军少将永田铁山是石井早期的另外一位支持者，他是驻中国东北陆军指挥官。日本在东北驻扎少量军队已有10年历史，对外宣称的目的是保护其在当地的主要经济资产——沙俄铺设的“南满”铁路，在当时动荡的中国不受土匪破坏。永田的两名下属，板垣征四郎大佐和石原莞尔中佐，非常支持入侵并占领东北，然后用日本殖民政权或由本地人组成的傀儡政权代替当时的东北政府。1931年时，他们炮制了一项阴谋，企图将东北置于日本的完全控制之下。具体的阴谋就是破坏柳条湖附近的“南满”铁路，并于事后将黑锅丢到当地的中国军队头上。日本关东军将由此获得占领东北剩余地区的借口：他们只需要向世界各国宣称是在保护该国在当地的经济利益就行了。时任关东军宪兵队情报课课长的板垣征四郎是这项计划的领导者。宪兵队是日本的军事警察；它与德国盖世太保、党卫队安全警察以及作为秘密警察的苏联内务人民委员部一样，是一个令人恐惧的强大组织，但它的职权远远大于后三者。

对训练有素的宪兵队来说，在东北的破坏阴谋是一场典型的幌子式情报行动，执行起来毫无难度，行动效果也非常完美。1931年9月18日，一枚小型炸弹在铁轨旁爆炸，仅对轨道造成了轻微的表面损坏。第二天，日本军队以此为借口向当地中国军营发起攻击。[1]接到严禁反抗命令的中国士兵眼睁睁看着自己的军营被毁——中国方面担心导致全面战争或是更大灾祸，因此没有反击。当天傍晚，日本军队只付出了两人被打死的轻微代价便占领了东北最重要的城市奉天（今称沈

1 岛本大队中岛中队的河本末守中尉，亲自把骑兵用的小型炸药安放在铁轨下，点火后，被炸断的铁轨和枕木向四处飞散。当晚11时46分，花谷正竟谎称中国军队在北大营以西柳条湖路段破坏“南满”铁路并袭击日本守备队，日军与中国军队陷入冲突。张宪文，陈谦平，陈红民，《中国抗日战争史（1931~1945）》，南京：南京大学出版社，2001年，第70页。——编者注

▲1-1“九一八”事变后，在沈阳城外集结的日本军队（不久之后，东北被日本占领，七三一部队行动计划开始）

►1-2 日本生物战计划的主谋和推动者——石井四郎（尽管他对成千上万人的死亡负有责任，但他在1945年逃脱了战争罪的起诉，并开始为美国人工作）

阳），中国方面则有一支500人部队遭到屠杀。尽管伤亡惨重，但中华民国领导人蒋介石却坚持下达针对日本人的不抵抗命令。不过由于通信不畅，一些中国指挥官仍命令自己的部队投入战斗。但最终，持续五个月的所谓“奉天事变”（“九一八”事变）以东北全境被日军占领为结局，犹犹豫豫的中国反抗力量被镇压下去。

小泉亲彦大佐是对石井帮助最大的顾问。年岁偏大的小泉自1918年就开始接触化学战研究，很快他就意识到自己和石井都有“使用化学和生物武器帮助日本民族主义者进一步实现海外目标”的观点。小泉与日本陆军高级将领的关系不错，日本未来的陆军大臣、首相东条英机是他关系最密切的朋友之一。1930年，小泉试图游说日军指挥部重启自日本1925年签署《日内瓦议定书》后就暂停的化学武器项目。同年，他帮助石井晋升为少佐，并让他得以出任东京陆军军医学校防疫部主任。

对训练和讲课不感兴趣的石井会同一小伙同事，私下在他们的实验室里培养腺鼠疫杆菌、霍乱弧菌、伤寒杆菌、炭疽杆菌等致命病菌。1931年，小泉为石井的研究工作争得了稳定的资金保障。后者那时正在为保护战场上的日军士兵研制疫苗，而并没有研究能在敌军中传播致命病菌的武器。1932年，石井和他的团队因工作成果出色搬进了一座二层小楼，并把这里命名为“防疫实验室”。与此同时，日本陆军重启了休眠多时的化学战部队。一直到20世纪30年代中期，日军都在大量制造装填了氯气、光气和芥子气的炮弹——很显然，他们已打算把这些武器用于中国或苏联战场。

到20世纪30年代时，中国东北局势已成为日本面对的最重要的外交政策问题。日方认为，东北应该自成一国，而该“国”存在的唯一目的是帮助日本经济发展。东北占领区自然资源丰富，因此很快就被冠以“日本生命线”的绰号。日本是一个石油和煤矿储藏贫乏的国家，所以东北对他们来说非常重要，主要在于两大方面——其一，支撑日本国民经济的发展；其二，保证帝国陆军和海军快速扩张。为保护这片新领地，日本政府在东北部署了人数为6.1万人的关东军。这支部队后来拥有了相当可观的规模和战斗力。1933年，即希特勒成为德国总理的同一年，软弱无能的国联对日本占领东北的行径进行了谴责。结果日本代表发表了一番简短的讲话，然后扬长离开会场；他在讲话中指责在亚洲拥有大片殖民地的西方列强“伪善”。日本正式脱离国联。此举让日本摆脱了国际社会施加在自己头上的最后一道合法限制，开始计划“再造满洲社会”。套用一个现代词汇，日本从此变成了一个“流氓国家”。

石原莞尔中佐是石井的支持者，也是“奉天事变”的主要策划者之一。他曾写道，新日本帝国在亚洲建立后，国民应当按如下标准进行分类：“日本、中国、朝鲜和‘满洲’四个种族将各司其职，分享共荣。日本人是政治领导者，掌控大型工业；中国人提供劳动力，负责小企业；朝鲜人负责生产大米；‘满洲’人则发展畜牧业。”[1]借用纳粹建国纲领中的词汇，“满洲”就是日本的“生存空间[2]”。1932年，日本在中国东北建立了伪满洲国傀儡政府，从而把对东北的占领合法化。不到两年后，中国最后一位皇帝爱新觉罗·溥仪便被日本人推上伪满洲国皇帝的宝座。溥仪有着与日本裕仁天皇极其相似的经历——1912年被赶下皇位后，他直到1924年才被赶出北京紫禁城。在西方在华租界无所事事地蹉跎了一段时间后，溥仪又开始做起了皇帝梦。最后，这位清王朝的满族人竟然允许自己被日本人利用，成了伪满洲国的皇帝。溥仪此次选择与日本人合作，因此他注定会在战后受到惩罚。

1936年，一群信奉“皇道派”思想的年轻日本陆军军官又在东京发动军事政变，但并未成功。这些人尽管在政变过程中杀死了几位知名政客，但仍未能实现军队全面掌权的目的，还在最后遭到逮捕并被处死。不过，在亚洲地区建立一个大日本帝国以挑战西方帝国主义的观念却没有因此消散。在暴力占领东北后，日本又退出了国联；日本人从未感到如此被孤立。他们的报纸一直在批判西方列强给予了日本“不公正”待遇，称这些西方国家在开疆拓土的过程中采用了与日本一样的

1　丹尼尔·巴伦布莱特，《人性的瘟疫：轴心国日本发动细菌战的种族灭绝式秘密行径》，伦敦：纪念出版社，2006年，第18页。

2　纳粹分子提出的概念，指国土以外可控制的领土和属地。——译者注

武力手段。在这一点上，日本人是正确的。日本军国主义者将来自国际社会的批评视为针对亚洲新兴势力的双重标准和种族歧视，他们的这种观点得到了日本国内大部分普通民众的支持。一时间，这种公众情绪在民间广泛蔓延起来：国际社会正在不公正地排斥日本。这种孤立主义情绪只能通过对“神圣群岛”（指日本）之外的空间进行征服和占领才能得到宣泄。“皇道派”及其盟友终于胜利了。但与此同时，他们也将把自己的国家拖向彻底毁灭的深渊。

“满洲国”的统治建立起来后，石井敏锐地抓住天赐“良机”，在东北建立了研究机构。在帝国陆军的允许以及宪兵队的直接帮助下，石井首次得以进行秘密人体实验。“宪兵队成员受陆军直接指挥，皆为精挑细选出来的顽固、残暴和倔强之辈。抓捕间谍、审讯嫌疑人等都在他们的职责范围之内。如果觉得必要，他们还有权对讯问对象动刑。”[1]那时候，大肆使用刑罚在日本军队中是得到官方允许的。“对宪兵队来说，嫌疑人只要被逮捕就意味着有罪。那个时期的日本司法体系并不认可‘疑罪从无’的概念以及其他西式的自由传统……实际上，只要被宪兵队逮捕，你的命运就已经板上钉钉了。”[2]宪兵队正是用上述方式给石井的人体实验收集“材料”的。

在石井的意识里，自己完全就是日本帝国的一名爱国仆从。“他始终是一个狂热的医学家，坚信通过对微生物的研究和实验能够获得完全的军事优势，”[3]巴伦布莱特写道。在科学不受任何法律或道德约束、科学家肆虐逞威的情况下，石井认定的这个观念将在接下来的十几年时间里夺走成千上万无辜者的生命。中国东北和其他地区的民众将因此面临一场浩劫。

---

1 哈尔·高德，《七三一部队证词：日本战时人体实验项目》，北克拉伦登，佛蒙特州：塔特尔出版社，1996年，第30页。

2 马克·费尔顿，《日本宪兵队秘史：亚洲战场上的谋杀、暴力和酷刑》（*Japan's Gestapo: Murder,Mayhem and Torture in Wartime Asia*），巴恩斯利：笔与剑图书出版社，2009年，第28页。

3 丹尼尔·巴伦布莱特，《人性的瘟疫：轴心国日本发动细菌战的种族灭绝式秘密行径》，伦敦：纪念出版社，2006年，第17页。

第二章

东方巴黎

听传言说，那里会给人抽血，但我们从未靠近过那个地方。我们都太害怕了。

——中马城中国目击者

中国东北的一处农舍外，七个男人冒着雨，赤脚踩在泥泞里。他们衣衫褴褛，脚上拖着沉重的镣铐，身体还因为寒冷和害怕轻轻颤抖着。这些陌生人虽然看上去就是普通的中国东北农民，但还是把农屋里的一家人吓得够呛。“我哥哥抓起一把斧子要保护我们，”一名目击者回忆道，“但听完他们的讲述后又把斧子放了下来。我们把他们带到屋子东面的一处地窖里，想办法帮他们把镣铐打开。”[1]石井四郎人体实验项目的秘密就这样突然而令人震惊地暴露无遗，但这秘密之所以广为人知，还是因为它涉及了七三一部队——日军设在中国的刽子手工厂——建立时的秘辛。

如果说上海在20世纪30年代被称为“东方魔都”的话，北方大城市哈尔滨就是中国的巴黎。1931年，日本占领东北时便霸占了哈尔滨。这座城市无论在特征、建筑还是风格上，都更偏向于欧洲特色，而非亚洲。时间回到1922年，因布尔什维克革命（十月革命）而起的俄罗斯内战结束时，成千上万支持沙皇尼古拉斯二世和罗曼诺夫家族的白俄罗斯人为了活命逃向西伯利亚，然后从西伯利亚的冰天雪地中越过边境进入中国东北。他们之中不少人继续向南，涌入中国最大的国际化都市——上海。直到今天，我们还能在上海市中心林立摩天大楼之间看到原沙俄东正教教堂的圆顶；而在哈尔滨，一座宏伟的俄式大教堂也在城市风光中格外突出。而且，哈尔滨很多街道都散发着挥之不去的圣彼得堡风味。尽管来自俄罗斯的流亡者们早已销声匿迹，但这座城市的欧洲风味却一直被保留下来。

20世纪30年代初，滞留在哈尔滨的俄罗斯人超过6万。这里有大

1　哈尔·高德，《七三一部队证词：日本战时人体实验项目》，北克拉伦登，佛蒙特州：塔特尔出版社，1996年，第38页。

学，还有很多喜欢在咖啡馆流连的人，如同战前的维也纳一样；这些人组成了充满朝气的艺术家群体。除了俄罗斯人，哈尔滨还有6000名犹太人。这座处于东北所有主要铁路会合处的城市污染严重，但工业化程度很高。它在当时对日本在此区域的经济利益至关重要。不过，一旦离开城镇，东北的发展仍然十分落后。那些地方几乎称得上封建，而且触目皆为冬天酷寒、夏天灼热的草原和高山。很多作家都直接把20世纪30年代的中国东北和19世纪后半叶的美国西部画了等号。事实上，东北也确实是亚洲的机遇之地；尽管它荒凉不驯，但人却能够在这里创造出巨大的财富。

日本陆军取得东北的绝对控制权后，数百万日本人便紧随而至，企图将日本文化输入这片具有重要意义的新殖民地。很多日本人到东北来，希望大赚一笔；不少日本商人也的确因这里丰富的自然资源、廉价的劳动力和友好的经济政策而大发横财。而石井四郎医生一出场，便给这里带来了不祥之物——生物武器研究。石井到东北来不是为了寻求廉价劳动力，而是为了从当地平民身上攫取免费的人体实验材料。经过初期跌跌撞撞的尝试，石井和日本陆军得以在这片远离记者刺探目光的土地上迅速建立起了七三一部队遗害后世的前身。

石井的第一处实验设施位于哈尔滨郊区。日本帝国陆军把一处清酒酿造厂原址和一排相邻的商店划拨给他。石井的300人团队把这些看上去与研究项目毫不相干的建筑迅速改造成了一片研究基地。但这处基地的主建筑面积太小，而且周围人口密集，安全与保密成为无法解决的问题。心性冷酷的石井遂要求陆军给他提供一片足够大的建筑，以便在其中设立自己的监狱，并根据严格控制、严密监视的科学标准来关押作为实验材料的活人。新基地既要能与哈尔滨之间保持通信顺畅，也要与主要人口聚居区保持足够远的距离，以免引起怀疑。日本陆军向石井推荐了哈尔滨东南方向80英里处一座名为“背荫河”的小村落，有一条铁路将这里与城市连接起来。日本陆军工兵开始征用当地劳工，在靠近村庄的一处农场旁边修建基地。不少住在周围的东北民众将很快发现，驻扎在本地的日本宪兵队会派出小分队用各种借口把他们送进石井的这处新实验室。接下来，他们就会成为日本医生们的人体实验材料。

1936年8月1日，晋升为中佐的石井被任命为“关东军防疫给水部”部长。他能够得到这项任命，是因为“人已在东北，而且与关东军高层和东京大本营一直保持着良好关系”[1]。尽管只是一名中级陆军军官——在衔级上相当于今天英国陆军的营长，但石井的权势和影响力却超过很多将军。略显浮夸的头衔和机构名称是石井及其团队研发项目的掩护，而且是一个相当不错的掩护。“对石井来说，防疫给水部是一个理想的掩护。没有人会对一个为部队提供可饮用水的军事单位提出质疑，”谢尔顿·H.哈里斯写道，“最终，防疫给水部在东北和中国其他地区建立了至少18处分支机构。它们都在石井的直接控制之下……每一支这样的部队都曾在事实上使用了人体作为实验材料。”[2]

石井在背荫河的研究基地被命名为“东乡部队”，由“奉天事变”的策划者之一石原莞尔指挥。大批劳工开始在日本工兵监督下建造这处被当地中国人称为“中马城”的设施。当地居民的房屋和商店被野蛮地拆除，清理出一片方圆500平方米的土地。很快，一座堡垒般的建筑在这片土地的中心位置建立起来，它周围还有一百多座各式各样的其他建筑；这些建筑外围是一道10英尺[3]高的土质围墙，整片建筑群四周还架设了电网。此外，建筑群周边也设置了配备机枪的哨塔和探照灯。要进入这片建筑，必须经由一条设有吊桥的道路和几座令人生畏的金属大门。宪兵队的一支分队为这处建筑提供岗哨，并在外围区域进行机动式往来巡逻。如果有人傻到未经允许就接近要塞，哨兵会

---

1 谢尔顿·H.哈里斯，《死亡工厂：1944—1945日本生物战及美国的遮掩》（*Factories of Death:Japanese Biological Warfare 1944－5 and the American Cover-up*），纽约：劳特利奇出版社，1994年，第32页。

2 谢尔顿·H.哈里斯，《死亡工厂：1944—1945日本生物战及美国的遮掩》，纽约：劳特利奇出版社，1994年，第33页。

3 英尺，英美制长度单位，1英尺合0.3048米。——编者注

立即将其击毙。如同古埃及修建法老墓地的奴隶一样，建造此处要塞的大批中国劳民被秘密杀死，目的是确保这片建筑的细节情况不会流传出去。

日本人还在靠近要塞的地方修建了一条跑道，供来自日本和中国东北各地的飞机定期往来降落。进入要塞的搬运工或工人头上都要被扣上一个箩筐，以最大程度地限制他们的视野。很自然地，当地人开始议论日本人在那道守卫森严的围墙内究竟干了些什么。有人进了那些大门就消失了，再也没能出现。没人相信日本人关于水净化或木材加工的鬼话，因为单看要塞的安全措施就知道不那么简单。

石井的研究项目首次被赋予制造武器级病菌以打击日本敌人的任务。20世纪30年代中期，被日本陆军视为敌人的有两个国家。第一个是中国。日本军方内部的大多数政策制定者都将中国视为本国的“终极奖赏”，试图入侵并占领其最富裕的东部沿海省份。中国军队虽然规模庞大，但绝不是日本陆军的对手。后者技术更先进、训练更有素、战斗意志更强烈。而且，一般日本士兵在意识形态上的坚定和专一远非中国军队里那些从农民中招来的兵可比。第二个潜在敌人是苏联。苏联军队是中国军队望尘莫及的武装力量。占领东北的日本关东军不得不一次次心怀鬼胎地向北窥视东北边境地带的情况。有些日本将领依然活在老想法里——如同1918年，日本为打败布尔什维克政权而出兵协助盟军一样，出兵侵入苏联远东地区。当时，日本军队占领了苏联城市符拉迪沃斯托克（海参崴），直到1922年才被迫撤出。但时过境迁，很多日本将领都意识到苏联红军已经是一个完全不同于往日的对手。如果1941年6月德国闪击苏联的欧洲边境时，日本配合出兵西伯利亚，会发生什么呢？这是一个相当令人好奇的历史假设，也许整个战争的结局都会因此大不相同。但至少在当时，日本和苏联之间还暂时勉强维持着和平。大部分日本军官都坚信，石井研究的新武器将在日本面对上述两个假想敌时产生扭转时局的效果。

在背荫河，石井及其麾下的东乡部队自人类有史以来第一次得到授权，可以用活人充当实验材料做任何他们想做的实验。这样一来，军医们就可以随心所欲地满足自己的好奇心，而丝毫不用担心受到责难或惩罚了。十多年后，纳粹医生得到同等授权，他们也决定在传统的实验室实验中像使用动物那样使用人体作为实验材料。远在奥斯维辛、达豪或毛特豪森等纳粹集中营开始考虑使用人体充当实验材料之前，背荫河便已经首开恶例。石井决定围绕着陆军的潜在需求来打造自己的研究成果，于是他专攻疾病研究。自然状态下常见于华北地区的腺鼠疫被列为日本军队面临的威胁之一，当然，也成了日军对敌的潜在武器。石井还倾注大量心血研究霍乱、伤寒、痢疾等经由水源或食物传染的疾病，特别是痢疾更是在日军在1941至1942年间侵入东南亚地区时成为重点研究领域。在后来于奉天和东京战俘营美国、英国和澳大利亚战俘身上进行的实验中，痢疾实验也是重点项目。

在背荫河做的细菌传染病研究还涉及了马鼻疽（一种在马匹和人类身上发现的疾病）、天花和炭疽。背荫河基地内的监狱通常关押着500到600名实验活体，这些活体全部为四十岁以下的男性。他们虽然被迫戴上镣铐，但却拥有良好的伙食和卫生条件，每天还被允许锻炼身体。之所以他们有这样的待遇，是因为日本医生希望能在实验中用病菌摧毁健康状态的活体。那时，被用于实验的活体对象全都是宪兵队挑选出来的中国东北或其他地区的人。要想判断一个人是否能够被送往东乡部队用于活体实验，标准相当简单：只要是政治犯、土匪和普通罪犯，石井通通接收。宪兵队军官会浏览自己手下在押犯人的名单，然后比照石井列出的条件，把满足条件者挑选出来送往实验基地。到了背荫河，一名犯人的存活时间大约在30天左右，所以每个月都有大批囚犯被送到那里。日本陆军军医柄泽十三夫少佐是背荫河基地的中层管理人员，他后来成为了七三一部队的一员，并在战后提供了日军在人体实验中使用盟军战俘的证据。1945年时，他对审讯自己的苏联人说：“石井告诉我，他曾经在1933年至

1934年冬天用“满洲”的土匪做过霍乱和瘟疫实验，结果发现瘟疫是有效(致病)的。”[1]

每隔两到三天，每名犯人就会被抽取至少500毫升血液，很多犯人因此极度虚弱。在《人性的瘟疫》一书中，丹尼尔·巴伦布莱特指出此处的医生还做过这种实验：他们验证活人被抽取多少血液才会死。日本医生还进行了活体解剖实验，其中包括从活着的病人身体内切除内脏器官。病人在手术中不会被施以麻醉，因为按照日本医生的推论，麻醉药物会干扰他们的研究结果。为了满足好奇心理，有些日本医生还会尝试其他多种类型的致命实验，而他们的目的仅仅是验证人类活体的忍耐极限。大部分关押在背荫河的犯人或因被注射病菌便患病而死，或因在手术台上被日本军医活活切开身体而死，因为军医想要观察传染病是如何破坏人体的内脏器官。

尽管我们并不完全知道背荫河究竟发生了些什么(很大程度上是因为日本人1945年销毁了大量记录)，但仍有一些目击者的证词留存下来。远藤三郎中将是曾经被邀请参观背荫河东乡部队的高级军官之一。他在1933年11月16日的日记中记录了自己见到的情景：

> 在安藤大佐和立原中尉的陪同下，我参观了交通中队实验场(东乡部队的掩护名称)并观摩了实验……第2班负责毒气和毒液实验，第1班负责电气实验。实验中使用了两名匪贼。(1)光气实验：向砖砌的房间内注入气体5分钟，实验对象吸入气体一天后仍存活，感染严重肺炎。(2)氰化钾实验：实验体被注射15毫克氰化钾；约20分钟后失去意识。(3)2万伏电击实验：该电压下，数次电击不足以杀死实验体。(4)5千伏电击实验：该电压下，数次电击不足以杀死实

1　丹尼尔·巴伦布莱特,《人性的瘟疫：轴心国日本发动细菌战的种族灭绝式秘密行径》，伦敦：纪念出版社，2006年，第29页。

验体，数分钟的持续性电击后，实验体被烧死。[1]

1934年8月，一位姓李的犯人制服了看守自己的日本人后抢到钥匙，放出了狱中大约40名犯人。尽管越狱者们脚上戴着镣铐，但手上却毫无束缚，他们便徒手攀爬围墙。夏天的大暴雨浇断了实验基地的电力供应，围墙上的电网失去了作用，探照灯也无法工作。刺耳的警报声中，越狱的中国人爬上10英尺的高墙、翻过墙头的铁丝网。闻讯而至的日本宪兵击毙了正在爬墙或已经跑到墙外的大约10名犯人，但更多人在接下来的几个小时内被抓了回来或被迫暴露。最终有7人逃出生天。这些人向当地人讲述了自己的可怕经历。

很快，东乡部队的秘密便在当地传开了，石井也不得不关闭基地，把实验搬到更隐秘的地方去。他选择的是哈尔滨郊区一处名为“平房”的偏僻之地。直到今天，这里都顶着“七三一魔窟”的帽子。让人无法相信的是，即使从背荫河基地逃离的7个人详细讲述了基地里发生的事情，国民党政府也无动于衷。后来的历史证明，这种冷漠在1937年日本决定入侵中国其他地区时产生了深远影响。

到1935年年中时，背荫河基地被彻底放弃并夷为平地。今天，此处再也寻不到七三一部队前身的斑斑劣迹了。1936年，裕仁天皇直接介入日本的生物武器研究项目。事实上，天皇家族在后来整个项目存续期间一直与七三一部队保持着频繁而秘密的接触，但此事的知晓范围很小。裕仁亲自下令扩大东乡部队的规模，并将其正式并入关东军。天皇的诏令以书面形式下达给驻扎在中国东北的陆军军官，日本在当地进行的生物武器研究因而不再是被极力保守的秘密——至少在日本军方内部不再是秘密。按照天皇的诏令，东乡部队人员规模急速扩大，从背荫河时期的300人增加到至少1000名科学家、研究员和技术员。他们驻扎在哈尔滨西南郊区平房村外的新基地里，离哈尔滨有26千米远。

1 丹尼尔·巴伦布莱特，《人性的瘟疫：轴心国日本发动细菌战的种族灭绝式秘密行径》，伦敦：纪念出版社，2006年，第31—33页。

地处偏僻的平房靠近南满铁路。日本陆军拆掉了当地农民的房屋，将他们强行迁走，清理出一片方圆6平方千米的大面积土地，并在靠近新基地的地方修建了一条飞机跑道。新的实验基地环绕着壕沟、电网和哨所，基地上方空域也被宣布为飞行管控区，且布有常态化空中巡逻；巡逻者奉命在不予以警告的前提下击落任何过于靠近的飞行器。[1]当地人也被严禁接近这处设施，违反者将付出生命的代价。石井的新王国需要三年时间才能建造完成，但他的医学实验早在所有建筑完工前就已经开始了。由于陆军军方开出了高得近乎无限的预算，石井花起钱来没有丝毫节制。他的实验室购置的装备和设施都是最先进的，日本国内的同类实验室无不因此而嫉妒。他还用手中的预算从日本国内大学中吸引来更多优秀的高智商科学家，这些人闻听可以不受任何法律限制地做人体实验，均激动不已。令人叹息的是，战后的日本有相当多的顶尖科学家其实都或多或少地与七三一部队有过牵扯。不过，其中不少人成功地将此段经历瞒过了媒体和历史学者。

宪兵队重新担负起为石井寻找实验材料的任务。他们从原本犯人众多的哈尔滨各处监狱中把政治犯和其他有“抗日”嫌疑的人挑选出来，把他们塞进火车、运到平房。如果监狱里的犯人不够了，宪兵队便会简单粗暴地从大街上围捕无辜者。七三一部队监狱里关押的犯人人数得以始终维持在六百左右；犯人之中有男有女，有孩子，甚至还有婴儿。由于消耗的实验材料数目庞大，这里每年都需要数千人来填满监狱，如此才能满足日本研究人员的需要。七三一部队的监狱并非某处阴暗的中世纪地牢，而是一座经过专门设计的现代化设施。如此设计是为了使关押者在被拉出去做实验前保持健康状态。“牢房有单人的也有多人的，一间紧挨着一间，每间的窗户都朝向走廊……为了保持清洁，每间牢房还都安装了抽水马桶和木地板。大概是受中马城越狱事件的刺激，日本人把牢房的墙壁建造得格外厚实……再加上中央

1　谢尔顿·H.哈里斯，《死亡工厂：1944—1945日本生物战及美国的遮掩》，纽约：劳特利奇出版社，1994年，第34页。

供暖和制冷系统以及精心设计的食谱，被关押者的健康在这里得到了很好的保证。日本人这样做是为了确保活体实验产生的数据准确有效，因为无论是恶劣的生活条件还是其他致病菌的出现，都可能会扰乱实验结果。”[1]

好奇的当地人被告知，平房只是一处木材场。不过这种谎话只能骗骗无知之辈。谁听说过一座木材场能拥有自己的飞机跑道、致命的安全护栏和武装警卫？提起犯人时，日本人通常把他们称为“马路大”——日语中“原木”的意思。1936年秋天，向手下发表就职演讲时，石井医生清楚地讲明了科学家和医生即将在平房从事的工作。他的话清晰明确，值得在此全文回顾：

> 作为医生，我们的天赋职责是应对各种类型的致病微生物，是封堵病毒进入人体的所有途径，是消灭存于体内的所有外来细菌，是找到可能找到的最有效的应急治疗方法。然而，我们即将从事的研究工作完全违反了上述原则，而我们作为医生，可能因此感到精神上的痛苦。
>
> 无论如何，我都恳请大家坚持这项研究。原因有二：其一，作为科学家，我们要努力探索自然科学中的真相，研究并发现未知世界；其二，作为军队成员，我们要制造威力强大的军用武器，用以对敌。[2]

七三一部队修造的设施包括：一座巨大的行政楼、一幢警卫楼、武器库、圈养实验动物的牲口棚、马厩、规格和用途各异的众多实验楼、一幢尸体解剖分析室、一栋可全年运行的冻伤实验室、一处为全

1　哈尔·高德，《七三一部队证词：日本战时人体实验项目》，北克拉伦登，佛蒙特州：塔特尔出版社，1996年，第40页。

2　丹尼尔·巴伦布莱特，《人性的瘟疫：轴心国日本发动细菌战的种族灭绝式秘密行径》，伦敦：纪念出版社，2006年，第43—44页。

体人员生产新鲜水果的大型农场；此外还有用于植物性生物战武器研究的温室、一座发电站和一座处理人类与动物尸体的火化场。[1]在规模上，平房基地与德国在波兰建立的奥斯维辛-比克瑙集中营相当。除了是一处设施完善的人体和动物实验场之外，这里还是一处配套齐全的生活区，里面住着一大群科学家和他们的家人。他们的宿舍很舒适，生活区里还开设有饭馆、酒吧、供科学家孩子上学的学校、电影院、游泳池、花园、图书馆、娱乐场和一座神道寺，甚至还有一个艺妓屋。[2]“这里就像座落在生物医学死亡集中营包裹之中的一处休闲吧，”丹尼尔·巴伦布莱特写道，“人与人之间的不公平在这里得到了直击人心的展示。”[3]不过，这处设施唯一的功能仍然是研究致命的生物武器。这才是日本政府向这里慷慨地投入资金的原因。

负责守卫七三一部队设施的有四支不同部队：其一是关东军军警，其二是为军警提供支援的中国伪宪兵，其三是得到关东军加持的日本宪兵队，其四是日本陆军常规部队。日本陆军常规部队负责周围地区的防卫，并提供防空炮弹和飞机。750名本地农民则组成了七三一部队新基地的主要劳力，但他们没有丝毫人权，很多人还悲惨地死去。

在把注意力转回日本人在奉天神秘建立的战俘营之前，如果我们先深入探索平房的这座“恐怖之屋”、了解一下日本医生真正感兴趣的是什么，也就能更好理解那些据说发生在奉天的事。在平房，人们发现的唯有神秘和死亡，这里发生之事的惨烈程度也让人难以接受。我敢说，那些容忍力太低或想象力太强的人不应当审视石井的邪恶帝国，因为这是一处噩梦成真之地。

1 谢尔顿·H.哈里斯，《死亡工厂：1944—1945日本生物战及美国的遮掩》，纽约：劳特利奇出版社，1994年，第34页。

2 马克·费尔顿，《日本宪兵队秘史：亚洲战场上的谋杀、暴力和酷刑》，巴恩斯利：笔与剑图书出版社，2009年，第123页。

3 丹尼尔·巴伦布莱特，《人性的瘟疫：轴心国日本发动细菌战的种族灭绝式秘密行径》，伦敦：纪念出版社，2006年，第44页。

第三章

血 腥 收 割

从中世纪的伟大诗人但丁·阿利吉耶里到哥特派小说作家玛丽·渥斯顿克雷福特·雪莱和罗伯特·路易斯·斯蒂文森，再到当今好莱坞、香港替人捉刀的科幻电影编剧，没有谁可以写出能与石井及其手下的真实恶行相比的内容。不夸张地说，石井在平房建造的停尸房，以及它遍布中国东北和其他地方的分支，就算最有想象力的人也想象不出来。

——谢尔顿·H.哈里斯[1]

日本人在哈尔滨的平房大兴土木，毫不掩饰其欲将生物武器研究列为首要任务。为了平房的工程，石井下令抹平了东北的8座村庄。这里随即建起了一片占地数平方英里的复杂设施，其中不仅包括为数千名即将在这里工作的日本研究人员和医生建造的、配套齐全的生活区和工作区，还包括一座宪兵队兵营、关押实验对象的监狱、地下掩体、地牢、毒气室、科学实验室以及手术室，以及其他林林总总的各类建筑，周围还有高不可攀的围栏。早在奥斯维辛和贝尔森集中营之前，一群残暴的刽子手便在这里建起了火化场，用以在实验结束后处理囚犯尸体。这处设施里总共有大约150座建筑，其中不少由于建造时的不惜血本而结构坚固，甚至直到今天仍伫立不倒。而且，正是由于这处设施和建筑异常牢固，日本人本想在战争结束时抹除其在平房的所有犯罪痕迹，却未能得逞。

众所周知，七三一部队是关东军不可分割的组成单位，但日军最高当局战后一直试图弱化二者之间的关系。他们自欺欺人地使用“防疫部”这个名称，妄图掩盖七三一部队及遍布亚洲、尽人皆知的其他17处类似单位的存在。我们至今仍不了解七三一帝国的黑手究竟伸到了多少地方。

石井医生和他的同事们打着“科学”的幌子研制致命武器，并做着

1　谢尔顿·H.哈里斯，《死亡工厂：1944—1945日本生物战及美国的遮掩》，纽约：劳特利奇出版社，1994年，第42页。

惨无人道的人体实验。这些实验实则让他们的堕落和残虐暴露无遗。被抓到平房关押的人中有男有女，有孩子也有婴儿。他们大多数是中国人，另外还有朝鲜人、白俄罗斯人以及来自美国、英国和澳大利亚的联邦战俘；下文中也会详述战俘的情况。日本人对外将这处设施称为木材厂，所以他们以玩笑的口吻，把关押在这里的囚犯称为“马路大”，意即“原木”。这种称呼也暴露了他们对那些即将成为自己实验对象的同类的真实看法。

哈尔滨市社会科学院的研究显示：据保守估计，日本人在七三一部队残杀者人数在5000到12000之间；被日本宪兵队秘密送至平房充当实验材料的人中，已有1463人的姓名得到确认。石井四郎坚信，平房实验的研究结果，将在价值上远远超过人类的生命，并抵消医生们违反希波克拉底誓言产生的愧疚。“作为医生，我们的天赋职责是预防和治疗疾病，”石井对刚刚抵达平房的手下说，“但我们即将从事的研究工作完全违反了上述原则。”[1]

宪兵队通常会在被送往平房的平民囚犯档案上印上“特别输送”的标记，还会在档案里加上其他诸如“惯犯”“顽固不化的反日分子”“无价值或无用”等注解。[2]这些日本军警以非人方式对待被捕者；而且，无论对方是否违反法律，军警都有权将其送到平房的实验室，这是他们在“满洲国”（日本对东北的叫法）拔除眼中钉的有效手段。1936年1月26日，因七三一部队对活体实验材料的需求数量越来越大，石井下令开始“特别输送”。1941年，平房的这处设施被正式更名为“关东军防疫给水部”，军方亦赋予其“七三一部队”的番号。正是从那时起，“七三一部队”这一番号开始在日方内部流传，不过这支部队在平房及其他地区的活动却仍被列为超高机密。七三一部队在平房进行的实验活动得到了来自日本四岛各大学和制药公司的直接支持，还得到了宪兵队和日本政府的直接扶持。该部所从事的研究工作对日本的战争活

1　克里斯托弗·哈德森，《堕落医生》（*Doctors of Depravity*），《每日邮报》，2007年3月2日。
2　《档案揭露日本七三一部队秘密》，《中国日报》，2005年8月3日。

动来说至关重要，所以日本人在建设平房的设施时不遗余力，还不惜花费巨大财力来保证各项设施都处于当时世界领先的水平。

七三一部队下辖8个分部，全部接受石井的指挥。随着手下部队规模和影响力的增长，石井的军衔也得到迅速晋升：先是少将，然后是中将。七三一部队第一部利用活体实验材料研究腺鼠疫、霍乱、炭疽、伤寒和结核病。活体实验对象的地位如同小白鼠，且多出自一座特别关押营。这座关押营内关押者的人数保持在300至400之间，由宪兵队负责保证营内人数充足。被关押者的存活时间通常以周计算，最长的也活不过几周。第二部负责研制生物武器以供战场上的部队使用。他们主要负责设计新型装备来投放细菌和被感染的寄生虫，换句话说，就是负责设计和制造生物炸弹。第三部负责管理一座工厂。该工厂位于七三一基地以外的哈尔滨城区，负责制造以生物材料为填充物的炮弹。第四部生产其他致命物质，第五部则负责七三一部队人员的培训。第六部至第八部分别负责设备维护、医疗供应和基地管理，不直接参与屠杀。[1]

七三一部队做的活体实验数量众多、令人胆寒。该部医生可以毫无心理负担地做活体解剖实验。在切片和肢解前，他们也不会给被实验者实施麻醉。在他们看来，药物会对实验结果造成干扰。有时候，他们会给囚犯注射各种被列为研究对象的细菌。细菌引发病症或感染后，日本医生就会将被注射者活生生地解剖，以研究其体内器官的变化。“那个人知道自己要死了，所以当他们把他带进房间并绑躺在手术台上时并不挣扎。”一名72岁的前七三一部队医疗助理在20世纪90年代接受采访时如此描述一位30岁的中国男性受害者，“但当我拿起手术刀时，他开始尖叫”。如此恐怖的场景在平房区不过是常规手术的一环。“我把他切开，从胸部一直切到胃部。他惊恐万分地尖叫着，面孔因痛苦而扭曲。他的尖叫声凄惨至极，难以描述，但最终还是停了下

1　马克·费尔顿，《日本宪兵队秘史：亚洲战场上的谋杀、暴力和酷刑》，巴恩斯利：笔与剑图书出版社，2009年，第124页。

来。对外科医生来说，工作日日如此。我是第一次干这些，所以这场景给我留下了极为深刻的印象。”[1]

七三一部队还在亚洲其他地区设有数处实验场及分支。在距平房大约80英里的安达县就设有一座露天实验场。在长春，则设有“一〇〇部队”。该部代号为“若松部队”，由老资格的若松有次郎负责指挥。若松部队的主要工作是研发疫苗以保护日军牲畜的健康；同时，他们也研究致命的动物疾病，用来对付中国和苏联人的牲畜。一〇〇部队的重要职能之一就是生物破坏活动。

在北平，日军建立了“一八五五部队”。该部是七三一部队的分支研究机构，主要研究腺鼠疫和其他疾病；一八五五部队还在河北省济南[2]建有一处研究设施。一八五五部队主要研究腺鼠疫和其他疾病。1937年至1938年间，日军曾在中华民国当时的首都南京大肆施暴、抢劫和破坏。七三一部队建有另一处分支机构，即“荣字一六四四部队”，该部因其指挥官之姓而获代号“多摩部队”，且与平房基地合作展开了多个项目和实验。在华南靠近香港的广州市，日本人建立了“八六〇四部队”。该部代号为“波字部队”，是关东军的重要鼠类养殖场，饲养了数百万只可用于生物战的啮齿类动物。与此同时，八六〇四部队还对人进行剥夺实验，并且对斑疹伤寒、霍乱等介水传染的病菌进行研究。

这份名单还很长，这意味着石井四郎当年的确已在亚洲所有日占区范围内建立起了自己的生物战王国。驻扎在中国东北的“二〇〇部队”同样与平房基地合作密切，共同开展瘟疫研究。不过他们并不是在寻找瘟疫的治疗手段，而是颇有兴趣地研制着更致命的、可在中国民众中投放的新型菌株。“五七一部队”是建在东北的另一处研究基地。

1　尼古拉斯·D. 克里斯托弗，《揭开恐怖的面罩——特别报告：面对恐怖战争暴行的日本》（*Unmasking Horror - A special report:Japan Confronting Gruesome War Atrocity*），《纽约时报》，1995年3月17日。

2　原文如此，此处应为山东省济南市。——编者注该基地与平房区关系密切，但历史学家们至今仍不清楚其总部所在地，该基地的研究性质也仍笼罩着一团迷雾。距离奉天战俘营仅数英里的奉天军事医院也是隶属七三一部队的研究中心之一，奉天营地中病情最重的几个盟军战俘曾被送往那里就医。七三一部队的魔爪还延伸到了亚洲其他地区，而规模最大的一处基地便是依托新加坡莱佛士医科大学建立的“九四二〇部队”。1942年2月，英军屈辱地向日军投降，让出了新加坡殖民地；不久之后，日军便在新加坡建立了九四二〇部队基地。基地内有大约1000名人员；指挥官是北川正隆少将，负责日常事务的则是内藤良一中佐。九四二〇部队下辖两个分部，即“河野部队”和“梅冈部队”。前者专门研究疟疾病毒，后者则专攻瘟疫研究。有证据显示，九四二〇部队曾于战争期间在泰国建有另一分支机构，但日本人抢在1945年9月盟国战争犯罪调查团到来之前便销毁了部分医学研究记录，泰国分支机构的情况也因此不为人知。

石井四郎建立的死亡帝国也辐射到了日本本土。日本南部城市广岛建有最早的一处化学武器研究设施，即建于1928年的第一座化学武器工厂。这座工厂原本制造芥子气，后来转而生产更为致命的军用毒物。20世纪30年代，日本政府下令该地区所有地图不得标注毒气工厂及研究设施的位置，以严守秘密、护其安全。

为防止被关押在七三一部队的囚犯逃跑，日本人给他们的手脚都钉上了镣铐。不过他们的伙食很好，也会定期锻炼。这么做的原因与美国、英国和澳大利亚战俘在奉天战俘营能得到好待遇的原因多少有些类似。奉天战俘营的战俘们通常比其他日军战俘营的战俘更健康一些。“除非用一具健康的身体做实验，否则你无法获得准确的结果。”[1]一名前日军成员解释说。平房及其他地方的囚犯会被故意注射各种病菌，然后再被日本医生活生生地解剖，后者通过这种残酷的方法观察疾病对人体造成的影响。被用来实验的人中有男人，有女人，还有孩

1　克里斯托弗·哈德森，《堕落医生》，《每日邮报》，2007年3月2日。

子。日本医生有时候还会强奸女囚犯令其怀孕，并在几个月后对女囚进行活体解剖，取出其腹中胚胎。

日本医生经常切掉囚犯的四肢，以观察失血对人体造成的影响。有时候，他们还会通过弗兰肯斯坦式的恐怖手术将切掉的四肢再植到身体的不相干位置上，比如把腿缝合到本应是胳膊的位置上等。另一项实验是四肢的冷冻测试。实验时，一些囚犯的四肢在彻底冻僵后被切断；另外一些人的四肢仅被冻僵，但仍保持完整，以备解冻后观察坏疽对活性组织造成的影响。即便七三一部队当年做的此类实验至今仍有实际意义，因为这些实验能为治疗冻伤提供参考疗法，但是日本人当年的实验手段极度野蛮，令犯人极度痛苦。冬天，日本人把囚犯们绑在户外的桩子上，再把他们赤裸的手臂浸入冷水里来加速冰冻。研究人员还会用木棒敲打手臂，检查冰冻程度——如果听到的声音硬而空洞，那就说明已经彻底冻僵了。解冻的过程伴随着强烈的疼痛，还会导致坏疽；日本医生会很仔细地研究这些症状。一旦囚犯失去了活下去的价值，日本人就会毫不犹豫地杀死他们，再把尸体运到火化场处理掉。

有些囚犯会被研究人员切除胃部，再将食管直接与肠子连接。还有些囚犯被绑在手术台上，再把身体内的器官，比如大脑、肝脏、肾、肺等等，一件一件地摘除。此类实验不少是在婴儿身上做的。前一刻，那躺在手术台上的幼小生灵还在凄切地呼喊着妈妈；下一刻，他短暂的生命便在日本人手里戛然而止。在后者眼中，虐杀这些小生命和玩弄小猫小狗无异。日本人的暴行不堪言状，显然不合适在这里一一重现。另一个例子也可以证明普通人的生命在七三一部队成员眼中是多么低贱。有一天，石井需要人脑做实验，一群宪兵队守卫便“抓过一名囚犯按在地上，其中一个宪兵用斧子劈开他的头骨、取出大脑，把大脑飞快地送去了石井的实验室”。[1]

1 克里斯托弗·哈德森，《堕落医生》，《每日邮报》，2007年3月2日。

今天，日本国内仍有数十名曾是七三一部队医务人员的人还活着，这些人中有几人选择了站出来讲述他们当年以科学的名义对囚犯所做的一切。一个姓镰田的人回忆，他们曾故意让一名“马路大”感染上瘟疫细菌，再由他对其进行活体解剖。“我把手术刀径直插进‘原木’的脖子，然后打开他的胸腔，”镰田说，“开始时他还能凄厉地尖声喊叫，但这喊声很快就消失了。”[1]

日本人不仅把大量人类活体用于战场医药实验，还用他们来检验作战武器的效果。后者也被日本人列为极其重要的实验内容。做武器杀伤效果实验时，日本人会把实验对象带到特别靶场并绑在木桩上，再在离他们不同的距离处引爆手榴弹，观察爆炸效果。日本人会先炸伤一部分实验对象，随后再对他们的伤口进行仔细研究，直到实验对象死去。日军还使用火焰喷射器向实验对象喷射，以测试此种武器在战场上的最佳使用射程。更有可怜的囚犯被带到安达的露天实验场。在安达，一直试图完善生物炸弹实用性能的日本人经常会派飞机向实验场投掷生物和化学弹药。囚犯们被暴露在这些从天而落的炸弹之下，日本人则借此验证杀伤效果。

疾病研究是七三一部队的核心工作。日本人会告知囚犯，他们接受的是疫苗注射。但实际上，日本人故意让囚犯们染上种种绝症，以观察病症对人体造成的破坏。日本人还通过强奸等手段把梅毒、淋病等性病传染给男性或女性囚犯，然后任由囚犯发病、糜烂。日本医生则对病情进行观察，直到病人被处决。日本人还在被感染的病人身上放养数不清的跳蚤，就这样培养出了数十亿带菌寄生虫，再用寄生虫来填充生物炸弹。这些生物炸弹后来被用在中国民众身上。低空飞行的日军飞机曾分别于1940年和1941年把装填有感染跳蚤的桶状特种炸弹各自投放在宁波和常德等中国城市。细菌战造成了恐怖的瘟疫大流行，因此死亡的中国平民有将近40万人。日本人此番行径虽然歹

1　克里斯托弗·哈德森，《堕落医生》，《每日邮报》，2007年3月2日。

毒无比，但却是二战期间最不为人知的战争罪恶之一。实际上，死于七三一部队细菌炸弹的中国人要比死在原子弹下的日本广岛和长崎人加起来还要多。然而令人遗憾的是，全世界现在每年都在向日本人的遭遇表达同情和敬意，但人们听说过或读到过的、日本人在中国人身上犯下的非人道主义恐怖罪行却少得可怜。直到1948年，即战争结束后的第三年，日军空投细菌弹引发的传染病还在流行，还在威胁着中国北方民众的生命。

七三一部队的有些活体实验很奇怪，乍一看完全没有医学价值。例如，头朝下把囚犯倒吊起来，观察他们会在多长时间后死亡；向动脉内注射空气以诱发致命的血栓；向囚犯肾脏内注射马尿……较有医学价值的实验则包括了日本在与德国合作研制喷气式飞机期间进行的特别高压舱实验；当时，德国医生也在利用关押在集中营的犹太人做高空实验。另外，七三一部队还详细研究了极温对人体的影响，并利用活人做脱水、断食等极限实验。其中一些保存完好的记录显示，日本人也对盟军战俘做了实验。

七三一部队的医生用以杀死实验对象的方式数不胜数。比如，他们为验证人体究竟能承受多大的重力而建造了巨型离心机。对充当实验对象的囚犯来说，离心机转速越快，当然就越致命。再比如，给予囚犯致死量的X光射线。另外，日本人还建造了毒气室，并在此用活人测试化学武器的效果。[1]日本人的残暴行径罄竹难书，他们做的每一项实验都大大突破了医学和国际法所有已知的道德底线。

七三一部队的有些实验并未得到有价值的科学数据，但也有很多实验在实际上提高了人类的认知。一个令人沮丧的事实是，当日本和德国医生在以掌控人生死的上帝自居、对囚犯为所欲为时，他们也的确以囚犯的无边痛苦为代价换来了医学数据。在“冷战”武器研发以及

1 《前日本陆军军人因准备和使用细菌武器被控案审讯材料》（*Materials on the Trial of Former Servicemen of the Japanese Army Charged with Manufacturing and Employing Bacteriological Weapons*），莫斯科：外国文书籍出版局，1950年。

载人航天研究中，这些数据被证明是无价之宝。没有德国和日本对火箭技术以及人体承受力的研究，就没有美国1969年的登月壮举。具有讽刺意味的是，正是美国为犯下上述反人类罪行的德、日科学家和医生提供了庇护，而美国的目的则是在“冷战”期间获得针对苏联的技术优势。以上所述无可争议，而存在争议的是：日本人是否在这些实验中杀死过美国、英国和澳大利亚战俘，以及盟国事后是否为了一己私利使用了收集、整合自上述实验的数据。

在日本政府高层中，日军在平房区的所作所为已得到了正式批准，而且已不再是秘密。就连日本皇室也很清楚七三一部队的种种活动。裕仁天皇的幼弟三笠宫崇仁亲王曾赴七三一部队视察。他在那里观看了一段影像，并在公开回忆录中写道：影像记录了中国囚犯“被押解着走过东北的平原，送去做人体毒气实验”。[1]在战争期间长期担任日本首相和陆相（陆军大臣）的东条英机也对石井的实验结果十分满意。为此，他曾请求天皇授予石井一枚高级勋章。1945年8月日本投降后，宫内厅、日本政府和日军指挥部争相改口遮掩，试图避免出现天皇及皇室成员为下属所犯战争罪行负责的局面；但事实上，下属们的所作所为都是奉了天皇之命的。直到今天，针对此事的掩饰依然存在，这种掩饰的行为还得到了来自美国的鼓励和帮助。美国情报界也为了国家利益而极力维护着七三一部队的秘密。本书将会讲述一个复杂无比的故事：盟军战俘在奉天战俘营的经历是何等触目惊心，而他们又是怎样在不知情的情况下被卷入了七三一部队的疯狂研究。

1 尼古拉斯·D. 克里斯托弗，《揭开恐怖的面罩——特别报告：面对恐怖战争暴行的日本》，《纽约时报》，1995年3月17日。

第四章

战俘营

我不由得记起了但丁在《地狱篇》中的诗句——入此地者，断绝希望……

——罗伯特·皮蒂少校，奉天战俘营，1942年

深夜，年轻的美军战俘突然从半梦半醒中惊觉。一张日本人的面孔正自上而下注视着他，那对三角眼在饰有黄色星状徽章的战斗帽下闪烁着惊讶。美军战俘感觉鼻子下面有什么东西在搔痒，定睛看时，只见日本兵正往回收的一只手里居然捏着一片彩色羽毛。这场景十分离奇，简直闻所未闻。日本兵匆忙地道了声歉，就消失在夜色掩盖下的木质营房内。第二天，棚屋里其他战俘也有不少人称发现了手捏羽毛前来夜访的日本兵。这仅仅是日本人后来对奉天战俘营中数百名战俘无数次秘密夜访中的一次。

发生在奉天战俘营的事情与历史学家所知发生在其他日本战俘营的事情有很大不同，所以奉天战俘营被认为是一座很特殊的战俘营。对这座战俘营进行仔细审视后，人们发现了很多异常之处。这些异常之处于无形中证实了以下假设，即：日本人是出于某些邪恶目的才建起了这座战俘营并在此关押盟军战俘，而不是简单地为了关押而关押，或让关押在此的战俘充当劳力。有证据显示，奉天战俘营内发生的事情与七三一部队在平房的所作所为有直接关系。

在开始深入了解奉天战俘营医学实验前，我们应该先仔细梳理一下战俘营内那些令人生疑的蛛丝马迹。具体如下：（1）这座战俘营在东北所处的位置；（2）营内关押的战俘数量；（3）战俘营的管理；（4）日本看守对待战俘的举止；（5）营内战俘的生活条件；（6）伙食配给情况；（7）营内的大型医疗设施。我们必须对现存档案和目击者证词之中的异常之处加以重视。本书将在之后的章节中梳理来自美国、英国、俄罗斯和日本的证人证词，即涉及“盟军战俘在奉天遭遇医学实验”这一问题的亲历者证词和相关文件。但在此之前还有一步必不可少，那就是：明确列出奉天战俘营与标准日军战俘营的不同之处，如此便能证

实日本人的确有机会在这座战俘营进行秘密实验项目。

＊＊＊

奉天战俘营关押的盟军战俘来自两个完全不同的地方，来自数支国籍不同的军队，战俘国籍成分如此复杂的原因将在随后加以讨论。讨论此原因确有其必要性，因为我们的一切分析都是建立在“七三一部队医生插手了战俘营事务”这一基础上的。日本人把美国战俘从菲律宾运到了奉天。在菲律宾有一座条件恶劣的战俘营，关押着巴丹死亡行军和科雷吉多岛战役的幸存者。原籍康涅狄格的美国陆军航空队技师、23岁的二等兵西蒙德·施赖纳是巴丹死亡行军的幸存者之一，他在自己的秘密日记中详细记录了战俘们被船运至奉天的过程。1942年10月6日，数千名美国战俘被押送到马尼拉的码头，日本人像驱赶羊群一样把他们赶上有“地狱航船”之称的“鸟取丸”号轮船，开始了前往中国东北奉天的40天漫漫航程。途中，看守他们的是调到中国战区的大约1000名日本正规军。美国战俘们就这样被塞进船舱，舱内光线昏暗、缺食少水，厕所也不够用，条件之差出乎想象。在极度拥挤的船舱里，战俘们几乎无法躺下。他们不得不忍饥挨饿，因为日本人每天只给每人发放半块面包。有时候，大发善心的日本看守会多给他们几片军用饼干或者一碗煮熟的米饭。施赖纳在记录船上糟糕的食宿条件时写道：“空气中充斥着令人掩鼻的味道，虱子也多得数不胜数。”[1]

在菲律宾战俘营的生活已经让美国战俘们营养极度不良，不少人还患上了热带疾病。在船上，这么多战俘只分到了一个能容纳五人的厕所，卫生条件极差，所以启航后痢疾很快在战俘中流行起来。“我们大部分都得了腹泻和其他肠道疾病，”施赖纳回忆说，“患病的人数突然急剧增加。有人碰巧朝水箱里看了一眼，竟然看到里面漂着一条脏内裤，这才终于找到了病因。”[2]清理完水箱后，战俘中的8位美国陆军

1　谢尔顿·H.哈里斯，《死亡工厂》(*Factories of Death*)，纽约：劳特利奇出版社，2002年，第124页。

2　谢尔顿·H.哈里斯，《死亡工厂》，纽约：劳特利奇出版社，2002年，第124页。

军医开始在没有任何药品的情况下竭尽全力救治危重病号。出海的第一天，战俘船就遭到美国潜艇攻击。幸运的是，潜艇发射的两枚鱼雷都未能击中目标。之所以会有美国潜艇向战俘船发起攻击，是因为日本人通常不会明确地标记出运送战俘的船只。也正因此，积极寻歼日本商船队的英国、美国和荷兰潜艇会经常误击这些船只，这也曾导致数千名盟军战俘随着沉没的船只葬身海底。

“鸟取丸”号先是在中国台湾岛停靠，补充燃煤、给养和淡水，然后在日本稍作停留，最后于1942年10月8日进入朝鲜半岛上的釜山港。在釜山，三分之二的战俘被赶下船消毒灭虱，然后他们领取了日式服装并列队穿过城市。日本人要在当地居民面前羞辱这群满身泥污、面带病容的白人战俘，同时展示自己强大的军事实力。

美军战俘又会合了后来的英国、澳大利亚和新西兰战俘，并于三天后到达奉天战俘营。等到抵达奉天时，患上了营养不良和其他疾病的大多还是美军战俘。与美军不同的是，英国和英联邦国家的战俘是从樟宜战俘营直接送来的。自英军1942年在新加坡投降后，这处战俘营地一直在英国和澳大利亚战俘的自治之下，日本人很少插手。这意味着英国和澳大利亚士兵到达北亚时，身体和心理状态要比美国士兵强得多。

英国战俘状态更好，也是得益于至今仍存在于英国陆军中的牢固军团体系。在这种体系中，士兵所在的部队即是他们的家庭和后盾，他们的帽徽也常蕴含着上百年的军团历史与传统。在英国，新兵一入伍就会接受这些历史与传统的灌输，而美军显然缺乏这方面的积淀。很多在新加坡失利被俘并与美国陆军战俘一道被关押在中国东北的英国高级军官都尖锐地指出并批评了这一点。

最终被送到奉天的英国和澳大利亚战俘占了1942年8月19日从新加坡出发的战俘总人数的十分之一。一队被征用的英国卡车提前三天把1000名英国和澳大利亚战俘从樟宜运到新加坡码头，这些战俘随后被赶上排水量为3821吨的破旧蒸汽轮船“福海丸”号。“我们被允许携带一个随身背包、一个帆布大背包和一个行李包，但不能带任何珠宝或有伤风化的照片，"[1]埃里克·沃尔沃克下士回忆这次航行时说。大部分英国战俘隶属于“忠诚团”第二营（北兰开夏）或皇家炮兵部队。卡车“非常拥挤，每辆车上都载有29名士兵和1名军官”[2]。很快，英国和澳大利亚战俘们就发现他们在“福海丸”上的居住空间同样十分拥挤。下车后，战俘们先把行李堆在码头上让日本人消毒，本人则在逼迫之下“脱光衣服，跳进一个气味难闻的消毒池中”，就连在新加坡被俘的将军、准将和参谋上校组成的高级军官团也不例外。这些军官将被送到在中国台湾新建的战俘营，日本人想把他们当成范本向外界展示。据驻马来亚英军总司令阿瑟·珀西瓦尔中将回忆，在他们洗完澡、准备登上停泊在“福海丸”号旁边的另一艘地狱航船“丹戎丸”号前，“我们接受了痢疾细菌检查，还接受了免疫处理。不得不说，日本人在疾病检查和预防接种方面有一手”[3]。

1942年8月16日，1000名英国和澳大利亚战俘把“福海丸”号塞得满满的。日本人把他们分在两个肮脏不堪、蚊虫出没的船舱里。8月19日，“福海丸”起锚出海；8月22日，轮船再次抛锚，停靠在马来亚苏米亚克河的堤岸，等待包括“丹戎丸”在内的另外5艘运输船会合。第二天，这支小型船队再次起航，并于8月29日到达中国台湾的高雄。高级军官团下船上岸，“福海丸”上的所有战俘也被赶下船，而后者还累死累活地花了整整两周时间把一袋袋铝矾土装上这艘锈迹斑斑的轮船。“福海丸”号本已拥挤不堪的船舱环境也因这批货物的加入而更加令人难以忍受。9月15日，台风季即将开始，而“福海丸”也再次起锚；

1 马克·费尔顿，《做苦力的将军：被日本人关押的英国远东军事领导者》（*The Coolie Generals:Britain's Far Eastern Military Leaders in Japanese Captivity*），巴恩斯利：笔与剑图书出版社，2006年，第118页。

2 马克·费尔顿，《做苦力的将军：被日本人关押的英国远东军事领导者》，巴恩斯利：笔与剑图书出版社，2006年，第118页。

3 阿瑟·珀西瓦尔，《马来亚之战》（*The War in Malaya*），伦敦：艾尔与斯波兹伍德出版社，1949年，第312页。

在澎湖列岛附近与另一支船队会合后，船队继续向北，顶着恶劣的气象条件进入了南中国海。

战俘们在船上的生活条件令人不敢恭维。日本人每天只在上午10点和下午4点向船上的1100名战俘提供两顿少得可怜的餐食，其中包括半生不熟的米饭、稀得能照见人影的汤、几个洋葱和14罐土豆洋葱煮肉。恶劣的海况让原本就饱受痢疾和腹泻折磨的战俘们又多了晕船的痛苦。虽然日本人在两侧船舷处搭建了伸出船体外的临时厕所，但狂暴的海浪很快将它们冲走，船舱里的卫生条件因此开始恶化。船越向北行气温越低，战俘们也不胜其苦。9月22日到达朝鲜釜山[1]后，日本人对船舱进行了消毒，战俘们也被放下船接受日本医生的检查。几乎所有战俘都患上了脚气或急性腹泻，其中20名患痢疾者被送往当地医院。在码头上，日本宪兵队抢走了战俘们的手表、结婚戒指和私人照片，然后强迫他们在城里走了整整一天。包括孩子在内的当地居民在日本人的怂恿下戏弄他们、向他们吐口水。饱受羞辱之后，战俘们被送到不同的战俘营关押。

从1942年到1943年，被关押在朝鲜的盟军战俘死亡率为2.7%。与日本帝国设在其他地方的战俘营相比，这一比例是很低的。究其原因，大概是由于日本想把被关押在朝鲜的英国和澳大利亚战俘当成对外宣传的工具。这样一来，就连战俘们自己都注意到来自日本的记者和摄影人员超乎寻常地多。红十字会想进入设在朝鲜的战俘营，也比进入其他地方战俘营容易得多。后来，日本人从设在朝鲜的一座战俘营中挑选了100名英国和澳大利亚战俘送往中国东北，与从菲律宾送去的美国战俘会合在一起。而另一边，留在朝鲜的战俘们好日子也到了头。从1943年开始，日本人对待他们的态度逐渐恶劣起来。战俘们被送往条件更差的新建战俘营关押，被逼迫着在当地工厂辛苦劳作。他们的死亡率因此大幅上升。

1 原文如此。釜山，今属韩国。——编者注此时我们应该注意的，是被辗转送往中国东北奉天战俘营的盟军战俘的确切人数。1942年10月8日，31名军官和1962名美国被俘士兵乘坐“鸟取丸”号离开马尼拉。在向北的航行中，这些人中有11人死亡，而日本人把他们的尸体直接扔进了大海。这充分证明了航行开始时战俘们所处环境之恶劣，以及航行过程中日本看守对待他们的野蛮和忽视。船在中国台湾高雄港停靠后，其中14名战俘被送下船，送到当地医院接受治疗，余者则继续随船北上。到达日本神户后，又有16名军官和569名士兵被送到附近的战俘营充当劳力。依然留在船上的战俘以美国高级军官、美军岸防炮兵部队少校斯坦利·汉金斯少校为首，继续向朝鲜的釜山港进发。在釜山，又有1名军官和180名士兵被送入医院。随后，以英国皇家陆军军需团第4军械仓储连连长罗伯特·皮蒂少校为首，由84名英国士兵、16名澳大利亚和新西兰士兵组成的“英国战俘帮（更准确地说应该被称为“英联邦战俘帮”）”同“美国战俘帮”一道被塞进火车、送往奉天，并于1942年11月11日抵达目的地。皮蒂少校是1942年2月15日新加坡陷落时被俘的。那时，他所在连的400名士兵刚刚从南非的德班换防到新加坡。在乘坐“福海丸”向北的航行中，他得以和自己手下的几个士兵一起幸存下来。

日军选择在奉天建立战俘营的原因耐人寻味。奉天位于七三一部队的哈尔滨主基地以南350英里，距离日本设在中国最近的战俘营也有数百英里。美国历史学者琳达·高兹·霍尔姆斯曾写过一本详细描述奉天战俘营的书，书中谈到一大群盟军战俘被送到奉天地区的主要原因是为了充当三菱公司的劳力。这种说法有些道理。三菱公司在奉天附近有不少产业。和其他日本企业以及西门子公司之类的德国公司一样，这家日本公司也一直在游说本国政府将盟军战俘拨派给自己充当事实上的奴隶式劳工。该公司不仅拥有和运营着把战俘从马尼拉送到中国东北的地狱航船，还在日本有一座矿井。不听话的战俘有时会被发配到矿井干活以示惩罚。从本质上说，三菱就是一家发战争财的公司。他们通过复杂的历史关系与政府搅和在一起，沆瀣一气、残酷无情，把战俘当成近乎免费的奴隶式劳工进行非法剥削。奉天战俘营距离平房区足够远，不会引起旁人对它与七三一部队关系的怀疑。同时，这座战俘营离七三一部队分支研究机构奉天军事医院的距离又足够近。最后，奉天战俘营尽管与其他同类型的战俘营不远不近地隔离开，但却与最关键的区域交通网紧密相连。

▲4-1“鸟取丸”号的地狱航船，1942年，日本人将美国囚犯从菲律宾运送到中国东北

▲4-2 奉天战俘营的一个囚犯住宿营房

1942年11月11日，所有盟军战俘都抵达了奉天战俘营，总计1202名美国人、84名英国人、16名澳大利亚和新西兰人。这批人先被关押

在一处临时营地内。此处营地距离奉天城界1英里远，原本是一座建于20世纪初的中国军营，且早已破败不堪。“我甚至连自己的园艺工具都不愿意放在这种破棚子里。”[1]皮蒂少校如此评论自己的栖身之所。与平房基地一样，奉天这处设施旁边也有一座伪装成奶场以防止侦察或攻击的简易机场；而且，此处靠近铁路主线，足以通达七三一部队魔爪下的另一座城市——长春。

汉金斯少校是战俘营内的高级美军军官，另有13名级别稍低的美军军官协助他处理战俘营内事务。英国这边则由罗伯特·皮蒂少校充当类似角色，他同样率领几位英联邦低级军官，负责维护战俘营内英国、澳大利亚和新西兰战俘的权益。这两群人紧密合作，皮蒂少校充任了汉金斯少校实际上的副手。后者既是战俘营内人数最多的同一国家战俘群体内级别最高的军官，也是营内盟军军官中级别最高的。军官一级的战俘中有几名军医，其中包括美国陆军军医马克·G.赫布斯特上尉和澳大利亚陆军医疗队第三机动救护车团第二营的德斯蒙德·布伦南上尉。布伦南是6名澳大利亚军官之一，他同其他级别的许多战俘与英国战俘一起被“福海丸”号从樟宜送到朝鲜。在奉天战俘营关押期间，皮蒂和布伦南都在悄悄写秘密日记，他们详尽描述了战俘们在战俘营内遭受的非人待遇，并仔细记录了美国战俘来到中国东北后前几个月内的超高死亡率——在此期间死去的美国战俘实在是太多了。1945年重获自由后，汉金斯少校和赫布斯特上尉均向美国国防部详细报告了自己的遭遇。

对战俘们来说，在深冬季节来到如此高纬度的北方地区意味着他们将毫不意外地遭受恶劣天气的折磨。他们从地处热带的菲律宾和新加坡出发，一头扎进中国北方的严冬，直接对上了从西伯利亚和蒙古毫无遮挡地吹来的冰冷风雪。相比之下，美国战俘比英国和澳大利亚战俘要难过得多，因为他们的身体状态早已经在菲律宾关押期间便剧

1　《罗伯特·皮蒂少校日记》(*Diary of Major Robert Peaty*)，罗伯特·皮蒂少校私人文件，伦敦帝国战争博物馆，分类号6377。

烈恶化；而一度被关押在樟宜的英国和澳大利亚战俘们则更大限度地享有自治权利，因此逃过了日本人辖下战俘营中常见的大比例营养不良，还在很大程度上躲过了日本看守的施暴。日本人还很罕见地将当地印度锡克教徒武装起来，其中大多数是印度民族主义者，并雇佣他们充当樟宜战俘营的警卫。上述事实是英联邦战俘能够在奉天战俘营存活下来的重要原因，但却无法完全解释同一战俘营内不同国籍战俘之间死亡率的巨大差异。

1942年11月11日，几乎被冻僵的战俘们面带沮丧、步履蹒跚地走进奉天战俘营的大门，身上紧裹着日本人发放的冬装以及从自己的热带军装中东拼西凑出来的各式行头。战俘队列依照命令缓缓走入中央操场集合点名，日本看守们则手持上了刺刀的步枪，站在队列的两侧和队尾警戒。战俘营指挥官松山大佐从温暖的办公室里钻出来，大步从停在原地的战俘面前走过。战俘们停止行进之后，队列里有人不住地发抖，有人小声嘟囔，还有人咳嗽或是打喷嚏。紧跟在松山身后的是他的副手寺尾中尉以及首席军医官川岛上尉。头戴野战软帽的日本军官们用疑虑的眼光审视着眼前的战俘，松山不耐烦地用武士刀刀鞘拍打着自己的棕色高腰马靴。随后，日本人向战俘们发表了一番简短的“欢迎辞”，其中充斥着对心怀不轨者的警告和劝导。翻译将这番话逐一从日语翻译成英语，然后日本人就宣布解散，战俘们进入分配给各自的营房。

叙述至此，我们脑海里就有了这样一个大致印象，即：奉天战俘营与其他的普通日本战俘营截然不同。指挥官松山大佐的级别便是最明显的证据之一。日本人为什么会安排高级军官来负责一座小小的战俘营呢？基于我们对其他日本战俘营和平民拘押营的认知，日本军方通常只会任命级别非常低的军官担任营地指挥官。在他们看来，战俘和平民都只是相当于苦力的存在，让低级军官去管理就足够了。对这群看重面孔（指种族）和层级的亚洲敌军来说，营地指挥官的级别往往能反映出他们对战俘的重视程度。比如，位于荷属东印度群岛巴达维亚（现雅加达）贫民区的吉登戈托集中营面积广大，主要关押来自荷兰与英国的妇女和孩子，关押人数最多时超过一万。但这处集中营的指挥官只是一名小小的中尉，即曾根健一中尉（尽管他后来晋升为大尉）。婆罗洲的巴都林当集中营中既有战俘也有平民，既有男人也有女人和孩子，人数高达上千；但他们的指挥官菅辰次的军衔只是中佐，而且菅辰次中佐还兼任着婆罗洲岛上所有集中营的指挥官职务，只是把他麾下的总部设在巴都林当。菅辰次要经常离开巴都林当到其他战俘营视察，若他不在，则由他的副手全面负责巴都林当集中营的事务，而副手的军衔仅为大尉。在这种体系下，我们还发现了另一个例子：婆罗洲东北部山打根地区有三座战俘营，那里关押着数千名英国和澳大利亚战俘（其中很多人在后来臭名昭著的“山打根死亡行军”中死去），而实际指挥官星岛进的军衔仅为大尉。奉天战俘营指挥官的军衔也极其值得注意，因为高级军衔意味着日本人出于某种不能明说的原因极为看重这座战俘营。这一点在1942年12月2日松山大佐调离战俘营时也得到了印证——接替他的仍然是一名大佐军官，名字叫做松田元治。松田大佐在奉天战俘营指挥官任上一直待到日本投降。

* * *

如上所述，日本三菱公司还特意在奉天战俘营附近建立了几座工厂。在附近建战俘营的目的之一，可能就是为这些工厂提供免费劳力。盟军战俘之所以被送到奉天战俘营，很可能就是出于三菱公司的要求。该公司一方面希望借助战俘们的劳力为自己赚钱，一方面也希望为日本的战争机器增添动力。这样就有了另外一种可能性，即战俘们一边被日本人剥削着劳动力，一边又满足了他们被送到奉天来的真正目的——充当传染病研究的“小白鼠”。日本人绝对不会让战俘们整天无所事事，让战俘充当劳力才正合他们心意。因此，最大的可能是：奉天战俘营的战俘们一边提心吊胆，不知何时便会被用作实验材料，一边又为日本战时经济的发展贡献着重要力量。鉴于战俘们没有被直接送到平房区的七三一基地，我们可以认为日本人希望凡是在白人战俘身上做的医学实验都要尽可能地保持低调。毕竟这一实验领域非常敏感，必须谨慎对待。盟军战俘不是中国农民，不可能在不引人注意的情况下消失；这群大活人更不可能在1943年初消失。在1943年，盟军将战俘解救出去的可能性微乎其微，日本军队在战场上被击败的可能性也微乎其微。

用汉金斯少校的话来说，新战俘营开始时的条件“由于天气寒冷、住房不足、医疗条件糟糕而非常令人不满意”[1]。战俘营这个高度敏感的话题曾在若干书籍中出现。不过我们应该知道，奉天战俘营的条件实际上要比包括我本人在内的历史学者记录的其他几乎每一座战俘营都要好。奉天战俘营的设施在一开始比较简陋，大概是因为那时候日本人只想将它用作临时关押营地。

整片战俘营被两道带刺围栏团团封闭，每道重围栏高约3.5英尺。两道围栏之间相隔4英尺，填充着纵横交错的铁丝网。战俘们的宿营地由19座低矮的木质棚屋组成。棚屋呈长方形，墙壁为双层墙。每座棚屋长125英尺、宽14英尺，并依照当地习惯埋入地下2英尺，以达到防寒保暖和阻隔恶劣天气影响的目的。战俘们每70至90人被分为一组，每组人被分配到一座棚屋。睡觉的地方是一个高出地面的木制通铺，大约6英尺宽，两头一直顶到棚屋的两侧墙壁上。棚屋中间部分有一道正门，两侧各有两个侧门。屋内地面铺的是冰冷坚硬的砖头。除了两三张木头桌子和板凳，棚屋里几乎没有家具。军官们不与士兵住在一处；由于人数不多，所以军官的住处宽敞得多。

三菱公司“迫切希望把尽可能多的战俘送到自己的工厂里干活，所以当第一批战俘到达时……发现住的地方竟然还没准备好”，[2]指称三菱公司在第二次世界大战期间把盟军战俘用作奴隶式劳工的历史学者琳

---

1 《斯坦利·汉金斯少校报告》(*Report by Major Stanley Hankins*)，华盛顿特区国家档案局，第2127柜360A格第13分隔间第34行，290组389号，奉天战俘营纪念协会提供。

2 琳达·高兹·霍尔姆斯，《有失正义的致富之路：日本公司是如何利用美国战俘累积战后财富的》(*Unjust Enrichment:How Japan's Companies Built Postwar Fortunes Using American POWs*)，梅卡尼克斯堡，宾夕法尼亚州：斯塔克波尔图书出版社，2001年。

达·高兹·霍尔姆斯说。美国战俘基恩·伍滕也回忆说："早晨起床时，我们会发现砖上积了一层霜，看上去就像下了雪一样。"战俘们每天都要被逼着走5英里的路去干活。工厂尚未能开始生产时，他们就建造房屋。这种大型土木建筑工程给战俘们带来了很多搞破坏的机会。"每次我们浇筑水泥时，就会把能埋的工具都埋进去，"被强迫参与"满洲"工作机械株式会社机床厂建设的美国人之一莱奥·帕迪拉说，"估算起来，我们大概把上百件铲子埋在了工厂的地面下。"[1]

全面了解奉天战俘营最好的方法之一，就是把它与另一座设在中国的、以关押美国战俘为主的同规模战俘营进行比较。吴淞战俘营位于黄浦江流入中国东海的入海口附近，离上海市中心大约15英里。关押在这里的英国人不多，其中一位是前香港总督杨慕琦爵士。他是1941年圣诞节香港向日本投降时被俘的。战争结束后，杨爵士向英国政府提交了一份有关吴淞战俘营的详细报告。"这里总共关押了大约1500人，营内条件，特别是卫生条件，非常差，"[2]他回忆说。营内关押的人中，美国战俘占了很大比例。他们的指挥官是威廉·W.阿瑟斯特上校，原隶属于"华北海军陆战队"，主要承担保护北平领事馆、天津以及秦皇岛领事馆和租界安全的任务。如同在其他地方一样，日本人在上海也"故意选了一处杂草丛生的破败场所作关押之用，而且在外国人被关进来之前并没有为他们准备好任何日常设施"[3]，杨慕琦说。吴淞战俘营内的木棚屋原本充作国民党军营，但已年久失修。这座营地占地约10英亩，周围有电网围绕。营内有7座棚屋，每座棚屋长70英尺，宽25英尺。棚屋后门附近修有一个蹲式厕所和一个洗漱架。一条长长

1　琳达·高兹·霍尔姆斯，《有失正义的致富之路：日本公司是如何利用美国战俘累积战后财富的》，梅卡尼克斯堡，宾夕法尼亚州：斯塔克波尔图书出版社，2001年。

2　"关于香港投降的急件，杨慕琦爵士致殖民地国务大臣，1945年9月12日"（*Despatch on Surrender of Hong Kong,Sir Mark Young to Secretary of State for the Colonies;12 September 1945*），英国国家档案馆（公共记录办公室），英国殖民地部文件968/96/6。

3　董碧方，《上海：一座堕落城市的沉浮》（*Shanghai:The Rise and Fall of a Decadent City*），纽约：威廉姆·莫罗出版公司，四季出版社，2001年，第272—277页。

的走廊从棚屋中间穿过，走廊两侧分布着若干隔间，隔间里是供战俘们睡觉的木床。每座棚屋里都被日本人塞进了200到300人，平均每个隔间大约18到20个人——居住条件比奉天战俘营差得多。乍一看，战俘营内的棚屋无疑就是一幅悲惨至极的画面：窗户玻璃不全；屋顶漏雨；地板东缺一块西缺一块，走在上面得格外当心；一到了上海的冬天，墙壁根本起不到挡风的作用，住在里面的人简直要在上海阴冷的冬天里冻毙。

然而，无论奉天战俘营还是吴淞战俘营，住宿条件都比缅甸—泰国铁路沿线的战俘营强得多。缅泰铁路是日本人动用盟军战俘和当地农民兴建的大型工程，穿过了地球上环境最恶劣的一片丛林。修建期间，成千上万人因疾病、事故、营养不良和日本看守的暴行而死去。宋克雷战俘营内的设施与奉天战俘营和吴淞战俘营相差不大。但屋顶为阿塔普式（当地一种用聂帕棕榈树叶覆盖的屋顶）的竹制营房在潮湿的丛林环境中根本不足以遮风挡雨。澳大利亚先遣兵部队中校J.M.威廉姆斯是铁路沿线数座战俘营中军衔最高的盟军战俘。他回忆说："我们在一座战俘营中待了五个月时间，住处一直十分拥挤……前三周我们的住处甚至连屋顶都没有。我向日本指挥官抱怨住宿条件太差。他回答说他们的住处同样拥挤。然而实际上，我们的23名军官加23名士兵的住处和3名日本士兵住的地方一样大。"[1]1942年2月，800名澳大利亚战俘和300名荷兰战俘被关进了位于马鲁古群岛安汶岛上的坦泰军营战俘营（Tan Toey Barracks Camp）。他们战前是这里的驻军，在荷属东印度群岛失陷时被日军俘虏，被关押了8个月后，其中500人被送往中国南部的海南岛，余者留在坦泰直至1945年9月获得解救。日本人不停地征用战俘们的住所，甚至在战俘营的围墙内修建了一处炸弹仓库，储存了重达20万磅的高爆弹和穿甲弹。离这座巨大弹药库几码远的地方就是战俘营医院和另一处关押着250名荷兰妇女和孩子的拘押营。因

1　爱德华·弗雷德里克·兰利·罗素，《武士道骑士：日本战争罪行简史》（*The Knights of Bushido:A Short History of Japanese War Crimes*），伦敦：格林希尔书屋，2002年，第85页。

此，1943年2月15日，盟军飞机不可避免地轰炸到了这处没有任何标志的营地以及营地内的弹药库。“6名澳大利亚军官、4名士兵以及27名荷兰妇女和孩子被炸死，另有20名澳大利亚战俘受了重伤。”[1]1945年被解救时，幸存下来的澳大利亚战俘只有123人。

日本人惯常毫不在乎战俘的居住条件，马鲁古群岛中哈罗科岛上的战俘营便是另一个此中典型。1943年4月，2070名英国和荷兰战俘被送上这座小岛为日本人修建简易机场。他们的营地设在排水极差、遍地沼泽的山坡上，只是几座用竹子搭成的棚子而已；有的棚子甚至少了墙壁和棚顶。英国高级军官、皇家空军飞行中队指挥官匹兹刚刚抱怨了几句就被日本人反驳回去，后者声称战俘不享有任何权利。

再回头看看奉天战俘营。独立厕所建在一处离宿营地50英尺远、但和营地建制类似的棚屋内。与吴淞战俘营不同的是，奉天战俘营的厕所与居住区隔离开。考虑到营内的卫生条件，这种布局应该更有利健康。厕所内有20个蹲位和两个长形小便池。除了拖地，战俘们不需要对厕所进行其他清理。因为粪便对当地农民来说是可以用来肥沃田地的宝贵肥料，所以日本人把战俘营厕所的粪便都卖给了他们。中国人会把粪便装上所谓的“蜂蜜车”拉走——这是战俘们为数不多的值得庆幸的事情之一。在亚洲其他地方的战俘营中，都是由战俘们负责清理厕所，他们得强忍着恶心，亲手把长年累月的、士兵得了腹泻和痢疾之后排泄的秽物舀出来。看着战俘们脸上厌恶的表情，日本看守们一边嬉笑一边对他们进行嘲讽羞辱。实事求是地说，在奉天战俘营上厕所是件令人作呕的事情。身为战俘的军医马克·赫布斯特回忆说：“冬天时，厕所内的粪便会积得很满，有时冻硬的大便会堆起来6或8英寸高，甚至高出了蹲坑。人蹲下时要十分小心，避免蹲得太深时被

1　爱德华·弗雷德里克·兰利·罗素，《武士道骑士：日本战争罪行简史》，伦敦：格林希尔书屋，2002年，第85页。

这些大便堆戳中屁股。”[1]

与其他大多数日本战俘营相比，奉天战俘营内的厕所算得上“高端”。日本人防止疾病在营内流行的态度也是积极的。在哈罗科岛战俘营，日本人在每座竹棚外面挖了几条便沟就算修了厕所。营内肆虐的痢疾也弄得日本人都很沮丧，因为他们无法找到足够的人手干活。于是，日本人把战俘中的军官都拉出来痛殴一顿，连英军高级军官也没能逃过。哈罗科岛战俘营内的痢疾传染越来越严重，营内几处医疗点不堪重负。荷兰陆军医疗队军医 R. 斯普林格记录了这一严峻形势：“腹泻病例还在不断增加……病人虚弱得连厕所都去不了。我们的营房内没有足够的罐子和桶给他们接大小便，所以他们必须到屋外去，就在外面满是粪便、到处是活蛆的泥浆里解决问题。”[2]

上海城外的吴淞战俘营也没有足够的厕所，而且要等中国苦力用粪勺和粪桶定期清理，所以营地内臭气熏天。杨慕琦爵士回忆说，夏天时空中飞的苍蝇就像一片巨大的黑云，不仅在厕所上空，还不可避免地飞到营地其他地方，落在战俘们食物上的就成了痢疾病菌的传播者。营地内的老鼠也泛滥成灾。它们常常钻进棚屋和厨房；营地里肮脏不堪，到处都是老鼠的粪便。

奉天战俘营的洗浴设施就是营地厕所旁边的浴室，浴室里有六个大水箱。战俘们不能跳进水箱里洗澡，只能用水桶把温水打出来冲洗。“因为要洗澡的人很多，”汉金斯少校回忆说，“所以弄了个花名册，按上面的名字，每人每周洗一次。”[3]实际上，日本人在营地内有两个设施完备的浴室，但只批了一个浴室供使用。

战俘们的食物在公共厨房内准备。厨房附带干货储存室、冰箱和

1 《马克·赫布斯特少校报告》(*Report by Major Mark Herbst*)，华盛顿特区国家档案馆，第2127柜360A格第13分隔间第34行，290组389号，奉天战俘营纪念协会提供。

2 爱德华·弗雷德里克·兰利·罗素，《武士道骑士：日本战争罪行简史》，伦敦：格林希尔书屋，2002年，第159页。

3 《斯坦利·汉金斯少校报告》(*Report by Major Stanley Hankins*)，华盛顿特区国家档案局，第2127柜360A格第13分隔间第34行，290组389号，奉天战俘营纪念协会提供。

负责监督厨房事务的日本军士睡觉的地方。食堂军士对口粮的监管极其严格。而事实上，厨房的日常管理由美国准尉 A.A. 波塞尔负责，安德鲁·普莱夫扎克军士则充任食堂军士。战俘营内的食物分配始终是最受争议的问题。根据一些美国老兵和历史学者的说法，战俘们经常挨饿或处于营养不良的状态。到达奉天战俘营时，美国战俘极度缺乏营养和维生素。但已有证据显示，他们在被关押的最初几个月里，奉天战俘营的食谱相当不错，或者说肯定比其他日本战俘营的伙食好。皮蒂少校在秘密日记中的记载也证实了这一点。下述情形可能是一种巧合：当战俘死亡率在1943年年初的几个月里飙升时，很多目击者都报告了医疗检查和预防接种数量的增加。这些医学措施并未达到正常医学措施的预计效果，因此，如果日本在此期间不是在做实验，事情就有点说不通了。“与其他大多数我接到报告的战俘营相比，奉天战俘营内关于食物分配的抱怨要少得多，”[1]陆军军医赫布斯特上尉说。1943年初，奉天战俘营内的战俘平均每日热量摄取与其他战俘营内战俘的摄入量有明显差异，这再次说明奉天战俘营发生的事情与日本战俘营体系内几乎所有其他战俘营都不同。根据英国卫生部2011年公布的平均需要量标准，男性的日平均热量摄入应该为2550千卡。幸运的是，皮蒂少校为我们留下了一本详细的日记，并经常在其中记录战俘们每天的热量摄取情况。他不是医生，但身边的军官战俘中却有几位军医，军医们能对卡路里的摄入量进行准确判断。另外，卫生员和炊事兵也能看出战俘们的热量摄入情况。他在1943年4月5日的一则日记中写道：“估计我们摄入的热量在2800至3000千卡之间。”10天后，即4月15日，皮蒂再次写道：“分配下来了三天的口粮，这些食物会给我们带来大约2000千卡。”汉金斯少校和美国陆军军医马克·赫布斯特写的报告也非常具体地指明战俘们每天的热量摄入在2000到3000千卡之间。有时候，战俘的摄入量会比当今英国政府医学顾问建议的

1 《马克·赫布斯特少校报告》，华盛顿特区国家档案馆，第2127柜360A格第13分隔间第34行，290组389号，奉天战俘营纪念协会提供。

标准稍低，有时候又会比平均标准稍高。“1943年初热量摄入不足”这一说法很难解释发生在战俘们身上的严重营养不良，“严重营养不良”也必然不是此期间奉天战俘营内美国战俘大量死亡的原因，肯定还有其他原因。

奉天战俘营的食谱显示，早餐有面包和汤。每名战俘可以分到5盎司[1]重的面包和一份玉米糊。在战俘营成立的前六个月里，战俘们每人每天能分到200克玉米，后来才减少到120克。井水打上来后也会先经煮沸再供人饮用，以保证安全。开饭时，日本人在厨房把食物盛进木桶，然后送给等在营房中的战俘们。皮蒂少校在日记中多次记载，1943年期间日本人经常会给战俘们加餐。5月10日“运来了15只刚出生十天的小鸡，简直像开了个家禽养殖场。我们认为这些都是洛岛红鸡”。次日，他则在日记里说：“食物配给量略有增加。”5月23日，皮蒂写道：“每人发了两个鸡蛋。”[2]按照皮蒂的说法，奉天战俘营的战俘伙食显然比本书作者研究过的其他战俘营都要好。日本人在奉天战俘营发放的食物花样一直不少。皮蒂在1943年5月29日的日记中记载：“今天发了味道不错的土豆（120千克），估计每天能摄入2540卡路里热量。”[3]事实上，皮蒂当天记录的热量摄入值已经与我们今天认为的英国现代男性日均热量摄入标准不相上下。“1943年6月14日，伙食有所改善。我们现在能吃到分量可观的土豆和鱼，每天摄入的热量大约为3000千卡。”又过了大概一个月，皮蒂对战俘营的伙食彻底满意了。他在7月13日写道：“食物比以往任何时候都要好：我们现在能吃到黄瓜，每周还能吃两次鱼。”两天后他又在日记中记载：“发了西红柿，确实不错。”[4]

1　英美制重量单位，1盎司合28.3495克。——编者注

2　《罗伯特·皮蒂少校日记》，罗伯特·皮蒂少校私人文件，伦敦帝国战争博物馆，分类号6377。

3　《罗伯特·皮蒂少校日记》，罗伯特·皮蒂少校私人文件，伦敦帝国战争博物馆，分类号6377。

4　《罗伯特·皮蒂少校日记》，罗伯特·皮蒂少校私人文件，伦敦帝国战争博物馆，分类号6377。

至此，我们必须在战俘食物配给和热量摄入方面对奉天战俘营和其他一些有相关数据留存下来的日本战俘营加以比较。比较得出的结果极其引人深思。在前文提到的安汶岛坦泰军营战俘营，1943年7月之前的食物配给也“充足而且相当不错”[1]，但后来，挨饿就成了战俘营的常事。迅速减少的食物配给量，再加上战俘们无论生病与否都要参加重体力劳动，导致死亡率以惊人幅度上涨。那时候的坦泰军营战俘营里，战俘们每人每天只能分到4盎司米饭和4盎司红薯。与之相比，日本看守们每天则能分到15盎司米饭，同时还有分量充足的鱼和蔬菜。

日本人把1942年2月占领新加坡时俘虏的1496名澳大利亚战俘运到北婆罗洲，野蛮粗暴地关在一座名为“八英里”的恐怖战俘营里，准备让他们为自己修建简易机场。从1943年至1944年期间，八英里战俘营里的条件持续恶化。到了1945年初，每名战俘每天能得到的食物甚至减少到极少的木薯粉和红薯、几粒可怜的青豆以及一碗4盎司重的米饭；如果换算成能量的话，每人每天的摄入量不足1000千卡。丛林中，臭名昭著的缅泰“死亡铁路”沿线也分布着战俘营，这些营地的条件更让人心酸。澳大利亚炮兵部队的炮手拉塞尔·布拉登称战俘们当时饿得发慌，“只要是没有毒的东西都吃；在泰国，有人甚至还吃起了树上长的蘑菇”[2]。婆罗洲的巴都林当战俘营作为拘押中心，混合关押着战俘和平民。在那里，日本人每天向被关押者发放日军自认为适合所有人的简单食物；食物中的蛋白质含量仅为1.5盎司，只能产生160千卡的能量。在我调查过的几乎所有战俘营里，战俘们的食物配给量（或者进一步说，能量摄入值）都随着战争的发展而减少。在营养不良的基础上，疾病还进一步破坏了早已因食物缺乏而变得弱不禁风的免疫系统——这一点成了战俘营内绝大多数人死亡的原因。对大部分战俘来说，生存已经成为一种数字游戏——能量摄入值和食物配给量与战争

1　爱德华·弗雷德里克·兰利·罗素，《武士道骑士：日本战争罪行简史》，伦敦：格林希尔书屋，2002年，第151页。

2　爱德华·弗雷德里克·兰利·罗素，《武士道骑士：日本战争罪行简史》，伦敦：格林希尔书屋，2002年，第84页。

剩余时间的较量，但奉天战俘营的情况则完全不同。尽管历史学家公认日军曾野蛮对待盟军战俘，但这一现象在这里几乎不存在。这就引发了一个问题：为什么会出现这种情况？为什么日本人会费心让奉天战俘营里的战俘吃饱喝足，但在其他大多数战俘营却又不做到这种地步呢？原因可能和“日军想保证这群劳动力的健康”无关（如果说奉天战俘营里的战俘的的确确被日本人视为劳动力的话），因为在奉天以外的那些战俘营里，盟军战俘们要承担修筑机场、铁路等更为繁重的任务，但日本人却故意让那些战俘挨饿。

即便获得了更好的伙食，但美国战俘（而非英国、澳大利亚或新西兰战俘）在初到奉天战俘营的几个月时间里仍大批死去。皮蒂少校小心而又详细地将死亡率记录下来。据他记载，1943年2月24日这一天，战俘营为过去105天里死去的186名美国战俘举行了葬礼。接下来的情况更糟糕。在自己的秘密日记中，皮蒂经常记录下战俘营内腹泻和痢疾的流行，似乎在以此暗示战俘死亡的原因。饥饿通常会导致营养不良的战俘死于本可被治愈的痢疾等疾病；但从皮蒂的日记中可以看出，日本人并没有故意让奉天战俘营的战俘挨饿。相反，奉天战俘营的战俘们要比其他战俘营的战俘更健康、更强壮。但令人惊讶的是，即使在这样的条件下，奉天战俘营内的死亡率仍相当于甚至超过了其他设施更简陋、伙食更差劲的战俘营。那么问题就是：他们究竟因何而死？最令人费解的事实是，与美国战俘同吃、同住、同劳动、同娱乐甚至上同一个厕所的英国和澳大利亚战俘中，没有一人死亡。按理说，英国和澳大利亚战俘中也应该有一些人死于美国战友所患的同种疾病，但事实却是他们一个人都没死，这根本说不通。而若是与其他更多的线索结合在一起，这一现象则更是强烈地指向这样一个可能，即：置美国战俘于死地的疾病并非自然产生的。美国战俘患病而死要么是一个巨大的巧合，要么离不开人为因素的影响——比如，和日本医疗人员经常出入奉天战俘营有关。接下来，我们会更详细地探讨这一令人百思不得其解的反常现象。

奉天战俘营中如此多的战俘生病、垂死，那么营内的医疗设施怎么样呢？与日本人设在亚洲的其他战俘营相比，奉天这座小小的战俘营里医生数量异乎寻常地多，但医疗设施却很简陋。除了赫布斯特上尉和布伦南等战俘军医外，日本人还为战俘营指派了四名陆军军医，并始终保持着同一时段至少有其中三人在营中值班的状态。这一点确实能让人产生日本人在战俘营中做实验的猜测，因为对日本人来说，向战俘营指派如此多医生的情况非常罕见，甚至是绝无仅有的。正常情况下，日本人只会让战俘们在战俘营中自生自灭——这一点已形成历史共识。讲述缅甸—泰国铁路沿线战俘营或日本、菲律宾战俘营的历史文献何止上百，且任何读过这段史料的人都一致认同上述事实。比如，哈罗科岛战俘营内痢疾大暴发时，日本人对战俘的治疗就非常不上心。1943年6月21日，日军医官只是把英国和荷兰军官集合起来，告诉他们患上痢疾是他们自己不小心。“你们要做的就是把苍蝇打死、把指甲剪短。这样，传染病自然会消失。”[1]看到这里，我们大概就能理解为什么关押在那座战俘营中的2070名英国和荷兰战俘只有不到一半人幸存下来了。

我们很容易得出这样一个结论，即众多日本陆军军医驻扎在奉天战俘营，是为了支持数次到访战俘营的七三一部队科学家们的工作。本书也将会提到，七三一部队的一名科学家后来确实承认：他与另外几个同事都为七三一部队创立者石井四郎医生工作；他们曾一起于1942年至1943年间在奉天军事医院常驻，因而很方便进入几英里外的奉天战俘营。

日本人在奉天战俘营内划出了四处木棚营房充当专门的医疗区。对规模不大的战俘营来说，这里能够放置的床位数量可观。医疗区内设有一座医院，里面有一间日本医生办公室、等候治疗室以及一个药房。美国陆军军医赫布斯特上尉在战后的证词中称，自己治疗的大多

1　爱德华·弗雷德里克·兰利·罗素，《武士道骑士：日本战争罪行简史》，伦敦：格林希尔书屋，2002年，第159页。

数疾病都是“上呼吸道感染、痢疾和腹泻，也有维生素缺乏导致的神经炎（战俘饮食中缺乏维生素造成）；其中，神经炎大多数是感官上的。”他还表示，“实际上我们没有药品可用。”[1]战俘营里的药品是经过日本人精心分配的。晶体状阿斯匹林仅会被少量发放；磺胺类药物更是少得可怜，只在治疗严重的肺炎病人时才能见到。“如果医生不苦苦哀求，日本人也不会给痢疾病人发放吗啡或鸦片，”[2]赫布斯特回忆说。食物中缺乏营养的问题只能靠服用酿酒酵母来勉强解决：每次医生都会给战俘开三克的剂量，每周吃三次。

根据赫布斯特的回忆，日本医生住在所谓“医院”的东头。病人等待室后来被改为办公室。医院里的一间棚屋被用作痢疾病房，还有一间则充当了白喉病人的隔离病房。医院后面的棚屋也被用来收容急性和慢性胸部疾病患者。战俘医生们面临着数不清的困难，其中“日本人的配合问题是最糟糕的，”赫布斯特回忆道，“诊治和用药方面的语言障碍最难克服了。”[3]为了消除语言和文化方面的一些误解，有两名承担医疗任务的战俘甚至学会了流利的日语口语，还掌握了一定的书面表达。

与其他战俘营相比，奉天战俘营为数量不多的战俘配备的医疗设施似乎异常全面。1942年2月在新加坡军营投降时，能说一口流利日语的西里尔·怀尔德少校曾为阿瑟·珀西瓦尔中将做过翻译。1943年8月，他被关押在缅泰铁路修筑工地上的宋克雷战俘营。在战后的东京战争罪行审判法庭上，韦尔德以目击者身份对他所在战俘营内可用的“医疗设施”进行了指证。他回忆说，在一间棚子内，700人分成两部分，各自在两边的架子上赤身裸体地躺着。这些战俘面黄肌瘦，痛

---

1 《马克·赫布斯特少校报告》，华盛顿特区国家档案馆，第2127柜360A格第13分隔间第34行，290组389号，奉天战俘营纪念会提供。

2 《马克·赫布斯特少校报告》，华盛顿特区国家档案馆，第2127柜360A格第13分隔间第34行，290组389号，奉天战俘营纪念会提供。

3 《马克·赫布斯特少校报告》，华盛顿特区国家档案馆，第2127柜360A格第13分隔间第34行，290组389号，奉天战俘营纪念会提供。

苦不堪。棚子中间还躺着大约250个患了热带溃疡的病人。“这种病通常会把病人腿部的肌肉撕裂，从膝盖一直撕到脚踝，”怀尔德说，“腐烂的气味几乎令人窒息。”[1]对战俘来说，疾病司空见惯。霍乱也在铁路沿线此起彼伏地暴发，每次都能夺走几百人的性命。更多的人则因战俘营里常见的疟疾、痢疾、伤寒等传染病丧命。日本人对此熟视无睹，甚至还颁布了荒唐的规定，这些规定只让局面变得更糟。怀尔德少校回忆，日本人规定：得病的战俘人数不“允许”超过总人数的15%，每次只“允许”得一种病。剩下的人必须在饥饿的状态下干活，而且干活的速度要快。如此一来，战俘医生们就不得不做出奉天战俘营那些同行们从未遇到过的艰难选择：“一位英国医生和他的助手心里有自己的盘算，”加万·道斯在《日本人的战俘》中写道。“比如两个病人，一个人病得不重，另一个病得很重。让病得不重的人出去干活肯定会要了他的命，病得很重的人留在营地里也肯定活不成。但是，如果让病得不重的人留下，他就有很大机会活下来。这就是在日本人淫威下产生的医疗伦理。”[2]铁轨每在丛林中铺设一英里，就会夺走64名盟军战俘和240名当地劳工的性命。“死亡铁路”因此得名。

缅甸—泰国铁路沿线战俘营发生的事情甚至并非日本人丝毫不顾及战俘身体健康的极端例子，因为同样悲惨的故事在其他许多战俘营也有发生。在婆罗洲的巴都林当战俘营，驻营日本医官山本中尉建立了一座战俘医院，但战俘们都避之若虎，能不进去就不进去。这座阴森肮脏的医院与其说是一处治疗中心，不如说是一座恐怖的停尸房。作为医生，山本极其不称职，他邋遢散漫、脾气暴躁，平时只会下令不给声称自己得病的战俘发放饭食。日常的医疗事项也都被他丢给战俘中的几名医生去做。如果有战俘有胆量来求医问药，山本会毫不犹

1 爱德华·弗雷德里克·兰利·罗素，《武士道骑士：日本战争罪行简史》，伦敦：格林希尔书屋，2002年，第88页。

2 加万·道斯，《日本人的战俘：第二次世界大战太平洋战场上的战俘》（*Prisoners of the Japanese:POWs of the Second World War in the Pacific*），伦敦：口袋书屋，2007年，第205页。

豫地把他痛打一顿。一名战俘医生总结说，山本对患病战俘的态度就是“让他们活着等死”。尽管战俘们很团结，竭尽全力积攒食物和药品以帮助那些生病的战友，但战俘营内的死亡率仍然居高不下。热带溃疡在得不到治疗的情况下很快就会转成脓毒症，进而致人死亡；营内卫生条件糟糕，所以痢疾很普遍；疟疾、脚气、登革热、疥疮、脓毒症咬伤和溃疡也导致了数百人死亡。整个战争期间，这里每一天都会举行葬礼，连制作棺材的木材都不够了，因此人们不得不反复使用特制的铰链式棺材。无论性别或年龄，每一名战俘都有患上热带疾病和机能失调的可能。在英国战俘和被拘押的男性平民中，死亡率高得吓人。到1945年获得自由时，他们中已有三分之二的人（约600人）死去。泰国和婆罗洲战俘营的例子并非“特例”，事实上，翻开任何一本讲述被日本人关押的盟军战俘的经历的书，类似的记载都擢发难数。

哈罗科岛战俘营流传出来的一则故事能很好地说明日本人对痢疾以及其他战俘常见病的态度。当奉天战俘营内痢疾大暴发时，日本医生还是很关照战俘的。但在哈罗科岛战俘营则完全不同：英国和荷兰战俘于1943年4月被地狱航船送到哈罗科岛时，几乎不敢相信日本人的野蛮残暴。“我们当时仍然相信日本人身上还是有人性的，但事实证明我们很傻，”荷兰军医斯普林格在1945年11月写了一份报告，报告披露了经他治疗的战俘病人的遭遇。请注意，这些战俘被运去一处新地点充作免费的奴隶式劳工。“在我看来，日本人就是一群故意杀人犯。我们告诉他们，痢疾将来可能会暴发式地传染开来、造成危险，而且会有更多人因此死去，但我们得到的回复往往是，‘死了更好’。”[1]

1 爱德华·弗雷德里克·兰利·罗素，《武士道骑士：日本战争罪行简史》，伦敦：格林希尔书屋，2002年，第156页。

第五章

强迫劳动

伸出双臂把一碗水端平，稍有泼洒就会招来剑道棒或木剑狠狠的敲击。这对战俘们来说是再正常不过的事情了。

——罗伯特·皮蒂少校，奉天战俘营

行文至此，我们会发现奉天战俘营不是一座不起眼的普通战俘营。关押在这里的战俘能得到比泰国、菲律宾、婆罗洲或其他地方的战俘营里的战俘所得更好的食物。虽然战俘营的规模小，但医疗设施却异乎寻常地全面。更奇怪的是，营内的医生和病房数量众多，但储备的药品却不多。若是进一步仔细审视，便会发现奉天战俘营内的更多反常现象，因此它给我们留下了“很特别”的印象。关押在奉天的战俘确实会因我们一般人无法忍受的糟糕食物、高强度劳作和体罚而遭受苦难，但与设在其他亚洲日占区的、堪称魔窟的战俘营相比，奉天战俘营里的苦难根本不值一提。战后，英国高级军官皮蒂少校曾有机会与其他被送往日本、朝鲜或缅泰铁路沿线战俘营充当苦力的军官交流，他在聊天中也毫不避讳地承认了这一点。

对奉天战俘营的研究越深入，我们就越能在调查中发现更多令人不解的事实。比如，与日本人统治下的普通地区相比，设在奉天的这处临时战俘营反而能得到更好的供给。尽管战俘们只在1942年11月到达时得到日本人发放的一套冬季服装，但日本人还给每个人发了六张毛毯、一只枕头、几张被单以及一张可以铺着睡觉的草垫子。与之形成鲜明对比的是荷属东印度群岛上的望加锡战俘营。在那里，战俘们没有家具、没有床，更没有日本人发的衣服。

罗马梵蒂冈教廷捐献的1500日元被用来购买运动器材、钟表和乐器——在日本战俘营体系内，这些东西算得上闻所未闻的奢侈品。而在望加锡战俘营，日本指挥官甚至都不允许战俘唱歌，违者会遭到痛殴。奉天战俘营的小卖部里还有限量的香烟、大豆糖果、梳子、润发油等东西，战俘们可以自行用日本人发给他们的薪水购买这些东西。军官战俘的薪水与日本同级别军官的基本薪水相同。校官每个月能发

30日元，连级军官每个月27日元。但他们要向日本人交生活费和服装费（实际上相当于战俘特权费）。其他军衔的战俘根据各自在当地工厂（日本人很快就在新战俘营附近建立起了工厂）的工作量，每天能获得20～40钱（日本货币单位，100钱＝1日元）的基本津贴。

另外一个在日本战俘营体系内堪称奢侈的待遇是文娱活动。奉天战俘营内有一处活动场，美国战俘们可以在那里打垒球。“英国战俘把几本私人书籍带进战俘营，这些书可以在有限的范围内流传。”[1]战俘营的铁丝网外还开辟了一块几乎没有产量的菜园。战俘中没有牧师，但战俘中的军官得到了主持礼拜仪式、葬礼、复活节和圣诞节祈祷等活动的允许。日本人对他们的宗教信仰保持了足够的尊重。在其他战俘营，战俘们的宗教活动通常是被严厉禁止的。

与大多数日本战俘营一样，奉天战俘营与外界的联系也受到了严格限制。战俘们在1943年4月和7月两次被允许寄给亲属一张限写25个字的明信片。战俘里的军官每年可以给外界寄3封信和3张明信片，其他普通战俘能寄1封信和3张明信片。这个规定也相当奢侈。在前面提到的望加锡战俘营，战俘们在关押期间收不到任何邮件，也不允许向外寄送任何邮件。日本人还会严格审查所有从奉天战俘营寄出的信件，如果发现有人在其中提到有关生活和劳动条件的只言片语，信件就会被销毁，写信的人也会受到惩罚。被关押在奉天战俘营期间，没有一名战俘收到过家里寄来的信件——日本人一般都拦截了此类信件。不管怎么说，“日本人允许战俘向外界寄送信件”这一事实，也再次让人怀疑日本人在此处设立战俘营的目的。在其他战俘营，日本看守偶尔会强迫战俘给亲属写一张字数极少的明信片，声明自己在战俘营里过得还不错，而且得到了看守们的友好对待。但很显然，这只是日本人对外宣传的伎俩。

可以肯定的是，奉天战俘营内的战俘对战争的进展知之甚少。现

1　《斯坦利·汉金斯少校报告》，华盛顿特区国家档案局，第2127柜360A格第13分隔间第34行，290组389号，奉天战俘营纪念协会提供。

有证据表明，关押在奉天的战俘中，没有一个人因寄送“非法”信息而被日本人抓住把柄并受到惩罚。但在其他战俘营则有不同情况。比如在靠近日本大牟田的河谷路第17战俘营，有人告诉战俘营指挥官：一个名叫哈伯德的美国战俘身上带了一小张日本报纸，还被抓了个现行。当时的日本人，特别是日本宪兵队，为了防止日军屡战屡败的消息传到战俘耳朵里，不惜使用各种极端手段清查战俘营里的收音机和报纸。哈伯德因此先是被一群日本看守打了个半死，然后又被扔进禁闭室。然后，战俘营指挥官还把这件事告诉了宪兵队。“第二天，三名宪兵队士兵来到战俘营，用枪托又把哈伯德打了一顿……哈伯德的惨叫声在压抑的战俘营里回荡了足足四天，他直到死了才解脱。”[1]

奉天战俘营内的战俘享受的待遇和条件远超被关押在菲律宾、婆罗洲和泰国的战友们，而他们自己对此一无所知。只有营内的英国高级军官罗伯特·皮蒂少校或多或少地知道，比起那些直接从新加坡樟宜战俘营被送到“死亡铁路”沿线战俘营或朝鲜、日本战俘营充当苦力的可怜人，关在他身边的这群手下过得好多了。1945年12月，皮蒂少校给他的上级写了一份详细描述奉天战俘营情形的报告。尽管他在同关押在亚洲其他战俘营的同伴交流后承认，日本人对奉天战俘营包括临时营地和后来的永久营地的管理还算不错，对关押在里面的战俘也不错，但他同时也认为，日本人这么做的原因很简单：“还关押在战俘营内时我就认为，这是一座用于宣传的战俘营，因为我们接受了来自日本宣传部门的多次访问。他们带着电影摄像机，拍摄了一卷卷的胶片，记录下战俘们打棒球、排队去干活（所有日本看守当然都在镜头之外）、玩问答小游戏、玩拼字比赛，还有战俘营里的乐队演奏和圣诞节歌咏等场景……”[2]

1 雷蒙德·拉蒙特－布朗，《宪兵队：恐怖的日本军事警察》（*Kempeitai:Japan's Dreaded Military Police*），斯特劳德：萨顿出版社，1998年，第125页。

2 《罗伯特·皮蒂少校日记》，罗伯特·皮蒂少校私人文件，伦敦帝国战争博物馆，分类号6377。

皮蒂认为奉天战俘营是日本人搞宣传的噱头并非完全没有事实根据。日本人起初把俘虏的盟军高级军官和皮蒂手下的士兵关押在一处，但两方彼此分开；后来，才以政治犯的身份把前者关进另外一处独立营地。那些盟军高级军官包括前驻马来亚英军总司令珀西瓦尔中将、前驻菲律宾美军总司令乔纳森·温赖特中将以及其他几位少将、准将和上校。许多高级军官不得不参与日本人的影片拍摄，他们因此愤愤不平。但细想一下，拿敌方高级军官充当宣传工具也说得通。那么，这座只关押着几百名普通战俘的战俘营为什么也那么让日本人感兴趣？皮蒂曾提到"日本人经常去拍摄"，那么日本人有没有可能借此机会另有图谋？

＊＊＊

奉天战俘营的日本看守是从驻扎在附近的关东军中临时调派的，不过指挥官和其他参谋军官是常驻的。被关押在这里的盟军战俘享受的待遇与其他战俘营略有不同——有几位关押在营中的盟军高级军官注意到，奉天战俘营里的日本人不像亚洲其他地区战俘营里的那样，严酷地折磨和虐待被关押的战俘。美国高级军官斯坦利·汉金斯少校说："确有一两次，发生了战俘未经审讯就遭受毒打和关禁闭的事。"[1]他还回忆道："不过大多数时候，战俘们最多就是被日本人扇耳光……"[2]皮蒂少校说，奉天战俘营内几乎没有战俘被日本看守肆意杀戮。"除了两个人（美国人），他们在遭到毒打后大约14天死去。二人被打前都非常健壮，但一从日本看守的屋子里出来就卧床不起，很快便一命呜呼了。我认为他们此前的遭遇是死亡的主要原因。"[3]实际上，只有三个试图逃跑的战俘在1943年7月被日本人直接残忍杀害。一个月前，即

1 《斯坦利·汉金斯少校报告》，华盛顿特区国家档案局，第2127柜360A格第13分隔间第34行，290组389号，奉天战俘营纪念会提供。

2 《斯坦利·汉金斯少校报告》，华盛顿特区国家档案局，第2127柜360A格第13分隔间第34行，290组389号，奉天战俘营纪念会提供。

3 《罗伯特·皮蒂少校日记》，罗伯特·皮蒂少校私人文件，伦敦帝国战争博物馆，分类号6377。

1943年6月21日，距离临时战俘营4英里远的永久性战俘营地建成前夕，海军陆战队中士约瑟夫· B. 查斯坦、海军陆战队下士维克托·帕里奥蒂和海军一等兵斐迪南·梅林戈洛等三名美国战俘逃出临时营地，溜进一片荒野中。不幸的是，他们很快被日本巡逻队抓住；这也证明：如果没有当地人帮助，深入敌后的战俘很难成功从奉天战俘营逃跑。任何一张白人面孔出现在亚洲人群中都会非常醒目，也没人胆敢帮助他们；日本人已将恐惧深深地烙印在当地民众心里，后者无论多么同情战俘，也没胆量冒着一旦被抓住就会遭受宪兵队残酷报复的风险帮助他们。“1943年7月7日，至少有7人遭到三木中尉（战俘营管理员）毒打，随后被关禁闭、断绝饮食，”汉金斯回忆道。随后，日本人还在战俘中进一步调查越狱事件。之所以这7人受到惩罚，是因为日本人认为他们与3名越狱者是同谋。汉金斯少校还说：“这些人一直被关在禁闭室里，直到1943年10月下半月。逃跑的三个人则是在7月2日左右被抓住的。日本人对他们进行了审判，并在1943年7月31日凌晨5时20分处决了他们。有小道消息称，他们之所以被处死，是因为追捕过程导致两名东北警察一死一伤。”[1]

总体上，被战俘营的日本人直接杀死的只有上述三名越狱者。与其他大多数战俘营相比，奉天战俘营的这一点很不寻常。下文中也会展开说明这一点。

皮蒂少校对奉天战俘营日本看守惩罚和羞辱战俘的一些手段进行了仔细记录和研究。从他的记载中，我们可以发现：奉天战俘营日本看守使用的非致命折磨手段与亚洲其他战俘营没什么两样。“伸出双臂把一碗水端平，这对战俘们来说是再正常不过的事情了，”皮蒂少校说，“稍有泼洒就会招来剑道棒或木剑狠狠的敲击。”皮蒂还回忆了日本看守折磨战俘的另外一种手段：“战俘们还会被迫将双手举过头顶，同时保持膝盖弯曲下蹲的姿势。同样，当肌肉无力支撑这种姿

1 《斯坦利·汉金斯少校报告》，华盛顿特区国家档案局，第2127柜360A格第13分隔间第34行，290组389号，奉天战俘营纪念会提供。

势时，他们的大腿就会被重重地敲打。”[1]不过，奉天战俘营的日本看守似乎很少诱使战俘犯错误并以此为借口对其施以惩罚。在被送到奉天战俘营前，珀西瓦尔将军、温赖特将军和其他一些军官一直被关押在中国台湾岛。在那里的花莲战俘营，美国、英国、荷兰高级军官和殖民地官员一直生活在恐惧之中。营内战俘只要犯一丝错误就会招致毒打；比如，珀西瓦尔将军就因为一个手指甲缝里有些泥污被打了一顿。对此等暴力，日本人给出的解释是他们认为严格执行类似的规定可以防止疾病的传播；但实际上，他们却没有采取任何改善战俘营内卫生条件的措施。战俘营里还有另外一条规定：所有战俘，不论军衔高低，必须随时随刻扣紧衣服的每一颗扣子，睡觉的时候也不例外。日本看守经常挑夜半三更的时候闯进将军们的就寝区检查，一旦发现有人扣子没扣好就会殴打他一顿。在由日本人设立的所有战俘营里，战俘们不论军衔高低，都必须向碰到的日本士兵敬礼，同时向他深鞠躬。按这条规定，哪怕是英军中将，也要向日本二等兵敬礼并鞠躬。如果有战俘没能做到，就会被扇耳光或遭受更惨重的惩罚。盟军战俘中的高级军官也曾向战俘营的指挥官投诉，但只招来了更加严酷的报复。

奉天战俘营中的日本看守经常对战俘们棍棒相加、拳打脚踢。尽管这些“体罚”对现在的我们来说难以接受，但与当时其他战俘营相比却算是相当“温柔”的。另外，战俘营指挥官的性格也在很大程度上决定着被关押者的生活会悲惨到什么程度。比如，兼任婆罗洲山打根三座战俘营指挥官的星岛进大尉严厉禁止不同战俘营的战俘互相交流；如有违反，无论情节多么轻微，都会招致一连串越来越严厉的中世纪式惩罚。星岛大尉自创了一种折磨手段。他命人建造了一个笼子，饱受折磨的澳大利亚和英国战俘称其为“囚笼”。“囚笼”紧挨着1号战俘营里的一棵大树，是一个高130厘米、长170厘米的木笼，四面都有铁

1 《罗伯特·皮蒂少校日记》，罗伯特·皮蒂少校私人文件，伦敦帝国战争博物馆，分类号6377。

栏加固。被惩罚的战俘会被关进去，连续数小时保持端坐姿势。被关进“囚笼”的战俘本来就够难受了，但日本看守仍会想出更多法子来折磨他们，并乐此不疲。许多年后，当年只有19岁的澳大利亚二等兵基思·伯特里尔回忆他被关进“囚笼”的情景时说：“那次我要被关进去40天，我们17个人就那么苦坐在里面。前三天都没有水喝；到第三天晚上，他们又逼着我们喝水，直到喝得恶心为止。前七天没有吃的，到第七天才开始提供仅有平时一半分量的食物……每天傍晚，我们都会被毒打一顿，他们称之为‘体育锻炼’……”[1]

在望加锡战俘营，被惩罚的战俘要爬到满是红蚁的大树上，然后一直待在树上。“他们被打得失去意识，肋骨也被打断了，身上到处是青肿瘀血。战俘营指挥官也会亲自动手。”[2]望加锡战俘营之中的某些暴行令人记忆深刻。比如，“1944年8月4日，吉田（战俘营指挥官）亲手把一名英国战俘暴打了一顿，理由是这名战俘没有按照指挥官的指示‘向右看齐’”[3]。另外一个例子是，英国皇家海军一个名叫威尔金森的司炉“没能遵守命令，结果导致一支劳工队离开战俘营时少了一人。吉田就此认为威尔金森该打。结果这位司炉非常抗揍，惹得吉田暴跳如雷，多打了威尔金森200多下才宣布惩罚结束”[4]。结束后，威尔金森又被逼着站了两个小时军姿。

1943年5月至8月间，日本人在穿越原始丛林的缅泰铁路工地上要求参与工程劳动的战俘们加快施工进度，而日本陆军总司令部定下的最后时限完全不切实际。于是，来自日本、朝鲜和中国台湾的看守

---

1 《重压、焦虑和饥饿——1945年北婆罗洲山打根的战俘们》（*Laden,Fevered,Starved - The POWs of Sandakan,North Borneo,1945*），英联邦老兵事务部，http://www.dva.gov.au，2008年8月6日获取。

2 爱德华·弗雷德里克·兰利·罗素，《武士道骑士：日本战争罪行简史》，伦敦：格林希尔书屋，2002年，第177页。

3 爱德华·弗雷德里克·兰利·罗素，《武士道骑士：日本战争罪行简史》，伦敦：格林希尔书屋，2002年，第179页。

4 爱德华·弗雷德里克·兰利·罗素，《武士道骑士：日本战争罪行简史》，伦敦：格林希尔书屋，2002年，第179页。

们挥舞起皮鞭，逼迫着战俘和当地劳工日夜开工。数千人因此在劳累中死去，尸体堆积如山。看守们几乎疯狂了：他们一边气得七窍生烟，对战俘们拳打脚踢，一边尖厉地催促着“快点”，试图完成上级那全然不合逻辑、不现实的命令。他们这么做只是出于一种愚昧而残忍的服从心理。正是在这种心理驱使下，日本士兵才会在战场上一次次朝着盟军机枪编织成的火网冲锋。看守们“时不时用竹棍和枪托殴打他们，还用脚踢他们，”澳大利亚高级军官战俘之一威廉姆斯中校回忆说。“我曾经目睹他们用一把5磅的锤子打人，他们顺手抓到了什么器械也会拿起来就打。有人在向铁轨中钉钉子时把钉子弄变形了，就因此被一枪托打断了下颚。”[1]

在中国，上海城外的吴淞战俘营在外观和战俘数量上与奉天战俘营有不少相似之处，不过这里有一个经常对战俘下狠手的陆军翻译。日本的陆军翻译中，很多人因为在西方国家学习或生活的经历而对白种人产生了恨意，而这些人手上却握着远超自己职权的权力。与日本帝国陆军中所有的翻译一样，石原勇严格来说应该是平民身份，但他和其他随军翻译一样，披一身军官穿戴（没有军衔标识）、挎一支装在枪套里的自动手枪，还佩一柄武士刀。他自视甚高而且傲慢自大，但一到上海的战俘营，极为看重等级的日本军官就示意他向佩戴军衔的日本看守敬礼。石原因此颜面尽失，并开始向美国战俘发泄自己的怒火。“他会用刀殴打战俘军官，直到累得口吐白沫；然后把剑递向战俘，对他们说应该因为被俘而自杀。”[2]短暂关押在上海战俘营的香港总督、英国人杨慕琦爵士基本上与这位翻译没有任何身体上的冲突。不过杨慕琦爵士有一次拒绝了向石原敬礼，后者当场便拔出武士刀，威胁要砍掉总督大人的头。被关押在吴淞的美国海军陆战队士兵给石原起了

1　爱德华·弗雷德里克·兰利·罗素，《武士道骑士：日本战争罪行简史》，伦敦：格林希尔书屋，2002年，第86页。

2　加万·道斯，《日本人的战俘：第二次世界大战太平洋战场上的战俘》，伦敦：口袋书屋，1994年，第149页。

个恰如其分的绰号“东方野兽”。“他常说，等日本赢了这场战争，自己要踩着星条旗拉屎。”[1]石原的英语并不像他自己想象的那么好。他一激动或生气（这件事经常发生）就会乱发音或乱用词，又特别在意“敬礼”这件事；因此在这件事上，“如果有战俘不向他敬礼，他就会用英语尖叫，‘你为什么不给我敬礼？’”[2]

对石原翻译的描述也许有点好笑，但对那些被他迁怒的人来说，惹恼他的后果就不好笑了。他心里充斥着暴力，以至于战俘营的日本指挥官最后不得不收回他的武士刀，因为他非常喜欢用这把刀殴打战俘，或者威胁砍下战俘的头（没了刀，他只能随身带一条安装了沉重木柄的马鞭，并继续随心所欲地用这条鞭子抽打那些胆敢触怒他的战俘）。石原还有其他一些令人毛骨悚然的折磨手段，这些手段无不彰显着他是个十足的虐待狂。他最喜欢用水刑；水刑原本就在日本战俘营系统内被广泛使用，但他为了从战俘嘴里掏出实话，便对水刑进行了“改良”：“先把一架梯子靠在斜坡上，再把战俘头下脚上绑在上面；用东西捅进人的鼻孔、设法把鼻骨弄断，战俘因此不得不用嘴呼吸；然后把水灌进战俘嘴里，直到战俘开始窒息；再然后，战俘要么窒息而死，要么招供。”[3]石原爱用的另外一种折磨手段被称为“手指牵引”：“即用一种特殊装置把战俘的手指向后掰，直至其骨折或脱臼。”[4]

与被关押在吴淞等战俘营内的战俘受到的折磨相比，奉天战俘营战俘遭受的虐待要好忍耐得多，给身体留下的残疾也要少得多，但仍

1　加万·道斯，《日本人的战俘：第二次世界大战太平洋战场上的战俘》，伦敦：口袋书屋，1994年，第149页。

2　加万·道斯，《日本人的战俘：第二次世界大战太平洋战场上的战俘》，伦敦：口袋书屋，1994年，第149页。

3　加万·道斯，《日本人的战俘：第二次世界大战太平洋战场上的战俘》，伦敦：口袋书屋，1994年，第150页。

4　小切斯特·M.布里格斯，《铁丝网背后：1941年在华北被俘并被日军关押到1945年的美国海军陆战队老兵回忆录》（*Behind the Barbed Wire:Memoirs of a World War II US Marine Captured in North China in 1941 and Imprisoned by the Japanese until 1945*），麦克法兰出版公司，1994年。

严重违背了《海牙公约》及《日内瓦议定书》中公认的战争原则。皮蒂少校认为，他目睹过的、日本人使用的那些折磨手段“通常在战俘违反战俘营规定时使用，是断水、断食、不让睡觉等手段的升级”。皮蒂说，在他看来，日本人使用的折磨手段超出了常人的想象，用“折磨”这个词来指代甚至都不够准确。“我听说其他战俘营的日本看守有很多折磨人的手段，远远不止把竹签插进指甲盖儿这么简单。”[1]不过在奉天战俘营，尽管看守们也频繁地折磨战俘，但这些折磨只能算小打小闹。“殴打是最频繁的，频繁得战俘们已经熟视无睹，把它当成日常生活的一部分了。”[2]皮蒂在1945年写道。他的这句话恰好佐证了汉金斯少校之前在这个问题上下的结论。

日本士兵在逼迫战俘遵守本方制定的军事行为规范时，动辄对他们拳脚相加，这在很大一部分上是因为他们觉得打耳光或踢人都再正常不过了。在日本人作为新兵接受训练时，教官也对他们拳打脚踢；长此以往，年轻的士兵们便坚信：只要爬到高位，拳脚棍棒就是维护自身权威的合法、正确手段。当然，这种想法在英国和美国的军事信条中是完全不可接受的。在英美的军队系统中，军官或士官殴打手下士兵是非常严重的违规事件。因此，也就不难理解这群来自日本、朝鲜和中国台湾、受教育程度低的农民士兵为什么会如此随心所欲地残暴对待战俘了。“打耳光”这个词不足以如实体现战俘们遭受殴打的严重程度。很多战俘（无论军官还是士兵）都记得，日本人的一个耳光打在脸上就会留下一道血印。那时候，日本看守往往会用手里拿着的任何东西打人，比如用枪托砸脸、用竹棍打背，或者用刀鞘敲头和肩。有些看守出于种种心理问题以致人痛苦为乐；有些看守则只是装模作样地执行命令，甚至还有看守悄悄带给战俘食物或不让他们干活，也

1 《罗伯特·皮蒂少校日记》，罗伯特·皮蒂少校私人文件，伦敦帝国战争博物馆，分类号6377。

2 《罗伯特·皮蒂少校日记》，罗伯特·皮蒂少校私人文件，伦敦帝国战争博物馆，分类号6377。

有战俘因此存活下来。但是，日本帝国陆军森严的纪律性，再加上“愚忠”以及对脸面和等级的迷恋，在日本士兵中催生了令人惊讶的残暴和虐待行为。前文所述的几个例子已经鲜明地证实了这一点。

＊＊＊

1943年7月，奉天战俘营临时营地整体关闭，所有战俘也在看守押送下列队前往紧靠奉天城边的新营地。表面上看，日本人突然改变地点是为了更好地剥削战俘们的劳动力，让他们在1942年底建在奉天城边的那几座三菱工厂中干活。此举无疑是对《日内瓦议定书》的公然违背；根据该公约，不可以使用战俘帮助敌方军事经济的发展。然而，相关命令是日本首相兼陆相东条英机将军直接下达的——他在写给战俘营指挥官的书面命令中明白无误地指示：“你们不能允许他们（战俘）无所事事，除了享受免费食物以外什么都不做，一天都不行。应该充分利用他们的劳力和技术来充实我们的生产活动，为大东亚战争的实施贡献力量。在这场战争中，我们应该不遗余力。”[1]

在奉天战俘营，战俘们再一次享受到了比其他大部分为日本人劳作的战俘更好的待遇。比如，他们居然能收到日本人发的工资。因此，他们与那些在修建缅泰铁路中因受奴役而死、在丛林覆盖的太平洋岛屿上修筑机场累死或被送往日本和朝鲜挖煤的不幸战友们不同，因为前者不是奴隶式劳工。转营结束后，战俘营有了一个新名字，即“奉天1号战俘营”。1944年夏天，日本人建立了多处分营，分营里有一大批战俘和看守，他们和中国民工一起在多座日本企业中劳动。第一分营位于“满洲”皮革株式会社旗下的一家制革厂内，150名盟军战俘在那里组成了C号劳动队；第二分营也关押着150名战俘（也就是E号劳动队），他们主要在“满洲”机器制造公司旗下的一家纺织厂内做劳工；F号劳动队的125名战俘则属于第三分营，他们的工作地点是一家铁木综合厂。日本人还在奉天营地以北150英里处建立了CT分营，用来关押

1　加万·道斯，《日本人的战俘：第二次世界大战太平洋战场上的战俘》，伦敦：口袋书屋，1994年，第158页。

前文中提到的美国、英国、澳大利亚和荷兰高级军官——其中大多数是准将、上校，以及他们的助手和勤务兵。关押在这座战俘营里的各级战俘总计316人。奉天战俘营的最后一座分营是西安战俘营。该营地于1944年12月建成，营址设在西安县（今吉林辽源），位于CT分营以北10英里。这里只关押着被日本人俘虏的33名更高级别的盟军军官以及外交官，其中包括驻菲律宾美军总司令温赖特中将、英属马来亚总督珊顿·托马斯爵士以及战败的驻马来亚及新加坡英军总司令珀西瓦尔中将。

奉天1号战俘营（后文将继续称之为“奉天战俘营”）的条件要比之前已经描述过的临时战俘营好得多。营内战俘能得到更多口粮，居住条件也更舒适，还能享受到更多“奢侈品”，比如香烟、糖果和娱乐设施。至于其他被转移至劳动队的战俘，尽管他们的营地更靠近奉天城，但条件却更艰苦。另外，日本看守并未将军官一级的战俘编入劳动队。这也意味着劳动队内的战俘很难与日本人对话，因为后者极看重等级，不会考虑普通士兵战俘的意见（当然，盟军军官战俘的意见也常常被日本人忽视）。

1944年5月24日，奉天战俘营的150名战俘被船运至日本的上石神井。工业巨头三菱公司在那里有一座煤矿，急需奴隶式劳工去挖掘。1944年6月，又有50名战俘（均为美国人）因在奉天工厂劳动期间有破坏行为而受到惩罚，被送往上石神井。我们也知道，在修建工厂过程中，战俘们曾悄悄把铁锹等工具埋在水泥地板下。工厂投入使用后，战俘们的破坏活动变得更加有技术含量——比如，机器经常被他们动手脚，他们制造出来的不少产品都是残次品……破坏生产是战俘们能用以反击日本人的少数手段之一，而且这一手段在亚洲范围内得到了战俘劳动队的广泛运用。一旦被抓，战俘往往面临残酷的惩罚：他们可能会被判处死刑，可能会被关进监狱，也可能像奉天的战俘一样，被送到环境更恶劣的地方去劳作。很多人就死在这样的地方。

第六章

小 白 鼠 们

据我回忆，那是在1943年初。彼时我正在奉天一家医院。研究员皆田来看我，还把自己的工作情况告诉了我。他说，当时他在奉天专门研究美国战俘的免疫问题。

——柄泽十三夫少佐，七三一部队课长

一大群瘦骨嶙峋、全身赤裸的白人排起长队，耐心地等着进入医院。很多人都在和身边的人开着玩笑，以为即将发生的事情并不可怕。在他们看来，这只是日本人为他们做的又一次常规医疗检查。也有不少人一想起日本医生在检查中无数次的捅捅戳戳就龇牙咧嘴，但他们没有选择。身穿白大褂的医生坐在桌子后面，助手则在准备注射用的针头。不得不说，日本人很喜欢给营里的战俘打针。战俘们磨磨蹭蹭地向前移动，队伍里到处都是抱怨、嘟囔和玩笑声，偶尔会有人对日本医生提出的问题做出荒唐的回答，令听者忍俊不禁——一个英国战俘说他战前的职业是“驱赶赛马”。与这片轻松氛围相对的，是在队伍边上逡巡的日本武装警卫。他们手持棍棒和其他器械，偶尔用尖锐高昂的刺耳声音吼出几个命令。整个画面看似不太真实，但却是很多曾参与其中的战俘无法忘记的事实。

对奉天战俘营中的战俘们来说，想方设法地戏弄日本人是件相当令人愉悦的事情，因为这样做至少可以让他们舒缓舒缓紧张的情绪。皮蒂在日记中写道：“战俘们的很多说法都是苦思冥想出来的，而且他们越想越荒唐。其中一个人乐此不疲地说自己是啤酒品尝师，另外一个人则说自己的工作是‘清点和检查撒在糕饼上充当装饰的珠子糖’。他们还特意在字典里查找一些莫名其妙的词汇，并将其称为自己的爱好。于是，战俘中开始流行起对‘某某学’的爱好来。比如集邮学、钱币学、巴赫学、贝壳学、昆虫学（以及词源学）都成了这帮家伙精通的专业。”[1]

1 《罗伯特·皮蒂少校日记》，罗伯特·皮蒂少校私人文件，伦敦帝国战争博物馆，分类号6377。

没有一份独立的文件能够确凿无疑地证明，关押在奉天战俘营的盟军战俘确实是日军七三一部队邪恶的医学实验的受害者。然而，确实有不同的人在各自不同的消息源中提供了佐证；而将他们所说的时间、地点综合起来，便能看出“奉天战俘营内进行过秘密人体实验”这件事千真万确，也能看出“盟军战俘是日军秘密实验项目的受害者”这一点千真万确。不加思考便否定这些证据是对历史的不负责，也是极端短视的行为。有些研究过奉天战俘营的历史学者，比如琳达·高兹·霍尔姆斯，支持“七三一部队参与了战俘营内的秘密实验”这一观点；而另外一些，比如谢尔顿·H.哈里斯，则对此并不认同。所谓的证据存在极大争议且受到多方质疑，就连战俘营的一些幸存者也认为证据存疑；不过，如果把诸多证词和文件综合起来研究，又不难发现它们其实可以相互印证，而且众多事件亲历者也令人由衷感佩。在处理这类历史敏感事件时，需要确定的主要问题之一便是：战后是否存在为防止奉天战俘营内的真相泄露出去而进行的掩饰行为。奉天一事中，我们就可以明显感到这种掩饰的行为确实发生了。

根据被关押在奉天战俘营内的英美军官所写的报告和日记，可以确定战俘们初期的能量摄入并没有比现代英国人公认的平均健康标准少太多。从菲律宾转运至奉天的美国战俘因在之前的关押期间备受日本人折磨，所以健康状态不佳；但并不能否认这样一个事实，即奉天战俘营内没有一个战俘因营养不良或饥饿而死去。皮蒂少校在日记中描述了疾病致人死亡的情形，而那种疾病症状类似于痢疾。皮蒂少校和二等兵施赖纳的日记都证明，尽管奉天战俘营的伙食与其他战俘营相比也算勉强能够接受，但到了后期（特别是1944年至1945年期间），这里的伙食也变得糟糕起来。奉天战俘营的日本看守也收敛了折磨和残杀战俘的习惯，对营内战俘的态度相对人性化一些——这在亚洲地区的其他战俘营是不可能的，也有很多记载和研究都证明了日本人在其他营地的暴行。而关押在奉天战俘营的美军和英军高级军官在报告中也列出了一份名单，指明直接死于日本人之手的战俘只有不到六人，其中还包括三名因试图越狱而被处决的美军战俘。

如果说奉天战俘营的生存条件比其他大部分日本战俘营稍好一些，其看守的态度也稍温和一些，那么从1942年底到战争结束这一时间段内，怎么会有上百名美军战俘死去呢？他们是因何而死？而且，营内关押着来自多个国家的战俘，为什么单单只有美国战俘死去呢？可以认为，这些死亡案例是战俘营外部的因素造成的，是日本人故意引入了某种疾病，使得特定的战俘人群染病而死。换句话说，是日本人做的实验造成了美国战俘的死亡。

如果日本人有意把战俘用作实验材料的话，那么让他们保持相对健康的状态是很重要的。前述奉天战俘营内不错的伙食条件和能量摄入也证明了日本人确实是这样做的。我们知道，在七三一部队的平房区基地，那些被关押在牢房里充当小白鼠的可怜的中国人和白俄罗斯人往往也会得到不错的饮食，还能保持不生病的良好状态；日本人这样做是为了保证医生从注射实验中得到的结果不会被次生感染和寄生虫影响。这一点也完全不合情理：奉天战俘营中关押着来自美国、英国、澳大利亚或新西兰等国家的战俘，他们吃同样的食物、睡同样的棚屋、使用同样的洗漱设施和公共厕所，但偏偏只有美国战俘死去。此外，古怪的战俘数量也不能不让人生起疑心。比如，为什么英国和英联邦国家的战俘总共只占奉天战俘营内战俘总人数的10%？为什么日本人会花这么大力气把区区100名英国和英联邦战俘从新加坡千里迢迢地送到奉天？从菲律宾多运100名美国战俘岂不是更简单？一旦深入探究，就能察觉到奉天战俘营里隐藏着很多无法得到答案的疑问。不过，一旦我们把这些疑问综合起来，就会发现：要想合理解释这些问题，只能假设关押在此处的盟军战俘被卷入了日本人的人体实验，而实验的实施者正是七三一部队成员。

七三一部队有过使用白人战俘进行医学实验的历史。早在1941年12月太平洋战争爆发前，他们的这种行径便已持续多年；七三一部队的老兵将其记录了下来，也在近年才勇敢地说出了他们的所做所见。

仅仅是这一件事就应该引起我们的质疑，我们应当对英美政府否认有任何盟军战俘被用于医学实验这一点产生怀疑。此类泛泛的否认在常识面前显得苍白无力：毕竟1942年初盟军在横扫亚洲的日本军队面前溃退时，就有数十万名盟军士兵和平民被日军俘虏；而对石井及其同党来说，这些俘虏完全可以被视为极具利用价值的人体实验材料。

1994年7月，一名自1939年起就为七三一部队工作的大日本联合青年团成员在盛冈发表匿名讲话。他说："有好多次，我都看到戴着脚镣的囚犯们被从牢房里带出来，被逼着在操场上走来走去。记得那是1939年春天，我看到三位带着孩子的母亲也被用于实验；其中一位是抱着婴儿的中国女人，一位是带着一个四五岁女儿的白俄罗斯女人，另外还有一位白俄罗斯女人，她带着一个六七岁的男孩。"[1]这位目击者称，上述所有人都是飞机低空喷洒伤寒或霍乱病菌的实验品，这些人最终都死了。

另一名要求匿名的日本目击者是前陆军少佐，他曾在平房区基地担任药剂师。1981年11月，他对日本报纸《每日新闻》回忆了自己的经历。"有一次，我看到七三一部队的一名佐级军衔的技术人员进行抗冻伤实验。他在那次实验里使用了五名白俄罗斯妇女。"[2]冻伤实验是七三一部队最重视的研究之一。尽管进行冻伤实验是以实验体的痛苦和死亡为代价，但后世公认这方面的研究真真正正地加深了人类对冻伤的认识。"这名技术员让妇女们把手放进冷冻仪器，然后把仪器的温度降低到零下10摄氏度，再逐渐把温度降至零下70摄氏度，"这位前日本少佐回忆说，"他们就是这样研究冻伤形成的条件。实验到了最后，白俄罗斯妇女手上的肌肉早已全部脱落，手骨也露了出来。有个女人在监狱里分娩，她的孩子也被用于冻伤实验。后来，我去看了关押这

1　哈尔·高德，《七三一部队证词：日本战时人体实验项目》，北克拉伦登，佛蒙特州：塔特尔出版社，1996年，第172页。

2　哈尔·高德，《七三一部队证词：日本战时人体实验项目》，北克拉伦登，佛蒙特州：塔特尔出版社，1996年，第240页。

几个女人的囚室，但那里已经空了。我想她们已经死了。”[1]

日本人的证词清晰地显示，七三一部队对白种人有特殊的兴趣。现在，让我们回过头来看看奉天战俘营发生了什么。特别是1942至1943年，在这个时间段里，目击者记录到的医学活动和死亡人数最多。很显然，某些不同寻常的事情发生了。战俘营中的英军高级军官皮蒂少校在日记中仔细记录了日本医疗人员的每次到访、自己和手下接受的每次注射以及美国战俘死亡的日期和人数。他从未暗示过导致战俘死亡的疾病源自何处，只是表示该疾病的症状与痢疾类似，而且他看起来也相信日本人是在帮助战俘根除这种疾病。当然，彼时的皮蒂少校并不知道，与其他战俘营相比，日本陆军对奉天战俘营战俘健康的关心有多么不同寻常。与所有战俘和他们各自的政府一样，皮蒂也不知道日本人当时正在数百英里之外的北方秘密基地里做着大规模的人体实验。这些实验得到了充足的资金保障，数以千计的科学家、研究员、技术人员和士兵得以参与其中。

日本医疗团队对奉天战俘营的频繁到访不仅让皮蒂少校记忆深刻，而且还引起了研究日本战俘营的历史学家的注意。学者们都认为，日本医疗团队对奉天战俘营的访问，无论是在人数还是访问频率上都堪称“史无前例”。皮蒂少校在1943年1月25日的日记中写道：“有一名日军医疗部队的将军来视察。”两天后，他记下“两名日本将军视察营区”。日军高级将领来到一座小小的战俘营，这件事本身就有问题：这里不过关押着一小群毫无价值的白人战俘，为什么他们会对这样一座不起眼的战俘营那么感兴趣？特别值得注意的一点是，来视察的是医疗部队的将军，而不是当地关东军部队中那些好奇的野战军官。

根据皮蒂少校的记录，将军们前一次视察过去三天后，“每人都接

1　哈尔·高德，《七三一部队证词：日本战时人体实验项目》，北克拉伦登，佛蒙特州：塔特尔出版社，1996年，第241—242页。

受了5毫升的伤寒–甲型副伤寒联合疫苗的预防接种”[1]。这是日本人对战俘的说辞；实际上，战俘们完全无法验证日本人的说法是否属实。1943年2月5日，战俘们因中国农历新年放假一天，不用前往工厂劳动。皮蒂在日记中称，“日本人利用这个假期给每个人注射了第二支（伤寒疫苗），即伤寒–甲型乙型副伤寒联合疫苗”。八天后，即2月13日，又有人来奉天战俘营视察。这次来的人包括“大约10名日本军医官和20名其他级别医疗人员”而此次到访的人数之多，历史学家在之前或之后的日本其他战俘营记录之中也没有见过。皮蒂少校称，这些人“今天来调查战俘大量死亡的原因”[2]，作为一名英军高级军官，他很可能认为自己有权力和义务向战俘营指挥官或副指挥官询问事情的原由；也可能是战俘营内的美军高级军官斯坦利·汉金斯少校告诉了他这件事。次日，即2月14日，皮蒂写道：“天花预防接种。”[3]在日本军官不断视察、战俘频繁接受注射期间，皮蒂的数页日记中记满了美军战俘的死讯。这些数字读之令人掩卷痛惜。以下数据是从皮蒂的日记中总结而来：1月20日，2人死亡；1月21日，2人死亡；1月22日，1人死亡；1月23日，2人死亡；1月24日，1人死亡；1月27日，1人死亡；1月29日，2人死亡；1月31日，1人死亡；2月4日，2人死亡；2月5日，2人死亡；2月9日，1人死亡；2月10日，1人死亡。此后，死亡短暂停止了；但到2月14日“天花预防接种”后，死亡人数再次开始增加。2月15日，有两名美国战俘在医院中死去；次日，又有一人死去。

死亡率飙升的情况不仅出现在皮蒂记录的战俘接受预防接种前后，而且还发生在战俘营日本看守很罕见地突然给战俘们发放水果时。1月25日，皮蒂写道：“因昨天的视察，营地收到了40箱水果。”水果

1 《罗伯特·皮蒂少校日记》，罗伯特·皮蒂少校私人文件，伦敦帝国战争博物馆，分类号6377。

2 《罗伯特·皮蒂少校日记》，罗伯特·皮蒂少校私人文件，伦敦帝国战争博物馆，分类号6377。

3 《罗伯特·皮蒂少校日记》，罗伯特·皮蒂少校私人文件，伦敦帝国战争博物馆，分类号6377。

被分发给医院中的病人，这些人随后开始以惊人的速度死去。1月29日，日本人发放了更多水果。“我想这次是每人一个中国橘子——一种很像柑橘的水果。”[1]一些美国老兵后来才想到，日本人以某种方式在这些水果中做了手脚。

1943年2月15日，日本医疗小组开始检查美国战俘的尸体。这些美国人据说死于战俘营中肆虐的所谓严重“痢疾”。皮蒂在日记中记载：“来访的日本人对尸体进行了解剖。”[2]美国战俘、二等兵西蒙德·施赖纳也在自己的秘密日记中记录了此次尸体解剖：“他们（指日本人）准备在仓库里对所有死去的战俘进行解剖。这些日本人看上去很年轻，可能是从奉天医院来的实习生。”[3]解剖是在寒冬腊月的露天处进行的。令人毛骨悚然的检查结束后，日本人立刻把各种人体组织和器官样本放进玻璃罐，并仔细地贴上标签。这一切刚刚结束，就有一位日本将军来视察。“1943年2月18日。医疗调查仍在进行中，”皮蒂写道，“日本医疗部队的一名中将前来视察。自我们到达后，很多日本高级军官都来视察过。他们来这里似乎总是仅仅出于好奇，因为我们也没见过他们的视察会造成什么后果，除了之前分发水果那次。”皮蒂注意到，日本医疗队询问了好几名盟军军官“……关于痢疾和腹泻的事情”。当时，常驻东北的日军医疗部队中将只有七三一部队的石井四郎和关东军医务部部长梶塚隆二（从指挥层级上看，他是石井的上司）。从这一点可以推断，皮蒂和其他军官其实很熟悉日本军官的徽章标识，如此推断放在他们身上也合情合理。

1943年2月20日，日本人的一道命令再次中断了战俘们在工厂的工作。“每个人都要接受检查，以找出痢疾和伤寒病菌的携带者和感染

1　《罗伯特·皮蒂少校日记》，罗伯特·皮蒂少校私人文件，伦敦帝国战争博物馆，分类号6377。

2　《罗伯特·皮蒂少校日记》，罗伯特·皮蒂少校私人文件，伦敦帝国战争博物馆，分类号6377。

3　谢尔顿·H.哈里斯，《死亡工厂》，纽约：劳特利奇出版社，2002年，第126页。

者。”[1]美国战俘中，死亡人数每天都在增加：2月19日，1人；2月21日，1人。23日，皮蒂参加了为142名死亡战俘举行的葬礼。他记录道，总共“在105天内有186人死去，这些人全部是美国人”。

皮蒂也曾以为日本人是在进行所谓的“医疗调查”，但调查的结论非但未能解决问题，反而引发了更多疑问。他在2月24日的日记中援引日本人的说法，做了如下秘密记录：“他们的结论是，‘通常情况下并不致命的常规腹泻，再加上营养不良和恶劣的卫生条件、短缺的药品等，共同构成了一个对战俘来说致命的生存环境’。”[2]然而，对日本人的结论进行逐条分析后就会发现他们的说法与情理不合。首先，日本人并未查出“常规腹泻”的确切起因。或许营养不良是诱发腹泻的主要原因，但奉天战俘营的伙食自战俘们抵达后就有了很大改善。皮蒂少校在日记中确认，战俘们每天的能量摄入在2200至3000千卡之间；即使放在今天，摄入这么多能量也能保证人体处于一个健康的状态。有些美国战俘抵达战俘营时确实处于营养不良的状态，但战俘营内还算不错的伙食只会帮助他们改善这种状态，而非相反。皮蒂还在日记中颇为意外地记载道，日本人进行医疗调查期间，战俘们甚至还能在每天的常规伙食之外吃到土豆和新鲜鱼类。根据我们从汉金斯和皮蒂少校以及美国陆军军医马克·赫布斯特的记载中了解到的情况，所谓奉天战俘营中“卫生条件恶劣”和“药品短缺”看上去似乎是事实，但这也不能解释为什么只有美国战俘不断地染病死亡，而与他们同住、同吃并使用同一个厕所的英国以及英联邦国家战俘却安然无恙。日本人甚至还在自己的结论中承认，“常规腹泻”通常情况下并不能导致患病者死亡。

可以确定的是，如果皮蒂少校记录的能量摄入数据属实，战俘们

1 《罗伯特·皮蒂少校日记》，罗伯特·皮蒂少校私人文件，伦敦帝国战争博物馆，分类号6377。

2 《罗伯特·皮蒂少校日记》，罗伯特·皮蒂少校私人文件，伦敦帝国战争博物馆，分类号6377。

最终就不会处于（因饥饿引起的）营养不良的状态。而且，“腹泻”可能导致某一特定国籍多名战俘死亡的说法也解释不通；倘若这种腹泻厉害至此，那它就是医学史上首例能够自己准确识别战俘是美国人、英国人、澳大利亚人、新西兰人还是荷兰人（奉天战俘营也关押了少量的荷兰战俘）的疾病。最大的可能是，另有罪魁祸首造成了美国战俘的死亡，而日本人并未在结论中指明真凶。不管真凶是什么，它导致的死亡人数都是惊人的。2月26日，两名美国人死亡；次日，一人死亡。1943年3月3日，皮蒂少校在日记中记录道“有一名美国人死在医院里”；过了一天，有两人死亡；再过一天之后，又有一人死亡。

1943年3月7日，日本人决定在医院的病房中隔离患病战俘，“被隔离者人数达到180人。”[1]然而死亡战俘的人数有增无减。3月8日，又一名美军战俘死于某种神秘的疾病。根据皮蒂少校在日记中的记载，到3月12日，“126天之内，有195人死亡。”一些患病的战俘甚至被带出战俘营，送进了奉天军事医院。值得注意的是，战后，有证据显示奉天军事医院也是七三一部队研究人员进行实验的场所。皮蒂少校在3月11日的日记中写道：“美国的韦克斯中尉被带走了……医院特别为患病战俘们划出了一间病房，他们在那里似乎得到了很好的治疗。”死讯在3月份剩下的时间里持续传来，可谓闻者伤心：3月16日，1人死亡；3月20日，1人在奉天军事医院死亡；3月23日，2人死亡。尽管战俘之中死亡人数不断上升，但由战俘组成的劳工队仍然要到营外为“满洲”工作机械株式会社的工厂劳作；根据皮蒂少校的记录，劳工队“享受的待遇相当不错”。

时间到了4月19日，冬天马上就要过去了，皮蒂注意到“柳树已经泛起绿色”。此时又有一大批日本医疗人员抵达战俘营，再一次展开所谓的“调查”。“很显然，第一次调查的结果并没有得到认可。”

5月，日本人给每个厕所配发了石灰；此举显然是为了阻止携带病

1 《罗伯特·皮蒂少校日记》，罗伯特·皮蒂少校私人文件，伦敦帝国战争博物馆，分类号6377。

菌的苍蝇持续繁殖。然而，皮蒂在5月24日的日记中沉痛地记录道："腹泻的人又增多了。"[1]与此同时，还有美国人在战俘营或奉天军事医院中死亡。到5月末，战俘营墓地内的墓碑已增加到200块。日本人从未尝试用药物来阻止腹泻以及痢疾在战俘营中肆虐，他们似乎就想这么袖手旁观。日本人完全有能力拿出药来，因为日军基地的医院内就储备着充足的药物。日本人似乎是闹了一场乌龙：毕竟这些战俘等同于工厂劳力，如果真想给他们治病，那么为什么不给他们发些药物，一劳永逸地把他们从病痛中解救出来呢？唯一的解释是，日本医疗人员看似是在奉天营地调查，实则并不想结束这场离奇的疫病，更不想解决战俘们的腹泻和痢疾问题。他们想做的，是观察腹泻和痢疾的效果；而这两种疾病正是他们故意让战俘们染上的。这一切都是实验的一环。

根据皮蒂少校1943年5月25日的记录，日本医疗人员对待战俘的态度堪称麻木不仁。"我们在等着能有治疗腹泻的药物（尽管根本等不到），但日本人却命令大家去打棒球。所幸没人能找到球。"第二天，日本人又组织了一场出操来羞辱战俘们。"他们给出的治疗方案之一，就是让人绕着操场跑步。（我注意到其中有些人居然赤着脚。）日本人认为，那些在跑步过程中没有因失禁而弄脏裤子的人，或者没有被折磨得筋疲力尽的人，都是在撒谎装病；日本人喝令他们'滚回去'。极度不满的战俘开始抗议，日方不得不考虑更换方式和人员。"[2]1943年6月4日，日本人启动了第三次医学"调查"，这次调查的形式前所未有。6月5日，所有战俘开始接受防疫接种。他们被告知，接种的是"1/2毫升抗痢疾疫苗"。但这种"药物"显然对人体产生了反向效果，或至少没有明显的缓解效果——皮蒂3天之后写道，战俘营中"腹泻病例仍

1　《罗伯特·皮蒂少校日记》，罗伯特·皮蒂少校私人文件，伦敦帝国战争博物馆，分类号6377。

2　《罗伯特·皮蒂少校日记》，罗伯特·皮蒂少校私人文件，伦敦帝国战争博物馆，分类号6377。

在持续增多”[1]。二等兵施赖纳在自己的日记中记录道，一名日本心理医生及其助手曾在战俘们接受疫苗接种前对他们进行过身体和心理检查。日本人首先仔细记录了战俘们的身高和体重，然后“我们脱光衣服走进一间小屋子。那个日本医生坐在桌子后面，问了大家很多问题。比如‘你想回家吗？’‘你有什么想法？’‘你是个心平气和的人吗？’”[2]上述询问花了15分钟左右，然后每个人都接受了日本人所谓的“抗痢疾接种”，施赖纳写道。

美国战俘的死讯贯穿了整个1943年，死亡人数持续增加。防疫接种对战俘们似乎没有效果，完全无法阻止病菌导致战俘死亡。如此惨状背后只有两种可能：其一，日本医生并未试图分离并确认致死病菌；其二，日本人极其无能。日本人曾打着找出奉天战俘营内高死亡率原因的旗号组织了三次彼此独立的医学调查。考虑到他们派出的医疗人员人数众多，第二种可能性微乎其微。至于第一种可能性，或许我们可以换种说法，即：日本人不是在确认导致战俘死亡的病菌，而是在确认是他们故意传播给战俘的哪种病菌导致了后者死亡。日本人在此基础上展开的医学调查无论从哪个方面看都带有医学观察的印记——日本人故意让战俘感染疾病以观察病发过程。另外，露天尸体解剖也是一项有力的证据。解剖恰恰证明了战俘营内正在进行着某种实验，因为这些解剖都严格遵循了平房（七三一部队所在地）制定的程序标准。除奉天战俘营外，没有任何一座其他战俘营有过对病死战俘进行解剖的先例；即使在那些死亡率超高的战俘营，日本人也从没有解剖过战俘尸体。

皮蒂少校在自己的日记中写道，所有战俘除了要接受常规的防疫注射，还要定期进行直肠检查。检查时，日本医生会用一根玻璃棒插进战俘的肛门，查探其体内情况。另外，战俘们还要做粪便涂片显微

1 《罗伯特·皮蒂少校日记》，罗伯特·皮蒂少校私人文件，伦敦帝国战争博物馆，分类号6377。

2 谢尔顿·H.哈里斯，《死亡工厂》，纽约：劳特利奇出版社，2002年，第126页。

检查并接受验血。尽管直肠查探看上去是纯医学角度上的检查，但却不得不让人联想到对疾病发展过程的某种有条理的观察。我曾经请教过医学专家，专家告诉我：今天医生们仍然在用类似器械做直肠检查，只不过把玻璃棒换成了塑料棒，而该检查的完整名称是“硬式乙状结肠镜检查”。医生能通过此种检查来查看结肠末端的情况，还能看到患者体内存在的痔疮、肿块或炎症。粪便涂片显微检查和血液化验则可以帮助医生确定患者体内是否有感染或是否患有疾病。硬式乙状结肠镜检查搭配相关的粪便化验和血液化验，就可以帮助医生了解痢疾患者身体内的情况。如果日本人确实如皮蒂少校和其他曾被关押在奉天战俘营的战俘所说的那样，定期进行上述检查，他们就很可能是在跟踪疾病的发展过程。按照正常治疗程序，医生对患者进行身体检查和诊断后就应该给他们开药；但相关信源显示，日本医生并没有这样做。他们没有开出任何药物以缓解患病战俘的痛苦。而且，解剖死于腹泻或痢疾的战俘尸体也可能是疾病研究的一部分。这种研究的性质恰恰与前文中提到的石井及其同事在哈尔滨平房区实验室里进行的研究性质完全相同；在那里，日本人故意让被关押的亚洲人感染上各种可怕的疾病。

某些历史学家和政府试图让人们相信，奉天战俘营被记录下的异常医疗活动与日本人在哈尔滨平房区进行的实验之间不可能存在联系。但事实证明他们是错误的，两者之间的联系确实存在，只是很难挖掘出来。现存文件证据表明，奉天战俘营与七三一部队之间确有瓜葛。远东国际军事法庭（通常被称为“东京审判”）档案室中，有一份日期为1943年2月17日的文件，文件中记载：“出于某种未知原因，（盟国）战俘被送往这座（奉天）集中营关押。战俘抵达集中营三个月后，日军医疗部门一名叫作永山的头目针对战俘们的状况撰写了一份报告，并指出集中营内战俘普遍缺乏营养。”文件中提到的日军医官正是驻哈尔滨平房区基地七三一部队诊疗部长官永山太郎。永山能写出报告，就说明他或者他的下属肯定去过奉天战俘营。这意味着七三一部队已经对盟军战俘产生了兴趣。撰写这样一份报告的人是七三一部队当时的现役军医官，而非关东军陆军军医，这一点应该引起我们的关注。根据永山的说法，奉天战俘营中的战俘身体不够健康，（日军）应该采取措施弥补之。鉴于调查与报告均出自一位七三一部队高级军医之手，我们可以肯定奉天战俘营内关押的战俘们情况并不好。也许日本人在恢复战俘身体健康之外还有其他想法。这种对于保持战俘健康的要求，与七三一部队在哈尔滨平房区基地的规定一般无二。

战后仍被保留下来的日本档案也提供了非常重要的线索，这些线索证明奉天战俘营与七三一部队之间确实存在联系。日本关东军总司令梅津美治郎将军曾签发“关东军第98号行动令”。如果把这份命令与其他相关材料一起研读，就能发现很有价值的信息。根据命令，日军将“派遣32名军医官前往位于奉天的战俘专用集中营”。这岂不是与罗伯特·皮蒂少校在1943年2月13日的日记中所述“大约10名日本军医官和20名其他级别医疗人员”[1]来到奉天战俘营如出一辙？在时间和人数上，二者均基本吻合。派遣32名医疗人员前往奉天战俘营的命令是关东军军医部部长梶塚隆二中将于1943年2月1日签发的，而此命令又是他按指挥层级从梅津美治郎将军那里接到的。值得注意的是，梶塚隆二还是石井四郎中将的直接上司。

曾被关在奉天的战俘们也作为目击证人，提供了自己的证词；在研究他们的证词前，还有另外一个信息源值得关注和调查，那就是苏联方面。在遥远的苏联，确实存在一些令人信服的证据，证明七三一部队曾利用奉天战俘营内的战俘做过实验。1945年时，苏军抓获了包括梶塚隆二中将在内的12名七三一部队成员，并于1949年12月25日至30日在西伯利亚城市哈巴罗夫斯克（即伯力城）对他们进行了审判。审判前，苏联内务人民委员部（NKVD，即克格勃的前身）对上述12位被告进行了详尽的审问。在涉及“日本七三一部队是否使用盟军战俘进

1 《罗伯特·皮蒂少校日记》，罗伯特·皮蒂少校私人文件，伦敦帝国战争博物馆，分类号6377。

行人体实验”的研究中，这些人的口供通常被认为价值不大，因为苏联方面的调查背后可能充斥着政治动机，战犯们的许多证词不是被迫做出的，就是苏联人事先给他们写好的。我们虽然不能忽略苏联审判的政治宣传目的，但更不能无视审讯过程中获得的一些有价值的信息。从历史的角度来说，完全不采信苏联方面的调查结果是幼稚的做法。如今，已经有越来越多的西方学者在研究东线战场，特别是1945年的柏林战役和阿道夫·希特勒之死时，广泛使用莫斯科近年公开的苏联档案。

苏联方面的记录显示，日本军事人员在接受调查和审讯时非常配合。也就是说，苏联方面并未让他们屈打成招。事实可能也确实如此。对日本人来说，战争已经输了，生物战计划已经全面停止，配合苏联人的调查也并不是太丢面子的事。战争期间，各国盟军都发现日本人一旦被俘便表现得非常配合。究其原因，大概是因为被俘让他们脱离了日本社会的传统，即死亡是唯一的光荣结局的影响。落在苏联人手里的日本战俘肯定都很清楚苏联安全部门令人生畏的名声，若不顺从，自己便只能面临痛苦而残酷的折磨，所以他们选择通过配合来讨好审讯者。我们也只能如此推测。当时，所有日本战犯都将因其在战争期间犯下的罪行而面临惩罚，但他们同时也清楚，自己对苏联的生物武器项目仍有价值。正如我们所见，当梶塚隆二等12人站在哈巴罗夫斯克审判庭上时，石井四郎以及数十名前七三一部队成员正与美国人展开合作，试图研制更致命的生物武器以对抗苏联。

在哈巴罗夫斯克接受审判的日本战犯中，有两个人，即梶塚隆二中将和柄泽十三夫少佐，他们向苏联人供认了七三一部队曾在中国东北使用盟军战俘进行生物战实验。二人均是主动做出上述供述的——苏联审讯人员对此不特别感兴趣，更不可能向他们提出相关问题。梶塚隆二告诉苏联人，1941年时石井四郎曾与自己详细谈论过使用炸弹在特定的人口密集地区空投病菌的问题，石井的主要意图是借助空中封锁的手段传播痢疾、伤寒、副伤寒、霍乱和鼠疫等疾病。但是，相关实验的结果并不理想——在所有实验中，装填在常规炸弹中的病菌一旦脱离飞机便迅速失去活性，无一例外。不得已，石井只能另想他法，结果就制造出了臭名昭著的“陶瓷炸弹”。陶瓷炸弹最终被证明是一种非常有效的病菌传播工具。在成功研制这种特质炸弹前，七三一部队只能试着把病菌藏在食物、蔬菜、水果、鱼和肉中，再向人群投放。七三一部队还会把这些沾染了霍乱、痢疾、伤寒和副伤寒病菌的食物发放给他们关押着的囚犯，然后仔细研究传染的效果。日本人甚至发现，卷心菜是最有效的病菌载体。

石井四郎告诉梶塚隆二，只有通过研究人体生理特征，才可能获得与“人为因素造成疾病流行”相关的知识。日本人于是下令进行“实地测试”。“比如，很多研究都开始围绕着不同种族人群感染病菌后的效果来进行，”俄罗斯历史学家B.G.尤金对哈巴罗夫斯克审判（即伯力审判）进行研究后说，“除了中国人、俄罗斯人、朝鲜人和蒙古人，日军还用美国战俘做过实验。”[1]在哈巴罗夫斯克的审判庭上，曾在七三一部队相关部门担任课长的另一名被告柄泽十三夫少佐也提到了日本人在盟军战俘身上做的实验。苏联审判人员问：“七三一部队是否研究过美军战俘对各类传染性疾病的免疫能力？”柄泽十三夫回答：“我记得1943年年初时做过。”这个时段正是奉天战俘营内腹泻和痢疾最流行的时候，也是美国战俘死亡率最高的时候。“彼时我正在奉天一家医院。研究员皆田来看我，”柄泽十三夫在1949年说道，“还把自己的工作情况告诉了我。他说，当时他在奉天专门研究美国战俘的免疫问题。”苏联审判人员又问：“你们就是出于这个目的才开展美国战俘血液特性研究的吗？”柄泽十三夫回答：“是这样的。”[2]然而令人失望的是，苏联审判人员并未继续就奉天战俘营人体实验向柄泽十三夫追问细节，因为

---

1 B.G.尤金，《从历史和伦理角度研究哈巴罗夫斯克战争罪行审判》（*A Historical and Ethical Examination of the Khabarovsk War Crimes Trial*），2008年2月21日，国际人文学科网，www.zpu-journal.ru，2010年2月2日检索。

2 佚名，《前日本陆军军人因准备和使用细菌武器被控案审判材料》，莫斯科：政治书籍出版社，1950年（俄语版），第265页。

苏联人对此不太感兴趣。

利用盟军战俘进行“血液特性研究”并不特别阴毒险恶，美国人也利用德国和日本战俘做过血清研究。中国报纸《光明日报》对苏联审判人员与日本战犯之间的庭上对话做过不同版本的报道。在报道中，该报援引柄泽十三夫少佐的话称：“所有人类种族的血液都会被用来做免疫测试。研究员皆田被指派研究美国战俘的血液。”[1]难道大批日本医生和医护人员打着调查腹泻与痢疾起因的旗号前往奉天战俘营，实际上是为了调查与记录战俘们被故意传染上病菌的后果吗？皮蒂少校详细记录了他和同伴被关押在奉天战俘营期间接受的所有疫苗接种和测试，这些测试项目确实为数众多。难道其中一些所谓的“疫苗接种”实际上不是在让战俘们生病吗？

皮蒂少校在自己的日记中记载了下列医疗活动，本书对其进行了逐字摘抄：

1943年1月30日——1/2毫升伤寒与甲型副伤寒联合疫苗注射

1943年2月5日——1毫升伤寒与甲型副伤寒联合疫苗注射

1943年2月14日——接种疫苗

1943年6月6日——1/2毫升抗痢疾疫苗注射

1943年6月13日——1毫升抗痢疾疫苗注射

1943年8月29日——1毫升伤寒－甲型乙型副伤寒联合疫苗注射（效力未知）

1943年9月19日——肺结核X光透视，血沉实验，痰液检验，芒图试验

1943年10月10日——1/2毫升霍乱疫苗注射

1943年10月17日——1毫升霍乱疫苗注射

1 《光明日报》，1994年6月1日。

1944年2月6日——营员全体接种疫苗

1944年2月20日——1/2毫升伤寒－甲型乙型副伤寒联合疫苗注射

1944年2月27日——1毫升伤寒－甲型乙型副伤寒联合疫苗注射（感染率39.36%）

1944年3月7日——针对蛔虫的粪便化验

1944年5月21日——1/2毫升抗痢疾疫苗注射

1944年5月28日——1毫升抗痢疾疫苗注射

1944年8月20日——所有人接受1毫升伤寒－甲型乙型副伤寒联合疫苗注射

1945年1月28日——所有人接种疫苗

1945年2月27日——1/2毫升伤寒－甲型乙型副伤寒联合疫苗注射

1945年3月6日——1毫升伤寒－甲型乙型副伤寒联合疫苗

数名美国士兵分别于1982年和1986年出席了国会众议院退伍军人事务委员会听证会并作证；由此，除去关在奉天战俘营的美国、英国军官撰写的日记和报告之外，终于有人提供了其他目击证词。还有一些老兵曾于20世纪90年代接受美国历史学家琳达·高兹·霍尔姆斯的采访，他们也提供了证词。上述所有目击老兵都声称自己是日军人体医学实验的受害者；而且，出席国会听证会的老兵甚至还试图向对这一系列事件态度暧昧不明的美国政府索要经济补偿。在所有人的证词中，自1942年11月抵达临时战俘营，一直到1945年8月被解救出奉天的永久战俘营，他们一直忍受着长期的饥饿和营养不良。老兵们在听证会上也提及了日本人所做的医学实验。而我们想知道的则主要有两点：老兵证词中涉及的这部分“日军可能进行医学实验”的内容是否能够得到彼时军官们撰写的日记和报告（特别是皮蒂少校在奉天战俘营期间所写的详尽日记）的佐证；以及上述日记和报告又是否能够证实日本人在哈巴罗夫斯克战争罪行审判法庭上所做的供述。

根据美国老兵弗兰克·詹姆斯的说法，日本人针对盟军战俘的医学实验实际上在运送战俘的船只在朝鲜半岛的釜山靠岸时就开始了，稍后也将对此予以描述。当时距离战俘船离开菲律宾的时间并不久。等到1942年11月11日战俘们被送进奉天战俘营前，一群日本医生给他们做了进一步检查。詹姆斯告诉琳达·霍尔姆斯："每个人都被采了六至七次血液样本。被关在奉天的所有人，都直接或间接地成为了实验材料。我一直在腹泻，日本医生也一直在采集医学数据。"[1]1943年2月15日，皮蒂少校在日记中写道："来访的日本人对尸体进行了解剖。"[2]我们由此可知，美军战俘死亡后，日本军医和医疗人员在奉天的临时营地内对尸体进行了就地解剖。1986年，弗兰克·詹姆斯在国会听证会上说，自己其实曾在日本医生解剖美军战俘尸体时帮过忙。这些战俘都死于1942年至1943年冬天。因为当时土地都冻硬了，所以不得不暂时把他们的尸体堆放在营内的一座木棚里，直到来年春天。来到战俘营后不久，詹姆斯就被指派去了专门掩埋尸体的小组。到了1943年春天，等待他和队友埋葬的尸体已超过200具。"一队来自七三一部队的日本医疗人员带着解剖台来到战俘营，他们要采集样本，"詹姆斯说。日本人让他与另外一名美国战俘负责把尸体抬下解剖台。"这些尸体都是经过挑选的……日本人在解剖台上把尸体切开——头部、胸部和腹部——然后取出想要的样本，将其放入容器内并标注上战俘的编号。"[3]

1982年，来自俄克拉荷马州的老兵沃伦·W.威尔切尔声称："日本人给一些人测量了口温和直肠温度，还检查了一些人皮肤上因注射而导致的红肿。他们还采集了一部分人的直肠组织，并对另一群人进

1 琳达·高兹·霍尔姆斯，《有失正义的致富之路：日本公司是如何利用美国战俘累积战后财富的》，梅卡尼克斯堡，宾夕法尼亚州：斯塔克波尔图书出版社，2001年。

2 《光明日报》，1994年6月1日。

3 谢尔顿·H.哈里斯，《死亡工厂》，纽约：劳特利奇出版社，2002年，第120页。

行了直肠涂片检查。日本人还用一种类似弗里特拉杆式喷雾器的装备向所有人脸上喷洒某种喷雾。”[1]根据威尔切尔的说法，接受上述检查的只是一小部分被隔离出来的美国战俘，而这些人随后也在日本人允许下重新回到了战俘之中。“日本医疗人员对这座营地中的每一个人的情况都保存了精确的记录，”[2]威尔切尔说。有五六名日本医生对被挑出来的这部分美国战俘进行问诊。《死亡工厂》作者谢尔顿·H.哈里斯说：“（日本）医生给这些美国人注射了各种药物，每个人注射的种类并不完全相同。”[3]沃伦·威尔切尔也给出了同样的证词：“我们觉得我们正在被日本人用来做细菌免疫实验，他们可能会把结果用于远东战场，并用细菌武器对付那里的盟军部队。”事实可能的确如此，但威尔切尔在战后如此表述，似乎是受了事后思维的影响；毕竟，就连确实于1943年被关押在战俘营中的皮蒂少校和美军军医马克·赫布斯特上尉也没有肯定地给出类似结论。1982年，老兵格利高里·罗德里格斯作证时称，自从进了奉天战俘营，他这几十年间都饱受发作性疾病和慢性病的困扰——他认为这些病与日本医疗人员曾把羽毛放在他鼻子下脱不了干系。他还记得，当他打开红十字会寄来的包裹时，也发现其中的食物里夹杂有许多颜色不同的羽毛。驻扎在哈尔滨平房区的七三一部队确实使用了沾染病菌的羽毛作为传播病菌的手段，而羽毛的不同颜色或许代表着实验中的某种秘密分类或加密体系。还有另外一些战俘也记得日本人对羽毛的奇怪用法，W.韦斯利·戴维斯就是其中之一。他对琳达·霍尔姆斯说：“我睡在营地里的台子（我们的床）上。大约凌晨4点钟左右，我被痒醒了。我一睁开眼，就看到了一张陌生的日本人面孔——那人正捏着一枚羽毛在我鼻子底下摆弄。看到我醒了，那家伙迅速说了声‘对不起’就跑开了，我都没来得及问他在做什么。”[4]霍

1　谢尔顿·H.哈里斯，《死亡工厂》，纽约：劳特利奇出版社，2002年，第111—118页。
2　谢尔顿·H.哈里斯，《死亡工厂》，纽约：劳特利奇出版社，2002年，第118页。
3　谢尔顿·H.哈里斯，《死亡工厂》，纽约：劳特利奇出版社，2002年，第117页。
4　琳达·高兹·霍尔姆斯，《有失正义的致富之路：日本公司是如何利用美国战俘累积战后财富的》，梅卡尼克斯堡，宾夕法尼亚州：斯坦克波尔图书出版社，2001年。

尔姆斯采访的另外一位战俘也对日本人的羽毛有印象。他甚至回忆起，日本人有时会趁战俘睡觉，在他们的脚趾上绑上标有数字的标签。

1986年，罗德里格斯之子小格利高里代替去世的父亲出席国会听证会时称，困扰父亲的疾病具体症状包括发烧、疼痛和疲倦。美国一位医生确认，罗德里格斯生前患有复发性伤寒。化验也表明，他的血液中仍存在大量伤寒杆菌。当然，要证明罗德里格斯父子所言与奉天战俘营之间存在不容置疑的关联几乎是不可能的了。

1986年在国会退伍军人事务委员会作证时，加利福尼亚老兵弗兰克·詹姆斯证实了沃伦·威尔切尔的大部分说法。他说，1942年11月11日战俘们抵达营地时，一队戴着面罩的日本医疗人员接手了他们，然后向他们“脸上喷洒某种液体，并给我们进行注射”。此前，在战俘们从朝鲜釜山前往奉天的途中，“日本人用玻璃棒插入我们的直肠，”[1]詹姆斯回忆说。这就是此前提到的硬式乙状结肠镜检查，检查的是人结肠的末端。好几位目击证人都提到了一群神秘的日本医疗人员，皮蒂少校便是目击证人之一。他在1943年2月13日的日记中写道：“大约10名日本军医官和20名其他级别的医疗人员……今天来到战俘营，调查战俘大量死亡的原因。”[2]美国陆军航空兵退役军人罗伯特·布朗曾在奉天战俘营医院充当医疗人员。他回忆称，一群身穿白色工作服、佩戴口罩的日本人来到战俘营，给一些战俘注射药物，并要求掩埋小组在尸体解剖完成前不要对其进行埋葬。这一点得到了弗兰克·詹姆斯的证实。他曾是奉天战俘营掩埋小组中的一员。“我不知道他们来自哪处医疗机构，”布朗说，“我所知道的，就是他们身穿医疗防护服、乘坐卡车而来。他们并非此处战俘营的医疗人员，但来战俘营的次数很多。”[3]另一位名叫阿特·坎贝尔的美军战俘说：“一群我们从没见过的

1 谢尔顿·H.哈里斯，《死亡工厂》，纽约：劳特利奇出版社，2002年，第120页。

2 《罗伯特·皮蒂少校日记》，罗伯特·皮蒂少校私人文件，伦敦帝国战争博物馆，分类号6377。

3 琳达·高兹·霍尔姆斯，《有失正义的致富之路：日本公司是如何利用美国战俘累积战后财富的》，梅卡尼克斯堡，宾夕法尼亚州：斯坦克波尔图书出版社，2001年。

日本人命令我们列队集合。他们穿着白色服装，给我们每个人发了半个橘子。两三天后，大家都生了重病。我发了高烧。后来我们才想到，那半个橘子肯定被日本人做了什么手脚。不过我知道自己还是无论如何都会把那块橘子吃下去，因为当时我的败血症很严重。”[1]皮蒂少校也在自己的日记中详细记载了给战俘发橘子的事情。坎贝尔回忆了日本人是怎么对待吃到橘子的战俘的：“他们从我们当中挑出9个人来关进一间特殊病房，给我们进行验血等各种化验，然后开始定时给我们注射，每次500毫升。他们还告诉我们：注射的是马尿，这东西含有维生素C，对身体有好处。”[2]我们在下一章可以看到，将马尿用于人体实验并非奉天战俘营独有的待遇。

20世纪80年代时，不少历史学家对老兵们在国会所作的证词表示怀疑甚至不相信，认为他们的说法不可靠、夸张、含混不清或者并非亲身经历（比如罗德里格斯之子的证词）；但是任何一个警官或律师都清楚，所谓“证词”，其实就是这么回事。不过，如果有足够多的证人都述说了同一件事，这就必然昭示着某种事实。詹姆斯、威尔切尔和老罗德里格斯的证词表明他们要么都有天马行空的想象力，要么就是真的目睹了奉天战俘营内进行的非正常医疗活动，而且由于缺乏医学知识，他们也难以全面理解这些活动。当接受琳达·霍尔姆斯采访的人也讲述了类似经历后，老兵们的证词就令人信服了。霍尔姆斯声称，自己在采访中没有要求任何受访者讲述可能发生的日本医学实验——相反，所有受访者都在采访过程中主动讲述了相关秘辛。其中部分口述记录还得到了现存文件的佐证。比如，弗兰克·詹姆斯讲述的奉天战俘营尸体解剖一事就得到了皮蒂少校同时期记录的支持，因此，前者的真实性无可争议。霍尔姆斯在书中说，自己相信记者的经验法则：

1 琳达·高兹·霍尔姆斯，《有失正义的致富之路：日本公司是如何利用美国战俘累积战后财富的》，梅卡尼克斯堡，宾夕法尼亚州：斯坦克波尔图书出版社，2001年。

2 琳达·高兹·霍尔姆斯，《有失正义的致富之路：日本公司是如何利用美国战俘累积战后财富的》，梅卡尼克斯堡，宾夕法尼亚州：斯坦克波尔图书出版社，2001年。

“如果彼此独立的几个消息源都指向同一事件，那么该事件就具备一定的可信度。特别是当受访者接受采访的时间、场合都不一样时，就更是如此。”霍尔姆斯坚信发生在奉天战俘营内的医疗活动至少可以说是异乎寻常：“对数十位曾在奉天建筑群关押的战俘进行过采访后，笔者认为以下事件是显而易见的，即：来自其他单位或部门的日本医疗人员曾数次被允许进入战俘营医院及奉天战俘营的部分营地；而这些人离开后，一些战俘便生了重病，有人甚至在不久后死去。”[1]

弗兰克·詹姆斯1986年的证词证实了柄泽十三夫少佐1949年庭审时的说法，即七三一部队对验证“盎格鲁-萨克逊人种的免疫能力”很感兴趣。詹姆斯说，日本医疗人员来到奉天战俘营，并讯问美国战俘的种族及其他信息。“他们必须是苏格兰人、法兰西人、英格兰人或其他种族，”[2]詹姆斯说。这位美国老兵说，对自己和同伴的血统进行询问的日本医生与解剖战俘尸体的日本医生是同一群人，自己还曾在他们解剖时被迫充当过助手。这些日本医生给“挑选出来的战俘做的，似乎是心理-生理检查以及身体结构检查。我是被检查者中的一个”[3]。根据詹姆斯的回忆，战俘们“被要求踩着画在地板上的脚印走进屋子。这些脚印一直通到日本医疗人员坐的桌子前面”。随后，日本人会详细地对詹姆斯等人的背景进行讯问。日本医生还会“用卡尺对我的头部、肩部、胳膊和双腿进行测量，并仔细询问我的家族病史”[4]。詹姆斯说，他与其他接受过上述测试的美国战俘一样，直到战争结束后几十年都没有把当时发生的事情说出来，因为美国陆军强迫他们签了一份保证书，保证不会把自己的经历说出去，否则“军法处置”[5]。

---

1 琳达·高兹·霍尔姆斯，《有失正义的致富之路：日本公司是如何利用美国战俘累积战后财富的》，梅卡尼克斯堡，宾夕法尼亚州：斯坦克波尔图书出版社，2001年。

2 丹尼尔·巴伦布莱特，《人性的瘟疫：轴心国日本发动细菌战的种族灭绝式秘密行径》，伦敦：纪念出版社，2004年，第180页。

3 谢尔顿·H.哈里斯，《死亡工厂》，纽约：劳特利奇出版社，2002年，第120页。

4 谢尔顿·H.哈里斯，《死亡工厂》，纽约：劳特利奇出版社，2002年，第120页。

5 谢尔顿·H.哈里斯，《死亡工厂》，纽约：劳特利奇出版社，2002年，第120页。

日本人自己保存并提供了一些证据，其中大部分证据证实了美国和英国战俘的说法。根据七三一部队老兵岛田恒二1985年时的回忆，当年曾有一个被称为“港”的日本医生在奉天战俘营频繁出没。这个姓氏与“皆田”非常近似，而柄泽十三夫少佐1949年在哈巴罗夫斯克接受审判时曾指证，皆田是奉天军事医院的一名研究人员。柄泽十三夫当时说：“彼时（1943年初）我正在奉天的一家医院。研究员皆田来看我，还把自己的工作情况告诉了我。他说，当时他在奉天专门研究美国战俘的免疫力。”[1]1985年，老兵岛田恒二称，港医生的工作是用痢疾病菌在奉天战俘营内的战俘身上做测试。他回忆说，港医生下令给战俘们验血，并让挑选出来的一些战俘喝下了含有痢疾病菌的液体，并对死去的战俘进行解剖，以评估病菌在其体内造成的影响。皮蒂少校也注意到，大量日本医疗人员在1943年2月13日这一天出现在战俘营内，而他估计人数在30人左右。这个日期和人数与日本关东军总司令梅津美治郎下达的第98号行动令中的相关内容非常相近。该命令的部分内容如下：“派遣32名军医官前往位于奉天的战俘专用集中营。”时任关东军医疗部部长梶塚隆二中将于1943年2月1日签发了此命令。

战后，更多证据在美国出现。美国联邦调查局一名特工曾对盟军战俘（特别是美国战俘）是否是日本人生物战实验的受害者展开调查。1956年，该特工在华盛顿向局长约翰·埃德加·胡佛提交了一份备忘录。这份标注日期为3月13日的备忘录详细记录了这位特工与国防部特别行动办公室的小詹姆斯·J.凯利哈会面的情况。该特工称，凯利哈“非常愿意就美国军队占领日本做进一步评论，并表示很确定日本人于1943至1944年间在‘满洲’做过生物战实验，美国战俘成为实验的受害者（备忘录作者特别强调了最后一句）”。[2]值得玩味的是，联邦调查

1 佚名，《前日本陆军军人因准备和使用细菌武器被控案审判材料》，莫斯科：政治书籍出版社，1950年（俄语版），第265页。

2 佚名，《前日本陆军军人因准备和使用细菌武器被控案审判材料》，莫斯科：政治书籍出版社，1950年（俄语版），第115页。

局特工在备忘录中写道："上述这类信息受到严密控制，且被视为极度敏感信息。"受到谁的严密控制？对谁来说是极度敏感的？下文也将提到，战争结束后，石井四郎和他的同事们在战争期间从事的研究和活动成为美国军方极其看重的东西，这些秘辛帮这群日本人与冷战时期的美国情报机构达成了某种肮脏的秘密交易：战争罪犯们交出了他们在生物战实验中取得的秘密成果，而作为交换，他们的战争罪行得以免受追究，美国政府在生物战研究领域取得了巨大优势，并围绕自己获得这一优势的过程建造了一道密不透风的铁墙。1956年的那份备忘录表明，即便强势如胡佛手下的联邦调查局，也无法穿透这道寂静之墙。同时，该备忘录还从侧面解释了为什么今天的研究者无法确切地回答日本人是否曾在奉天战俘营用盟国战俘做人体实验，因为正如联邦调查局特工所说，相关档案文件很可能至今仍"受到严密控制并被视为极度敏感信息"。

►6-1 联邦调查局局长埃德加·胡佛（1956年，他派特工去调查盟军战俘，特别是美国战俘是否为日本人生物战实验的受害者）

谢尔顿·H.哈里斯虽然在自己的著作《死亡工厂》里援引了1956年联邦调查局备忘录，但却并未对这份备忘录予以足够的重视；这简直让人难以置信。笔者认为，在探讨“盟军战俘是否被用于人体实验”的问题时，该备忘录是现存最有价值的文件之一。与此同时，这份备忘录还隐约指向美国陆军曾发起的一项代号为“弗拉明戈”的秘密行动。该行动和美军在战争的最后时刻取来平房基地的秘密资料有关。“弗拉明戈”行动极度隐秘且意义重大，并且也被历史学家忽略或者边缘化了，我们将在随后对它进行讨论。

在继续探讨美国方面如何掩盖七三一部队在东北的活动前，我们必须明确日本医生究竟在奉天战俘营对哪种疾病做实验。档案表明，七三一部队研究人员对好几种疾病感兴趣，其中主要包括腺鼠疫、伤寒、副伤寒、马鼻疽、霍乱和痢疾等。考虑到战俘营内的医疗条件，我们基本上可以确定某些疾病并未出现在奉天战俘营的实验中，因为它们的症状具备明显的指向性。如果出现相关症状，战俘医生马克·赫布斯特上尉就会将症状明确记录在自己的报告中，而且我们在上一章也已大量引述该报告。澳大利亚军医布伦南上尉也可能会在自己的日记中予以记录。

腺鼠疫在欧洲被称为“黑死病”，是20世纪亚洲的常见病。石井四郎也将腺鼠疫的实验列为平房区七三一基地生物武器研发的重要项目之一。日本人想用此种武器对付众多中国民众。黑死病的症状包括腋下、腹股沟或颈部淋巴腺的疼痛和肿胀，同时伴有战栗、乏力、39摄氏度以上的高烧、肌肉疼痛、严重的头疼以及呼吸粗重，另外还包括持续吐血、尿血、咳嗽、全身剧痛、瘀斑（即分布在全身的黑色斑点——此病因而被称为“黑死病”）、谵妄和昏迷等症状。战俘之中，没有一个人表现出上述症状。根据目击者的证词可以排除的另外一种疾病是伤寒症。伤寒是平房区七三一部队的医生们的又一个重要研究项目。该病的特征是：患者发病后会发热，且表现出稽留热的症状；患者体温有时会达到40摄氏度；同时，伴有大量出汗以及严重的肠胃炎。伤寒症通常会持续四周，且可以清晰地划分为四个可怕的阶段；若得不到诊治，患者可能会丧命。第一周时，患者体温缓慢升高，同时伴有咳嗽、头疼、全身乏力等症状。第二周时，患者将极度虚弱、高烧不退、心率缓慢，还会出现谵妄的症状。此外，患者右下腹胀大、疼痛。有的患者每天排便六至八次，粪便呈豆绿色、有恶臭；有的患者则恰恰相反，会出现便秘的情况。患者脾部和肝部可能会肿大。第三周时，患者可能会出现肠出血或肠穿孔，以及一些神经精神性症状。到了第四周，患者则痊愈或死亡。根据赫布斯特上尉的医学观察，上述与伤寒相关的严重症状并未在患病战俘身上出现。皮蒂少校的日记和汉金斯少校的报告都能够证实这一点。

根据亲历者后来对战俘患病症状的回忆，症状与伤寒类似的副伤寒也有可能被日本人用于实验。与伤寒相比，副伤寒比较温和。它是一种由副伤寒沙门氏菌引起的肠道或消化道疾病，可划分为甲、乙和丙三种不同类型。副伤寒可通过被污染的食物或饮水传播，所以受到七三一部队研究人员的青睐。值得注意的是，不少美国亲历者都曾记得日本人给他们发放可疑食物（小橘子尤其可疑）——对方可能故意在其中掺杂了病菌。他们还在红十字会的食物包裹中发现过可疑的彩色羽毛。另外一些战俘回忆称，日本人曾将某种成分不明的喷雾喷到他们脸上，还称他们被注射了更多成分不明的溶液。然而，副伤寒这种疾病极有可能也不是日本人在奉天战俘营内的实验品，因为它所表现出来的症状与大部分亲历者在报告中所指的不符。副伤寒会导致病人持续发烧、头疼、腹痛、疲倦、厌食、咳嗽和心动过缓。和伤寒的症状类似，病人的脾脏和肝脏可能会肿大。以白种人为对象的实验发现，30% 的副伤寒患者躯干表面会出现玫瑰色斑点（奉天战俘营内的亲历者却从未提到过类似情况），而且便秘的症状比腹泻更常见。根据奉天战俘营内战俘们的回忆，痢疾和腹泻才是患病战俘表现出来的主要症状。从致死率和公厕的使用频率判断，又考虑到出现这两种症状的人所占比例，这两者在营内俨然已构成了一次小型流行。

根据奉天战俘营亲历者讲述的营内腹泻肆虐程度，如果日本人真的在战俘身上实验某种病菌，那么最大的可能便是——该病菌是某种痢疾菌株。痢疾是发展中国家最常见的疾病之一，也是与日军作战的盟国军队最讨厌的疾病之一。1945年时，我的祖父曾在缅甸的丛林中与日本人作战；他向我讲述，他当时饱受腹泻和痢疾的双重折磨，简直疲惫不堪。只要研究过奉天战俘营内的条件，我们就会发现营内痢疾十分严重，而这通常是由于缺乏适当的卫生设施。大多数情况下，因其低级的医药补给方式和欠缺的战场粮草供应，日军的境况都远远落后于盟国军队。按理说，战场上的日本士兵与英美士兵同样容易患上痢疾；但奇怪的是，日本士兵比白人士兵或印度士兵更适应丛林条件。这是一个不解之谜。

痢疾是一种肠道（特别是结肠）炎症，它会引起严重腹泻。患者排泄物中通常伴有黏液和（或）血液。患者也会同时出现发烧、腹痛等症状。不过即使接触了痢疾病菌，也不是每个人都会被感染的。有些人可能只表现出轻微症状甚至无症状，有些人则可能表现出重症。若得不到诊治，患者可能会丧命，特别是在大量排出水分后无法补充足够水分的情况下。这对执行作战任务的英军来说是个不小的问题。通常情况下，英军对饮水标准的要求极为苛刻。但一旦上了战场，在饮水方面再坚持高标准就变得非常危险，所以这样的标准通常会被抛诸脑后。缺乏洁净的饮用水会让痢疾患者的状况恶化，也会使得患者很容易感染其他疾病（比如伤寒或霍乱）。

痢疾一般通过不洁净的食物或饮用水传播。它分为两个主要类别，即细菌性痢疾和阿米巴痢疾，医生可借助培养粪便样本的手段予以具体诊断。另外，可以通过验血确定人体内微量元素和盐分的异常程度。硬式乙状结肠镜检查辅以验血和粪便涂片检查，可以让医生确定痢疾的发展程度。日本人可能是试图利用这种方法测试痢疾在战俘中如何传播：日本医生先让一组战俘——按照老兵沃伦·威尔切尔和弗兰克·詹姆斯的说法，也就是那个被“隔离”出来的小组——感染病菌，然后再任由他们随意和剩下的普通战俘待在一处。他们定期对所有战俘进行检查，以便计算战俘们在整个研究的不同阶段中患病的比例，试图以此确定盎格鲁-萨克逊人是否对该疾病的某些特定菌株具有抵抗能力。皮蒂少校和弗兰克·詹姆斯亲眼目睹的尸体解剖对日本人来说是有科学价值的，因为日本人当然希望能够借助解剖来确定死亡白人士兵体内感染的范围和程度，也会乐得随后再将所得数据与他们在平房区基地和其他地区获得的亚洲人数据做对比。笔者猜测，日军进行的任何一次此种实验，目标都是分离出对白色人种更致命的病菌，所以日本人会在不同时间段对所有的菌种都进行测试。因此，尽管日本人一再声称正向奉天战俘营派遣大量医疗人员进行“调查”，以处理在该战俘营中连续出现的数次流行的腹泻，但他们实际上是在让战俘感染疾病并测试其免疫能力。这可能也解释了包括赫布斯特上尉和皮蒂少校在内的几位亲身经历者为什么提到了日本人拒绝发放药物治疗战俘营内猖獗流行的腹泻。一旦引入了药物这一变数，实验结果无疑会受到干扰，令日本人费尽心机的实验也就成为浪费时间和精力的无用功了。

第七章

纸上推理

德田向战俘体内注射各种混合液体：蓖麻油和硫黄，酸、乙醚和血浆，等等。尽管其中存在各种恶劣行径，但品川医院仍然是日本人眼中的“展示窗口”，骄傲地接待来访的日军将领。

——哈罗德·凯什纳上尉，美国陆军医疗部队，1945年

“日本人（从厕所中）提取了沾满阿米巴痢疾细菌的粪便，然后喷洒在战俘营的各个角落。”[1]听起来熟悉吗？说这句话的人是曾被日军俘虏的美国陆军军医罗伯特·戈特利布上尉。他当时在战犯审判法庭上，指证一名日本军医在一系列荒唐、致命的医学实验中使用盟军战俘充当小白鼠。而他提到的这些证据确凿的实验与那些据称在奉天战俘营进行过的实验之间存在非常多的相似点，这在客观上又增加了一些指证七三一部队研究人员参与对白人战俘研究的初步证据。

盟军战俘到底是否曾在中国东北的奉天被用于医学实验？这个问题永远不会得到清晰的肯定回答，也无法被干脆地否认。支持上述明确结论的书面证据或早已被销毁，或作为机密材料被保存于美国和日本的秘密军事档案库，并不存在于公众视野之内。很可能，能够回答上述问题的书面记录确实存在，只是被掩藏在20世纪50年代美国归还给日本的成吨的日军军事档案里。美国情报部门既未对这些档案进行复制，也没有对它们进行翻译。今天，要想知道这些材料保存在日本的什么地方进而查阅这些资料更是几乎不可能。1986年，美国国会就日军可能在中国东北进行生物战实验一事举行听证会，并召来美国陆军档案管理负责人约翰·哈切尔博士针对相关问题提供线索。哈切尔声称，他和他的同事已全力寻找过相关档案，但未能找到任何关于日本人用战俘做实验的材料。不过，当被进一步追问后，哈切尔还是耐人寻味地表示：“可能，我们曾在一段很短的时间内拥有过部分相关资

1　丹尼尔·巴伦布莱特，《人性的瘟疫：轴心国日本发动细菌战的种族灭绝式秘密行径》，纽约：纪念出版社，2004年，第181页。

料。”[1]他解释称，美国陆军情报部门曾于1945年缴获了大批日本的档案资料，并用船将它们运到华盛顿并保存在美国国家档案馆。而数年后，这些档案又“被全部打包装箱送回日本”，哈切尔说，“对我们来说，语言不通是一个无法克服的大难题。”[2]在所有的相关研究中这句话可以说是对奉天疑云最荒唐可笑的解释之一。对一个拥有数百万日裔公民的国家来说，难道连足够的日语翻译都凑不齐吗？“实际上，”哈切尔还说，“它们（指档案材料）太复杂了，我们甚至没有对它们进行复制。”[3]可以想象，参加听证会的委员们听到这番坦白会有多么目瞪口呆，估计连下巴都掉到桌子上了。很显然，按哈切尔给出的说法，这一切已完全不能用“无能”来解释，而是彻头彻尾的阴险。为什么美国没有对这些档案进行永久性保存？为什么没有对它们进行复制？又为什么把它们送还给日本？哈切尔解释称，把档案送还日本是美国国防部和国务院两个部门做出的联合决定。史学家谢尔顿·H.哈里斯认为，1986年听证会时，众议院退伍军人事务小组委员会在哈切尔抛出上述惊人结论后再次提出一些尖锐的问题，这表明委员们其实认为“要么就是美国陆军参与了对日军在战俘身上进行人体实验指控的隐瞒，要么就是陆军和国务院工作人员在此事上异乎寻常地无能，要么两者兼有”[4]。

至今为止，包括美国、英国和日本等国亲身经历者的证词，日军下达的军事命令以及对奉天战俘营营内条件的研究等在内的各种证据都表明，在奉天这座战俘营之内确实发生了不寻常的事情。首先，奉天战俘营对待被关押战俘的方式就不同于已知其他地方的战俘营。现在的问题是，有没有证据可以表明日本人在奉天之外的战俘营把盟军战俘用于医学实验呢？答案是肯定的。有充分的医学实验档案记载表

1 谢尔顿·H.哈里斯，《死亡工厂》，纽约：劳特利奇出版社，2002年，第121页。
2 谢尔顿·H.哈里斯，《死亡工厂》，纽约：劳特利奇出版社，2002年，第121页。
3 谢尔顿·H.哈里斯，《死亡工厂》，纽约：劳特利奇出版社，2002年，第122页。
4 谢尔顿·H.哈里斯，《死亡工厂》，纽约：劳特利奇出版社，2002年，第122页。

明，日本陆军中七三一部队的下属单位或机构曾在亚洲日占区的其他地方把盟军战俘用作“实验材料”。依据这个先例、结合已有证据，我们可以假设：日本人在奉天战俘营有过同样的兽行。

日本人在东京品川战俘医院对盟军战俘做过野蛮的人体实验，这便是有档案记载的最令人发指的先例。这处设施被冠以“医院”之名，颇有掩人耳目的意味。战争之初，日本人在东京城外设置这处设施时，实际上是将它用作战俘劳改营，专门关押从新加坡运送来的英国、澳大利亚战俘以及从菲律宾运送来的美国战俘。和其他日本战俘营的标准做法无异，日本人非法强制这些战俘为多家日本当地企业做劳工。那时候，日本人又在东京湾人工岛的大森新建了大森战俘营。这座战俘营位于东京和港口城市横滨之间，品川的战俘们随后被送往那里关押，而品川营地则被更名为“医院”。实际上，日本人把品川营地当成了病弱战俘的处理厂，专门收押从各地战俘营转送来的患病战俘。最终，那里渐渐变成了一处死亡营地，专门收容将死的战俘。“东京附近孤零零的品川战俘医院能收容8000名战俘，然而很多人一旦被扔到品川医院肮脏的地板上，就只能接受死亡这唯一的结局，”《时代》杂志1945年9月报道称，“那里没有任何卫生设施，患病战俘只能躺在满是跳蚤的草垫上，连一张毛毯也不给。手术台实际上只是一块光秃秃的木板。医院的火葬设施在轰炸中被毁后，战俘们不得不把同伴的尸体架在露天火堆上焚化。”[1]

关押在这座死亡营地内的战俘就这样成为了日本人一系列非人道的医学实验的实验品。在品川医院负责进行这些野蛮实验的日本医生后来被送上美国军方组织的战犯审判法庭，并在交叉盘问和亲历者的指证下当场公开承认了自己的行为，品川医院内曾进行过人体医学实验因此成为不容否认的事实。在这座医院里，盟军的战俘医生们在极端困难的条件下竭尽全力抢救自己的战友；但与此同时，德田久吉大

1 《国家事件：从坟墓中回归》(*National Affairs:Back from the Grave*)，《时代》杂志，1945年9月10日。

尉却在众目睽睽之下进行着毫无人性的实验（如果他的所作所为可以被称为实验的话）。战俘医生们将自己亲眼目睹的事实详细记录下来；后来，他们在审讯中提供了指证德田的重要证词。

战犯审判人员认为德田大尉是个“疯子”，因为他虽然研究各种疾病，但却毫无章法，纯粹是为了享受折磨战俘带来的快感。比如，他会故意让已经得了脚气的战俘再患上不同类型的疟疾，或者给患有结核病的战俘注射酸和葡萄糖、乙醚或者血浆的混合液体，或者明目张胆地在战俘身上做痢疾实验。日本军方对白种人抵抗不同类型痢疾的能力表现出明显的兴趣，大部分有档案记载的盟军战俘人体实验都涉及此项内容。德田的野蛮和残暴，使得那些不幸被送往品川战俘医院的盟军战俘都称其为“疯子医生”。

在菲律宾被俘的罗伯特·戈特利布上尉回忆品川战俘医院内的条件时说，那里实际上就是一座阴森破烂的战俘营。“所谓厕所，就是在地上挖个坑，然后在内里抹上水泥……”[1]在德田的战争罪行审判法庭上，戈特利布和另一名美国陆军军医哈罗德·凯什纳作证称自己曾亲眼目睹德田从患有阿米巴痢疾的战俘体内抽出被感染的胆汁，再注射进患有结核病的战俘体内。历史学家丹尼尔·巴伦布莱特在其著作《人性的瘟疫》一书中表示，日本人还从战俘营厕所内采集感染了痢疾阿米巴原虫（即变形虫）的人的粪便，并把它们喷洒在战俘脸上，期盼从那些有机组织被感染的战俘身上有所“收获”，即试图从他们依然存活的器官中提取实验性药物。日本人就是这样让战俘染病的，而上述感染方式与几名美国老兵所述发生在奉天战俘营的事情极为相似。1945年9月10日，跟随美国海军前往东京采访的《时代》杂志记者目睹了东京周围各战俘营内的盟军战俘获得解救的场景。有亲历者对记者说，德田大尉及其同伙在他们身上做了实验。在巴丹被俘的盟军年轻军医凯什纳上尉说，29岁的德田进行的注射实验简直骇人听闻，而且用于实验

1　丹尼尔·巴伦布莱特，《人性的瘟疫：轴心国日本发动细菌战的种族灭绝式秘密行径》，纽约：纪念出版社，2004年，第181页。

的并不限于痢疾。这些实验的目的至今仍不清楚，有的亲历者和调查人员甚至怀疑德田的神志是否正常。“他（德田）把酸和被感染者的胆汁混合在一起给结核病人注射，还将大豆磨成浆，注射进两个人的颈静脉。结果那几个人全都死了。”[1]

在1948年的东京审判中，德田喜欢给战俘注射大豆蛋白的怪癖才暴露出来。一名亲身经历者回忆道，德田曾在一个名叫威廉·霍兰德的商船水手身上做过实验，结果这位水手的结局非常悲惨。“霍兰德两腿乱蹬、口吐白沫，像傻了一样疯狂嚎叫，然后就死了。”[2]凯什纳上尉在报告中称，“他（德田）向战俘体内注射各种混合液体：蓖麻油和硫黄，酸、乙醚和血浆，等等。尽管其中存在各种恶劣行径，但品川医院仍然是日本人眼中的‘展示窗口’，骄傲地接待来访的日军将领。”[3]与七三一部队的同伙不一样的是，在品川战俘医院做事的德田大尉在1948年的东京审判中被判死刑罪名成立，并在不久后便被绞死。很多人认为此举为他的众多受害者找回了些许公平。

在亚洲其他地区，得到解救的盟军战俘之中也有人开口讲述日本人在其他关押点做的人体医学实验。其中一些实验确有档案记载，负责的日本人因而被送上审判庭并受到了惩罚。在巴布亚新几内亚的拉包尔驻扎着一支与驻中国东北的七三一部队有直接关联的陆军医疗部队，即“拉包尔水净化部队”，该部队的指挥官是平野永之助大尉。该部在其进行的疟疾和营养不良症实验中大量使用了澳大利亚、新西兰和美国战俘。一些关押在拉包尔的战俘被注射感染了疟疾的人血后痛苦地死去。

在距离中国南部海岸咫尺之遥的海南岛，日本人用澳大利亚和荷兰战俘来做可怕的维生素实验。他们只给战俘发放“精心准备”的去除

1 《国家事件：从坟墓中回归》，《时代》杂志，1945年9月10日。

2 《战争罪行：看在上帝分上！》（*War Crimes:For God's Sake!*），《时代》杂志，1948年2月16日。

3 《国家事件：从坟墓中回归》，《时代》杂志，1945年9月10日。

若干重要维生素的食物，比如精白米。根据日本军医的记录，长期吃这些食物的战俘普遍患有营养不良。不少战俘为了活下去，只能偷偷捕食战俘营中随处可见的老鼠。

在战争的最后时刻，奉天战俘营内的战俘仍在因某类典型的痢疾而死。1944年11月12日，246名新战俘突然被送到奉天战俘营。他们是1941年至1942年间被日军俘虏的美国、英国和澳大利亚高级军官，以及他们各自的副官、勤务兵和厨师。这批人中包括前驻菲律宾美军总司令乔纳森·温赖特中将和英国陆军中将、驻马来亚英军总司令阿瑟·珀西瓦尔中将。此前，他们被关押在位于中国台湾的战俘营，在日本人手里遭受了各种非人待遇和羞辱。为了让这批人远离奉天老战俘营及营内患病的战俘，日本人在100英里以外新建了奉天战俘营第一分营。1944年12月1日，级别最高的34名被俘盟军军官及其副官、勤务兵，又被转送至今天的吉林省辽源市附近，关押在那里的奉天战俘营第二分营。

1944年12月7日，美军轰炸了奉天的工业区。此前，日本人把奉天战俘营（包括其多座分营）非法设立在重工业区范围之内。紧挨着战俘营的有一家弹药工厂、一家坦克工厂、一家飞机厂以及一处重要的铁路调车场。这些设施无疑都是盟军轰炸的目标。在这场空袭中，紧邻战俘营的弹药厂被摧毁。有两枚航空炸弹偏离目标、落入战俘营，导致19名战俘被炸死。遇难者中有两名英国战俘，英国皇家炮兵一等兵司考尔和忠诚团第二营陆军代理下士古比。司考尔被当场炸死，古比则被炸断一条腿，并于三天后的12月10日伤重不治——直到此时，奉天的英军战俘才首次出现死亡。另外还有30名战俘在轰炸中受伤，其中多人伤势严重。12月9日，日本人在汉金斯少校、皮蒂少校和战俘中军医的强烈要求下，不得不放弃不闻不问的立场，从被收缴的红十字会包裹中找出药物发放给战俘。此举无疑挽救了很多人的性命。

1944年12月21日，美军的B-29轰炸机卷土重来，轰炸了奉天中部地区。其间数架美机被击落，14名美国飞行员被俘后关押在奉天战俘营，直到日本投降。1945年4月29日，战俘营又迎来一批新战俘。这批战俘共134人，是被盟军潜艇击沉的日本地狱航船“鸭绿丸”号的幸存者。他们在转送途中备受日本人虐待，抵达战俘营时状态已非常糟糕。

奉天战俘营第一分营关押着大批准将、上校以及他们的副官。1945年5月，这座营地里的矛盾开始激化。当时，日本人要求战俘们从事体力劳动，但被盟军战俘高级军官们理所当然地予以拒绝，后者称强制军官从事体力劳动不符合《日内瓦议定书》的规定。日本人于是在5月20日这一天关闭了第一分营，并将营内320名战俘送回奉天战俘营。

血腥的战争在迅速走向终结，但日本人在盟军战俘身上进行的实验仍未停止。这期间，日军用被关押在日本的美军战俘进行一系列实验的行为也已臭名昭著。证据确凿的是，日本研究人员确实对白色人种怀着巨大兴趣。日本人在位于福冈的九州帝国大学进行各种灭绝人性的实验，那些实验完全暴露出了医学技术堕入歧途之后的可怖之处。最终，那些做事的医生被送上审判庭并受到惩罚也是罪有应得。

九州帝国大学里的恐怖故事开始于1945年5月5日。当天，一架美军轰炸机被击落。这架倒霉的B–29“超级堡垒”轰炸机隶属于第29轰炸机大队第6中队，被击落前与其他五十五架轰炸机组成作战编队从关岛起飞，执行轰炸九州岛立赖机场的任务。虽然日本人防空力量不强，但日军仍击落了三架美军飞机，其中就包括马文·瓦特金斯中尉驾驶的一架B–29。实际上，马文的B–29受到了一架日本战斗机的撞击，因损伤严重，他下令让机组全体人员在竹田上空跳伞。当时，在日本上空跳伞是盟军飞行员最不愿意做的事情，因为降落日本与被判处死刑一般无二。1942年著名的“杜立特空袭”发生在东京后，日本人便下令所有敌军飞行员都等同于“战争罪犯”，且一律可被当成战犯处置。如果没有奇迹发生，被俘就意味着飞行员会被送上私设的法庭；最终，飞行员不是被处死就是被处以漫长而严酷的监禁。无论被判处哪种刑罚，他们都会受到日本人的酷刑折磨或者羞辱。比如，几名美军飞行员在飞机被击中后跳伞，不幸被日本人抓获，日本人把他们赤条条地关进笼子、放在动物园里展览，用以娱乐当地民众。

上述所有事实表明，这位盟军飞行员在日本上空并跳伞后至少活着降落在了日本的土地上的。通常，疯狂的日本民众会直接杀死机组人员，或者用刀把他们捅死、用木棒把他们打死，又或者把他们捆绑吊挂在附近的大树或电线杆上。那些“有幸”被日本宪兵迅速“解救”出来的飞行员也不会有好日子过。日本宪兵队是一群恐怖的军事警察，他们会百般折磨俘虏，试图从他们嘴里撬出军事秘密以及飞机数据。再说回瓦特金斯上尉的B-29——11名机组人员全部成功地跳出机舱，悬在白色降落伞下向地面飘去。落地时，他们分散得很开，各自的命运也迥然不同。

一名机组人员还没落地就死去了，因为一架在空中盘旋的日本战斗机用机翼割断了他的伞绳。另外一名在安全着陆后看到一大群村民手持棍棒和各种锋利的农具，疯狂喊叫着向他冲来。他迅速掏出随身携带的点45柯尔特手枪，一边仔细计算着弹药一边向暴民们射击。等到只剩最后一发子弹时，他平静地把枪口顶在自己的右侧太阳穴上，扣动了扳机。一个身体健康的年轻人竟然毫不犹豫地选择了“自杀”这种堪称惨烈的做法，这足以说明他有多么不想被日本人活捉。还有一名美军机组成员在落地后被一群愤怒的日本民众射杀，第四名成员则至今下落不明。机长瓦特金斯中尉成功落地后，又坚持了8小时才被日本人抓获。剩下的机组成员则在很短时间里就被日本陆军士兵和宪兵队的人俘虏，但在这之前，他们已经被日本民众打了个半死，有几人甚至被刺伤了。日本人拒绝给他们进行治疗，并强行把他们关进福冈西部军司令部的一处临时战俘营。那里还关着几名早些时候被击落的美军飞行人员。

5月17日，8名美军飞行人员被卡车送到福冈的九州帝国大学医学系。在这所著名大学的校友录里有一个臭名昭著的名字——石井四郎。

瓦特金斯中尉并不在8人之内。身为机长和高级别军官，瓦特金斯被俘后立即被宪兵送往东京。在那里，他虽然受到严刑拷打和详细盘问，却最终活到了战争结束。不过，中尉的组员们被送到九州帝国大学医生和科学家手里后便注定面临任人宰割的悲惨命运。战后审讯显示，把8名美军战俘送到九州帝国大学是当地一名日军大佐和一名军医官的决定，目的是将这些人用于人体实验。然而，这几名美军战俘却丝毫不知道日本人将要对他们做什么。

在九州帝国大学资深医生（这些医生并非军人，而是平民）的主持下，日本人在8名美军战俘身上做了一系列致命的实验。每名战俘都被活体解剖，就在医学生平时用来解剖尸体的解剖台上。东野利夫医生当时还很年轻，他作为助手参与了1945年的活体解剖实验。他回忆说："所有医生都对进行那些手术没有异议，这是整件事情里最奇特的地方。"[1]东野对自己目睹的残忍行为极端厌恶，于是不顾战时同僚们的反对，执意将此事写成了一本书，此书在20世纪80年代的日本引起巨大轰动。而参与解剖的医生中有不少人当时还在九州大学担任着高级教学和研究职务，此事的曝光更是令他们脸上无光。

解剖时，日本人没有给美军战俘注射麻药，后者因此遭受了非人的痛苦。这些美军战俘的胸腔和腹腔被切开，部分肝脏被切除。日本人要研究他们在失去个别器官时的存活能力。为了验证癫痫病的治疗技术，日本人甚至还切除了一名美军飞行人员的部分大脑。第一位被抬上解剖台的是泰迪·波恩扎中士。日本人在他身上做了两次实验。在第二次实验中，日本医生抽干了他全身的血液并代之以海水，目的是"观察（海水）是否能成为盐水的替代品，因为在医学治疗实践中，盐水通常会被当作血浆扩张剂使用"[2]。可惜的是，海水并不能代替血

1　托马斯·易斯顿，《对二战暴行的诚实记录》（*A quiet honesty records a World War II atrocity*），《巴尔的摩太阳报》，1995年5月28日。

2　丹尼尔·巴伦布莱特，《人性的瘟疫：轴心国日本发动细菌战的种族灭绝式秘密行径》，纽约：纪念出版社，2004年，第183页。

液，波恩扎也在痛苦中死去。1945年5月17日，两名美军战俘被用于实验；5月22日，又有两名美军战俘被用于实验；5月25日有一名；6月2日有三名；6月3日，日本人从最后一名用于实验的战俘身上切下了他的肝脏并将之保存起来，准备送到当晚在军官医院举行的聚会上。目击者称，这块肝脏最终被涂抹上酱油、做成烧烤，然后送上了军地宾客的餐桌充当开胃菜。

日本人将从美军战俘身上切除下来的各种器官做成标本以供学生观察研究。这些标本被装进玻璃器皿，保存在九州帝国大学解剖系。日本投降后，参与解剖的医生害怕因战争罪受到惩处，遂命人将所有标本丢弃并销毁一切与解剖相关的记录。他们还在很短的时间内编造了一番故事，试图遮掩发生在8名美军战俘身上的事实真相。但纸包不住火，消息最终还是流传了出去，美国占领当局也很快有所耳闻。日本人起初声称那些美国飞行人员已在空袭中丧命，后来又改变说法，称他们是在1945年8月6日美军用原子弹轰炸广岛时被烧成了灰烬。美国情报机关很快发起针对性调查，一大批人随后被逮捕，并被送上1948年3月在横滨组建的战争罪行审判法庭。8名美军飞行人员在福冈死亡一案开庭在即，九州大学外科主任、当年曾参与过解剖的石山福二郎医生却在狱中自杀了。此举显然是石山对自身所犯罪行的不打自招。最终，共有30名日本人在此案中受审；审判过后，有23名被告获刑，其中5人被判绞刑，4人被判终身监禁，其余14人则分别被判处有期的徒刑。不过，随着冷战大幕的拉开（特别是朝鲜战争的爆发），美国越来越把日本视为“有力盟友”，美日关系也开始趋向缓和。正因如此，美军飞行人员被解剖案的所有罪犯到1958年时均已被释放；最终，就连绞刑也没有执行。整个事件逐渐淡出历史。九州大学更是急于洗白自己，试图将1945年的解剖事件从其官方历史中抹去——该校1992年版校史厚达700页，但只有一页的内容涉及当年的解剖实验。揭开这所受人景仰的学术机构的黑历史的，是东野利夫和他写的书。今天，人们在当年B-29轰炸机的坠毁处树立了一座小纪念碑。这座小纪念碑旁边还有一座类似的纪念碑，后者纪念的则是当年驾机撞向B–29这个庞然大物、决心与其同归于尽的日本战斗机飞行员。这两座纪念碑至少说明一点，即日本人正在勉强接受和承认当年那段恐怖的历史。

＊＊＊

1945年8月6日，被关押在奉天战俘营的战俘目睹了日本人最后的疯狂。那天，战俘们在日本看守歇斯底里的毒打和羞辱中度过，丝毫没有意识到这天与以往有何不同。战俘营的管理者也是刚刚收到消息，这才知道美军向广岛投掷了一枚威力巨大的炸弹；原子弹威力之大，几乎将这座城市从地球表面抹去。数天后，苏联军队也发起了进攻，日本人对战争的结局已不抱幻想。

8月16日或是17日，美军战略情报局的一个四人小组跳伞空降到了奉天战俘营。小组成员包括亨尼西少校、军医罗伯特·拉马尔少校、爱德华·斯塔尔兹中士和哈尔·莱斯下士。与他们一起跳伞的，还有随行翻译木户文雄中士以及国民党的一位代表。亨尼西少校和队友从日本人手中取得了奉天战俘营的控制权，战俘中也有不少军官承担起新的责任，开始管理这座终于得到解放的战俘营；众人各司其职，直到后援到来。不得不说，战略情报局小组能够活下来都算走运，因为他们跳伞时当地的日本军人并不知晓战争已经结束。六人落地后还被当成了试图占领附近军用机场的苏联伞兵。“战略情报局小组一落地就被日本人抓住了。这群日本人对投降一无所知，将几人毒打了一顿后就要处决他们。这时，他们苦苦请求，终于哄得日本人看了一下几个人的身份证明材料，这才免于一死，被日本人带回了战俘营。”[1]皮蒂少校回忆说。

8月18日，一架B–29轰炸机在战俘营上空盘旋并投下一批宣传单，单子上写着日本已经投降。这场漫长的战争最终结束了。第二天，苏联近卫坦克第6军在普里图拉少将的率领下突入奉天城。战俘们举办了

1 《罗伯特·皮蒂少校日记》，罗伯特·皮蒂少校私人文件，伦敦帝国战争博物馆，分类号6377。

庄重的感恩和纪念仪式，迎接救命恩人的到来，也庆祝自己逃出了地狱。8月20日，战俘营迎来了第二次解放。这次来的是苏联人。一位苏联军官向战俘们宣布，战无不胜的苏联红军给他们带来了解放。战俘们重获自由后的最初几天，普里图拉将军和众多苏联军官努力缓解战俘们的痛苦；此时中国同样取得了抗战的胜利，普利图拉等人也配合中方盟军组织了战俘们的转移工作。普里图拉将军和另外几位苏联军官因此被推荐授予美国勋章。

对奉天战俘营的日本看守们来说，人生中关键的一刻即将到来。他们曾经在战俘身上施加了刑罚和羞辱，那么对方会报之以德吗？“傍晚7点左右，来了一小队苏联军官。他们宣布我们现在‘Svobodo’——自由了，”皮蒂回忆说，“再晚些时候，日本看守在操场上卸下了武装。他们站成一排，解下了武器。一名日军大佐带领他们在战俘营内所有人面前绕场一周，然后他们就被我们押送进了原来的看守营房。我们则穿戴着日本人的装备、握持着日本人的武器看守着他们。”懂俄语的皮蒂回忆了苏联红军军官对日本看守的态度：“领头的俄国军官说，‘他们都在这儿了——你们想对他们做什么都可以；割断他们的喉咙，或者用枪打死他们，对我来说没什么区别。’不过这番话被翻译成了更委婉的外交辞令，‘他说他把日本看守交给你们了’。”[1]当时负责管理战俘营的美国和英国军官也没有听从苏联军官的“建议”，而是将日本看守当作战俘，移交给了中国国民党政府。

转运重病战俘的工作迅速开展起来。8月21日，美军一架B-24“解放者”轰炸机运走了18名急需医治的战俘。8月24日，又有29名战俘被飞机送走。在随后的8月27日，共有包括温赖特和珀西瓦尔两位将军在内的36名高级军官战俘乘飞机离开。战俘的转移工作一直持续到1945年9月7日。战俘营周围仍有日本人和中国的游击队发生冲突。“前一晚我听到附近有激烈的步枪射击声，”皮蒂少校写道，“今天早晨就

1 《罗伯特·皮蒂少校日记》，罗伯特·皮蒂少校私人文件，伦敦帝国战争博物馆，分类号6377。

有大约50名日本人试图进入战俘营寻求保护。我们不得不额外增加了20名岗哨。”[1]

8月29日，美国陆军派出的一支19人特别小组乘飞机从昆明抵达奉天。苏联红军与他们密切合作，用火车将大部分战俘转运出去。詹姆斯·F.多诺万中校带领的第一战俘解救小组负责审核前战俘的身份、文书处理、新服装发放、医学评估等工作，随后挖掘、辨认出营内的战俘尸体，以便将死者遗骸运回国内。他们还带来了一名电影放映员，这让渴望娱乐活动的前战俘们兴高采烈。与此同时，美军开始向战俘营运送补给。9月29日下午晚些时候，“4架B-29轰炸机飞临战俘营上空并用伞包空投了大约120份补给。”[2]皮蒂少校写道。

9月10日和11日两日之内，奉天战俘营内剩下的前战俘全部乘坐火车离开，仅仅10日一天之内，就有多达752人离开。火车把所有人送往港口城市大连，在那里，船只等待着护送他们跨过太平洋返回美国。到达美国后，英国前战俘们将再次乘坐火车穿越美国大陆，最后乘船穿过大西洋返回英国。不幸的是，虽然战争结束了，但死亡仍然如影随形。他们的船在冲绳附近海面遭遇台风，有10名前战俘被巨浪扫下美军的“科伯特”号驱逐舰的甲板，消失在茫茫大海中。不幸还没有结束。“科伯特”号随后触发日本人布设的水雷，又一名前战俘因此丧生。1945年10月31日，抵达英格兰的皮蒂少校走下轮船。“到达南安普顿，”他写道，“惊喜的是，我一下船就看到妻子和孩子们站在舷梯尽头。”皮蒂在他最后一则日记里宣布，战争带来的一切磨难都已终结：“1945年11月1日。回家——终于到家了！”[3]

1945年9月19日，第一战俘解救小组关闭了奉天战俘营，乘坐飞

---

1 《罗伯特·皮蒂少校日记》，罗伯特·皮蒂少校私人文件，伦敦帝国战争博物馆，分类号6377。

2 《罗伯特·皮蒂少校日记》，罗伯特·皮蒂少校私人文件，伦敦帝国战争博物馆，分类号6377。

3 《罗伯特·皮蒂少校日记》，罗伯特·皮蒂少校私人文件，伦敦帝国战争博物馆，分类号6377。

机返回昆明。这座邪恶的战俘营最终沉寂下来，唯余寒风偶尔扬起操场上的尘沙，掀开曾被战俘们用来遮挡窗户的帘布。战俘营的墓地里现在到处都是新挖开的坑洞，因为美国人带走了几百名病死后埋葬在这里的战友。在这里，面目阴狠的日本看守曾手持大棒、巡逻不止，如今却只有一条流浪狗在遍地垃圾中寻找食物。虽然战俘们的肉体离开了这里，但战俘营已装在他们每个人的心中，成为各自余生中不愿提及的沉重。很多人永远无法摆脱那段痛苦的记忆；也有不少人在垂垂老矣之时回到此地，只为找寻当年发生在自己身上事情的答案。有多少朋友、多少同志的生命就是白白葬送于此，因而他们来此也是为了悼念所有在此戛然而止的年轻生命。当老兵们回望一生，奉天战俘营的一切早已成为他们刻骨铭心的回忆。

▲7-1 1945年5月5日，载有工作人员的B-29飞机在日本上空被击落(其中包括8名美国空军飞行员，他们被福冈九州帝国大学的日本医生进行了活体解剖，他们的一些器官后来被日本军官煮熟并吃掉)

▲7-2 1945年8月，苏联红军解放奉天战俘营后不久的盟军战俘

▲7-3 1945年8月，美国空军飞行员从奉天战俘营被释放后不久拍摄的照片

▲7-4 1945年9月，被解放的盟军战俘准备撤离奉天战俘营

第八章

弗拉明戈

迅速获取日本人的所有文件和卷宗，以及其他对美国政府来说有利用价值的信息。

——战略情报局收到的命令，1945年8月13日

机场的一座小窝棚里，一小队美国士兵耐心地把“汤普森”冲锋枪分解开，仔细地擦拭着各个部件。他们穿戴着颜色暗淡的橄榄绿装具和跳伞服，胸前的皮质枪套中斜插着一支点45口径的“柯尔特”自动手枪。这群士兵的肩章上是一枚椭圆形徽标，黑色背景上印有一支黄金矛头——美国战略情报局的标志。他们面色坚毅，肩负着十分明确的任务，时刻等待着出发的命令。这是一座小型机场，草坪上停放着一架做好起飞准备的“达科他”运输机，地勤人员正在它身上敲敲打打。窝棚里的战略情报局士兵紧张地叼着香烟，听着虫子的叫声从打开的窗户传进来。这是一场考验耐心的等待游戏。人人都知道日本人即将投降，问题是怎么把握住最佳时机。如果他们空降的时间太早，很可能会遭到日军防空火力的射击；如果太晚，则可能让所有计划付诸流水，他们要搜寻的东西也会被焚毁或破坏。对美国来说，他们此次的任务是最重要的收尾行动之一，行动代号“弗拉明戈”。

很多年来，一直有传言称日本人曾把一批盟军战俘押送到七三一部队设在平房区的核心研究基地，用于致命而恐怖的人体实验。在过去六十多年中，不断有线索浮出水面；这些线索直接指向恶魔般的七三一部队曾把盟军战俘用作实验材料。前七三一部队卫生兵和野武男说，他曾亲眼看到过一个六英尺高的玻璃罐子里面用福尔马林浸泡着一具被竖直剖成两半的白人男性尸体。这种令人毛骨悚然的标本在基地里随处可见。

1995年，另外一名前日军七三一部队成员匿名接受采访时称，他曾见过不少盛放着人体内脏标本的玻璃器皿，这些标本被分门别类排列得整整齐齐。“有的标签上写着‘美国人’‘英国人’和‘法国人’，但大多数标签上写的是‘中国人’‘朝鲜人’和‘蒙古人’，”他回忆说，

“那些标注为美国人的，实际上只是尸体的局部，比如手或脚。其中一些是其他军事单位送来的。”[1]也就是说，这些标本中有一部分可能来自奉天战俘营中被解剖的尸体。1994年7月，两名前七三一部队成员在日本盛冈市举办的历史会议上匿名发言，提到了同样阴森的一些事情。其中一人是前大日本联合青年团团员，他在1937年时应召加入盛冈的海军青年团分部，随后被送到东京陆军军医学校受训。1939年7月，他在当时位于中国东北的七三一部队服役，是一支细菌繁殖研究小组的组员。战争后期，他被调到东京的国立卫生试验所，他的工作内容之一正是把七三一部队拍摄的一卷卷16毫米影片胶卷开车送到宫内厅官员手里。宫内厅是负责处理皇宫事务的机构，所以我们可以猜测，裕仁天皇应该看过这些影片。“我负责保管着大量浸泡在福尔马林里的人体标本，”这位目击者在1995年时说，“其中一些标本是头部，另外还有胳膊、腿、内脏器官，就连整具尸体都有。有的标本甚至还是儿童和婴儿。这些尸体标本都装在玻璃罐子里摆得整整齐齐，数量不少。我第一次走进那间屋子时感觉很恶心，接连几天吃不下饭，但很快就适应了。”他还提供了另外一些证据用以证明这些标本的内容物。“整具的尸体标本都贴着标签，上面标注着国籍、年龄、性别以及死亡的日期与具体时间，但没有标出姓名。标本之中有中国人、俄罗斯人、朝鲜人，也有美国人、英国人和法国人。这些标本有的来自在七三一部队本部基地被解剖的尸体，有的则是其他下属单位送来的。不过我无法分辨他们的来源。”[2]我们可以解释七三一部队保存的一些人体尸块和内脏标本来自哪里，但却无法解释标注着“美国人”或“英国人”的整具尸体是从哪来的。比如，我们知道，在战争的尾声到来以前，奉天战俘营内是没有英军战俘死亡的。或许这些尸体标本来自另外的地

1 尼古拉斯·D. 克里斯托弗，《揭开恐怖的面罩——特别报告：面对恐怖战争暴行的日本》，《纽约时报》，1995年3月17日。

2 哈尔·高德，《七三一部队证词：日本战时人体实验项目》，北克拉伦登，佛蒙特州：塔特尔出版社，1996年，第161—170页。

方，特别是日本的品川战俘医院，或者其他类似机构。然而，还有一种可能不容忽略，即：这些尸体实际上是在七三一部队的平房区基地内被杀害的战俘。有传言称，事实确实如此。

另外一名在盛冈历史会议上匿名发言的前七三一部队成员，则于1941年3月以卫生专家的身份被调至七三一部队设在平房区的核心研究基地。他承认，自己曾亲眼目睹过日本人在中国犯人身上做了很多人体实验。1941年6月，他进入七三一部队已婚军人宿舍旁边的一座建筑，看到了其中的恐怖景象。“我注意到在走廊宽阔处的最里面有一具装在罐子里的尸体标本，”他在1994年时说，“罐子很大，足够装下一具人体。浸在液体里的人看上去是一名年轻的俄罗斯士兵，不过被竖着剖成两半。后来我意识到，这是一名死去的白俄罗斯人。”[1]他还说，在盛放着这具俄罗斯士兵尸体的罐子旁边摆放着更多一人大小的玻璃罐子，不过那些都被盖住了，他也无法看到里面的东西。当天晚上，一名日本军官以“看到了绝对不应该看的东西”为由，把这名卫生专家毒打了一顿。这件事发生在1941年12月日本对美国发起攻击之前，这也说明日军七三一部队的医生们早在1941年3月就已经开始把被他们杀害的白人战俘尸体保存起来。而根据上文中另两名目击者的证词，战争后期，美国人、英国人和法国人的尸体也被用同样的方式保存起来。

日本的其他目击证人也确认，直到战争结束前几周，平房区基地仍是最有可能关押着白人战俘的地方，不过战俘中唯一能确定国籍的只有俄罗斯人。石井四郎的私人司机越定男也曾在七三一部队服役，他的主要工作是用卡车把战俘们运送到基地的毒气室。他回忆了战争末期一群被送到平房区基地的俄罗斯战俘的遭遇。“大概在1945年6月，我们都清楚战争快要结束了，”越定男说，“有一天，一辆卡车送来大约40名俄罗斯人。基地里已经有很多‘马路大’了，新送来的俄罗斯人没处可用，所以这群人被告知本地区有传染病，而他们应该下车打防

1 哈尔·高德，《七三一部队证词：日本战时人体实验项目》，北克拉伦登，佛蒙特州：塔特尔出版社，1996年，第181页。

疫针。但我们给这些人注射的其实是氰化钾。负责注射的人先用酒精棉擦拭他们的胳膊消毒。如果想要杀死某人，完全没有必要在注射前给他的胳膊消毒。这么做仅仅是为了掩盖真实目的。”在越定男的回忆中，当时杀死这批俄罗斯人没有费什么力气。“只要把一小管氰化钾注射进去，即使是身材魁伟的俄罗斯人也会立刻倒下。他们甚至来不及发出叫声，就那么直挺挺地倒下去。”[1]

根据七三一部队前成员的回忆，战争期间平房区基地还关押过俄罗斯人之外的其他国籍的白人战俘。在1949年的哈巴罗夫斯克审判庭上，曾在七三一部队工作过的森下清人供述称：“可以从外貌上区分苏联人和美国人。我在‘马路大’中见过美国人或英国人，还听到过他们相互间用英语交谈。”[2]森下讲述的是发生在平房区七三一部队基地的事情，并没有提到奉天战俘营。他的供词透露出这样一条信息，即：盟军战俘从奉天战俘营被押送到了平房区基地用于实验，然后被杀死。平房区基地内的白人战俘即使不是从奉天战俘营送来的，也可能来自日本人控制范围之内的其他战俘营。当时有成千上万的盟军士兵被日军俘虏、关押。如果想要在白人身上做实验，日本人根本不缺“实验材料”。

对历史学家来说，问题是如何找到证据证明盟军战俘曾被从奉天战俘营运送至七三一部队基地。根据现有材料，如今唯一能确定的是有大概两百名左右的盟军战俘被送出奉天战俘营，且当时的目击者并不知道他们被送去了哪里。奉天战俘营的其他战俘再也没能见到这些被送走的同伴，有些人因而断定日本人杀死了他们。澳大利亚陆军军医 R.J. 布伦南上尉曾在自己的秘密日记中记录道，150名美军战俘排成一队被押送出奉天战俘营，从此再也没有出现。罗伯特·皮蒂少校同样记录过此事。不过正如前文提到过的，1944年5月24日，日本人曾

1　哈尔·高德，《七三一部队证词：日本战时人体实验项目》，北克拉伦登，佛蒙特州：塔特尔出版社，1996年，第243页。

2　《光明日报》，1994年6月1日。

从奉天战俘营押走150名战俘并用船将他们送到日本，强迫他们在三菱公司的上石神井煤矿劳动。1944年6月，又有50名战俘因为破坏奉天工厂的设施而被送到上石神井。这些战俘是被当成奴隶式劳工送到日本的，其中大部分人在战争结束时都被解救了。他们并未被送到平房区的七三一基地，所以相关调查也不涉及这些人。

1994年，有人在美国国家档案馆发现了一份文件，这份文件为“盟军战俘是否在平房区基地遭遇人体实验”这一问题提供了新线索。这份日期标注为1945年8月13日的文件是美国战略情报局下达的一系列命令，内容涉及执行一项代号为“弗拉明戈”的任务。

1942年6月，美国总统罗斯福签发总统令，仿效英国首相丘吉尔建立的特别行动处组建美国战略情报局。该局的各行动小组在远东战场上发挥了重要作用，主要任务包括向中国和缅甸境内的国民党军队提供培训援助、在缅甸高地招募和训练当地部族武装以及武装和训练中国与法属印度支那境内的共产党革命者。二战期间，英国的情报活动主要集中在东南亚地区；英国特别行动处在当地设立分部，即136部队，并与澳大利亚人展开密切合作。中国则是美国的情报活动区域。战略情报局向蒙巴顿将军领导的东南亚盟军司令部总部所在地，即锡兰的康提，派驻了第四〇四分遣队，并多次与英军发起联合行动。此外，战略情报局还向亚洲其他地区派遣了四支独立行动的分遣队。[1]

美国国家档案馆发现的文件显示，美国军事情报机关知晓日本人正在中国东北进行生物武器研究，也知道上述研究在哈尔滨附近的某座设施内进行，过程涉及人体实验。还有一点可以确定的是，美国方面已经在怀疑盟军战俘是上述实验的受害者了。战略情报局一支由15人组成的轻装行动小组当时接到的命令是“一旦得到对日胜利的消息”[2]

1 这四支队伍分别是：第一〇一分遣队（驻地为缅甸）、第二〇二分遣队（驻地为中国）、第三〇三分遣队（驻地为印度新德里）、第五〇五分遣队（驻地为印度加尔各答）。

2 丹尼尔·巴伦布莱特，《人性的瘟疫：轴心国日本发动细菌战的种族灭绝式秘密行径》，纽约：纪念出版社，2004年，第177页。

就立即从空中进入哈尔滨地区。根据命令，这个小组将“立即与该地区内所有盟军战俘营建立联系”，并“向司令部通报营内战俘的数量、状况等”，同时“提供任何必要和可能的医疗救助”。[1]该计划唯一令人不解之处在于，最近的盟军战俘营地并不在哈尔滨，而是在300英里之外的奉天。所以从这个角度来看，这份命令并没有多大意义。那么，是“弗拉明戈”行动的情报准备工作出现失误了吗？还是美国人知道哈尔滨平房区发生的一些至今仍未向公众透露的秘辛？

在中国日占区发起行动的复杂性以及驻菲律宾美军和中国国民党控制区美军的就近性，均可证明“弗拉明戈”行动不可能发生情报失误的情况。实际上，盟军当时正在亚洲各地展开战俘营救工作。秘密情报人员早已对相关营地进行了暗中侦察，在和当地反抗武装确认了某座战俘营情况后，战略情报局和特别行动处的行动小组便随时准备空降。在日本帝国投降之际，战俘营救工作已成为重中之重。盟国方面担心的是，被击败的日本为防止战俘得到解救，会丧心病狂地杀俘。这种担心是有根据的，因为日本最高军事当局确实已在前一年向所有战俘营的总指挥官下达了类似命令。

自1944年8月1日起，不能将战俘留给一路高歌猛进的盟军已成为日本的官方政策。东京陆军省已经向亚洲境内的所有日本占领军下达明确指令，要求“防止战俘落入敌人手中”。[2]指令的部分内容如下：“在当前形势下，如遇爆炸或火灾，可就近在学校、仓库等类似场所内设置临时避难所。在形势恶化的情况下，应重点强调将战俘集中关押在当前场地，并在严密警卫之下做好终极处置的准备。”[3]陆军省还授意各

1 丹尼尔·巴伦布莱特，《人性的瘟疫：轴心国日本发动细菌战的种族灭绝式秘密行径》，纽约：纪念出版社，2004年，第177页。

2 爱德华·弗雷德里克·兰利·罗素，《武士道骑士：日本战争罪行简史》，伦敦：格林希尔书屋，2002年，第116页。

3 《陆军省给宪兵队指挥官的命令》(*War Ministry to Commanding General of Military Police*)，1944年8月1日，华盛顿特区国家档案馆，第2015箱第238记录组，档案分类号2710。

地指挥官，杀死被关押的战俘在他们的职权范围之内，他们可免于因杀俘而受到责难或处罚。命令还清晰列举了进行屠杀的条件：

> “尽管我们的根本宗旨是依据上级命令行事，但可基于下列情形自行（对战俘）实施处置：当战俘中反抗者数量过于庞大，不使用武器便无法镇压时；当越狱的战俘可能成为敌对作战力量时。”命令在最后部分还列举了对战俘进行“处置”的方式：“一旦形势恶化，便处决战俘；处决方式包括但不限于轰炸、毒气、毒药、水淹、杀头或其他方式；处决形式包括但不限于单独处决和成队处决，可自行采取其他形式。”[1]

东京战俘情报局代理局长仲西贞喜战后被捕时交出了一份文件。该文件标注的日期为1945年3月11日，并在行文中重申了上文提到的命令：“必须用所有手段（文件作者使用了斜体来强调）防止战俘落入敌人手里。”[2]这份文件还重申了早先其他命令，即：有必要抢在盟军推进之前改变各战俘营的位置，以便尽量长地把战俘控制在手里充当奴隶式劳工。不过文件同时声称，“如果敌人进攻迅猛，没有其他选择……”[3]可将战俘释放。

这种态度显然是自相矛盾的。不过在日本人的战俘营体系中，混乱正是他们官僚主义作风的体现。还有一种可能是：日本人故意下达了一份含混不清、自相矛盾的命令，以便战区指挥官按自己的理解予

---

1 “陆军省给宪兵队指挥官的命令，1944年8月1日”，华盛顿特区国家档案馆，第2015箱第238记录组，档案分类号2710。

2 日本帝国陆军，第263箱，证据号1978，档案分类号1114-B:《依据变化局势处置战俘之纲要》（*Regarding the outline for the disposal of Prisoners of War according to the change of situation,a notification*），副陆相下达之通知，第2257号亚洲陆军秘密，1945年3月11日。保存于新西兰基督城坎特伯雷大学麦克米兰-布朗图书馆。

3 日本帝国陆军，第263箱，证据号1978，档案分类号1114-B：依据变化局势处置战俘之纲要，副陆相下达之通知，第2257号亚洲陆军秘密，1945年3月11日。保存于新西兰基督城坎特伯雷大学麦克米兰-布朗图书馆。

以解读，并在风云变幻的战场情势下便宜行事。

现存文档证据的确清楚显示，各地的日军指挥官都收到了具体命令，要求他们尽可能长久地让战俘和囚犯活着以便充当劳工；而若战败在即，且战俘有可能得到盟军部队的解救，则各指挥官均有权自行设法处死战俘。

日本人还下达了另外一则命令，指示“表现凶残的看守和指挥官逃离”。这则命令发布于1945年8月20日，即日本投降五天后。其背后的逻辑很简单：“粗暴对待战俘和囚犯的人员，或者引起战俘和囚犯众怒的人员，可以立即转移或暗中逃离。”[1]最后，还有命令要求抢在盟军抵达之前销毁有可能暴露日军罪行的文件及档案。有命令称：“落在敌人手里会对我们不利的文件应该被当成秘密文件处理并最终予以销毁。”[2]这条命令显然有些多此一举，因为包括平房区基地的石井四郎在内，各地日军的指挥官们早就意识到战争即将结束，已经在着手做着这些事情了。

根据“弗拉明戈”行动方案，美国战略情报局准备向中国东北派遣行动小组，该小组首要任务就是取得日军文件档案。“弗拉明戈”行动的命令或许暴露了美国人对七三一部队相关情况的认知程度。1945年8月13日的命令指示行动小组“迅速获取日本人的所有文件和卷宗，以及对美国政府来说有利用价值的其他信息”。[3]这份命令的字里行间都在显示：美国军事情报机关十分清楚，石井四郎及其同事在平房区基地所做的工作和研究意义重大。1945年8月时，战略情报局还向亚洲被占区派遣了其他行动小组。与中国东北行动小组相比，这些“人道主

1 《东京战俘营长官给驻台湾日军参谋长的呈送件》（*Chief Prisoner of War Camps Tokyo to Chief of Staff, Taiwan Army*），1945年8月20日，华盛顿特区国家档案馆，第2011箱第238记录组，档案分类号2697。

2 《东京战俘营长官给驻台湾日军参谋长的呈送件》，1945年8月20日，华盛顿特区国家档案馆，第2011箱第238记录组，档案分类号2697。

3 《东京战俘营长官给驻台湾日军参谋长的呈送件》，1945年8月20日，华盛顿特区国家档案馆，第2011箱第238记录组，档案分类号2697，第177页。

义”救援小组接到的命令只有防止日本看守杀害盟军战俘，以及组织盟军战俘接受稳定性治疗并将其转移。根据“弗拉明戈”行动命令的措辞，或许可以做出如下判断，即：夺取平房区基地的生物战数据资料为最优先任务，其次是解救战俘。另外一个值得注意的细节是，其他由美国或英国人员组成的战俘解救小组空降时均只有四或五名轻装军官和士兵。“弗拉明戈”行动则要求15名军事情报特工共同执行任务。“平房区基地关押着盟军战俘”这整件事看上去都有些不真实，似乎是战略情报局为掩盖真实目的“编造的故事”。我们可以对“弗拉明戈”行动相关命令做出如下解读：战略情报局可能知道平房区基地内并没有关押盟军战俘，指示行动人员解救战俘的命令实际上只是一种掩人耳目的说辞，为的是让美国人有借口抢在苏联红军之前占领平房区基地。自1945年8月进入中国东北以来，势如破竹的苏联红军以极快的速度突破关东军的虚弱防守并向南推进，预计将在很短时间内占领平房区的七三一部队基地设施。所谓能够证明“盟军战俘中有人曾被关押在平房区基地”的证据其实并不完整，而且十分粗略，因此“弗拉明戈”行动计划制订者真正的意图也不得而知。

迅速变化的战局打乱了战略情报局的计划安排，这让针对“弗拉明戈”行动的争论只能局限在学术范围内。1945年8月15日日本突然宣布投降时，“弗拉明戈”行动的命令才刚刚制定两天；美国人的计划被打乱，他们因此手忙脚乱。中国东北的战局也已经发展到美国人无法插手的地步。自8月8日发起“八月风暴”行动后，苏联军队迅速进入中国东北和朝鲜；到日本宣布投降时，苏联红军已控制了遭部分损毁的平房区基地设施。石井带领大部分工作人员及珍贵的记录、卷宗出逃前做的最后一件事情就是命令销毁整个“七三一”。但正如我们所见，苏联军队未等他们完成全部销毁工作就占领了这处基地，同时俘虏了基地内没来得及逃跑的工作人员。奉天战俘营也被苏联红军的装甲先头部队解放。仅仅三个月前，这支苏联军队还在柏林的废墟中奋战，已经久经沙场。孱弱的关东军根本不是他们的对手。苏联人对待日本俘虏的态度普遍很暴躁。他们准备在原日军政权的基础上迅速建立一个共产主义傀儡政府，同时准备从北部入侵日本。当时的日本把全国大部分防御力量都集中到南部的九州岛，准备击退美国和英国从那里发起的大规模攻击，而苏联军队从北部入侵则意味着日本原本将很快落入斯大林之手。日本人此时还在本土作战中表现得如此勇猛，只是为了战后无论哪个国家占领日本，都能继续保全天皇的地位。因此，迅速向西方民主国家投降显然更佳，不然难免整个国家落于苏联的铁腕统治之中。两座城市遭遇原子弹轰炸产生的效果确实对日本人决定投降的时机问题起到了一定作用，但影响甚小；对苏联、对共产主义的恐惧才是日本人决定停止战斗的更主要原因。

当日本人放弃平房区基地并将其付之一炬时，美国人已经在考虑怎么才能把已经从苏联人眼皮子底下溜出来的科学家和他们携带的重要生物战资料纳为己有。我们可以从“弗拉明戈”行动的方案中看出，美国战略情报局和政府已决心攥住石井并攫取其研究成果，准备在即将到来的冷战中对付苏联。对华盛顿来说，在取得这些研究成果的过程中是否使用了美国战俘和盟军战俘已经不再重要，因为与苏联之间的意识形态对抗即将到来，而石井等人的实验成果在对抗中的实用性已成为压倒其他一切的最优先考虑事项。这应该能够解释为什么当年的许多可以解开盟军战俘人体实验迷团的文件和档案，如今却不在公有领域之列。就此类实验提交给美国联邦调查局局长约翰·埃德加·胡佛的1956年备忘录，成为政府高层有意遮掩的有力证据。

第九章

自食恶果

由于存在对人类实验的禁忌，我们在自己的实验室中无法获得这些信息。

——埃德温·希尔博士，德特里克堡生物实验室，1947年12月

位于平房区的七三一部队主要设施被日本人付之一炬，这对原本雄心勃勃的美国人造成了严重打击。正如我们所见，美国人本来准备派出战略情报局的特别行动小组前往七三一部队的平房区基地搜寻有价值的文件，可战争戛然而止。此时，苏联已成为二战亚洲战场最后阶段的重要力量，并在七三一部队的故事中扮演了重要角色。

苏联人刚刚在与纳粹德国的残酷战争中取得胜利。他们的战士富有经验又冷酷无情，几乎连自身的伤亡都不顾，更不会对敌人心慈手软。1945年，英国首相温斯顿·丘吉尔、美国总统哈里·杜鲁门[1]和苏联领导人约瑟夫·斯大林在雅尔塔召开会议。苏联方面在会议上接受了盟国提出的请求，废止了1941年签署的《苏日中立条约》。该协议在苏德战争中曾发挥极为重要的作用——苏日两国军队原先在中国北方的“满蒙”边境对峙，全靠这一协议维护着两国间摇摇欲坠的和平。斯大林曾承诺，在在德国投降3个月后进入太平洋战场、实施对日作战。他信守承诺，德国人于1945年5月8日投降后，便命令苏军于8月8日发起“八月风暴”行动，攻打驻中国东北的日本军队。

苏联元帅亚历山大·华西列夫斯基率领一支由150多万红军士兵和3704辆坦克组成的庞大入侵部队与实力严重缩水的关东军作战。山田乙三将军指挥的关东军曾在中国东北部署了超过100万人的部队，还拥有约1000辆坦克，但其中的精锐力量已在此前的战斗中被派遣至太平洋地区及缅甸，分别与美国及英印军队作战。此外，关东军坦克的各方面性能均逊色于苏军的T–34坦克。日本在太平洋地区战略中面临的

1　原文如此。此处应为富兰克林·罗斯福。——编者注

一大限制因素，就是日本不得不在蒙古边界部署一支人数众多的部队，以威胁对中国北方野心勃勃的苏联人。此前，并没有任何迹象显示斯大林要撕毁互不侵犯条约，所以随着战争的推进，关东军中最优秀的指挥官、精锐部队和装备逐渐被派往其他地区，支援当地的日军。

德军的战术比日军更胜一筹，德国军官也更加训练有素；并且，德军坦克也比日本人的任何现役坦克都更加先进。苏联红军早先在俄罗斯欧洲部分以及东欧便是与德国军队鏖战，早从战斗中吸取了苦涩且昂贵的教训。此外，苏联红军空军也迅速在中国东北建立了空中优势。尽管日军以其一贯的自杀式勇气进行了战斗，但仍无力回天。苏联的装甲部队迅速突破日军防线，以破竹之势向南挺进至东北。与此同时，苏联在对朝鲜北部、萨哈林岛（库页岛）南部和千岛群岛发动了两栖进攻。1945年8月14日，日本宣布无条件投降，苏联在朝鲜边境的进攻戛然而止。

日本历史学家长谷川毅在《与敌对决：斯大林、杜鲁门和日本投降》一书中提出，美国对广岛和长崎进行原子弹轰炸对日本人的战斗意志影响其实并不大，“八月风暴”行动才是迫使日本政府迅速投降的事件。苏联的推进非常迅速，而他们的下一个目标显然是对日本北部的北海道发动两栖攻击。根据斯大林原本的计划，这次进攻本应远远早于美英对日本南部九州的入侵，而后两者原本打算在1945年12月才开始入侵九州。日军的大多数精锐部队以及几乎所有剩下的战斗机都在日本南部，准备抵御英美的入侵；而日本北部此时则空门大开，苏联人完全可以趁机在短期内占领日本大部分地区，且这一预期恐将成真。而若是如此，裕仁天皇则毫无疑问会作为战犯受到审判，日本也将很快沦为苏联的共产主义卫星国。对日本领导人来说，这样的命运简直不堪设想，所以快速结束战争就成了日本人的当务之急。尽管日本军方内部有些人试图在东京发动政变以阻止“投降”的消息在军中传开，但政变很快被镇压，日本宣布无条件投降。

苏日双方在“八月风暴”行动中都有数万人丧生，但两国从未就确切的伤亡人数达成一致。当苏联军队这个庞然大物像热刀切黄油一样切开早已羸弱不堪的日本关东军时，斯大林的红军也开始解救日本战俘营中的受害者。战俘营中，红军所见战俘的痛苦、潦倒和贫乏与他们在六个月前冲向柏林途中解放纳粹集中营和灭绝集中营时所见相差无几。

石井中将命令七三一部队的科学家和医生在红军到达平房区之前撤离并返回日本。他还下令摧毁七三一部队的设施，企图掩盖这些人在他指挥下犯下的严重罪行。一支由宪兵队士兵组成的特别部队被委派来执行这个重要的任务，但任务基本失败，因为那些设施都极其坚固，拆除行动的效果非常有限。

通过高效的南满铁路来转运七三一部队工作人员及其家属是离开该地区的最快方法。日本军方安排了一列专列，从哈尔滨的平房区南下并取道朝鲜半岛，成功在苏联人赶到前把这些人送走了。从韩国乘船前往日本的行程较短，他们下船后，又有一趟专列将这些科学家及其家人送到日本北方城市金泽。一些人在金泽下车，在当地的神社中暂居避难。列车随后继续开往新潟县，这些特别的乘客就此分道扬镳、各自回归社会，试图就此销声匿迹。一开始撤离东北时，石井尚与部下一道乘坐火车；而当他的部下乘船返回日本时，石井则带着大量档案和胶片登上了一架专机。飞机起飞前，石井毫不讳言地警告部下：永远不要担任公职，也永远不要再彼此联系，要把七三一部队的秘密带进坟墓里。石井暗示，任何不遵守这一“沉默守则”的人都将在日本被追查并受到惩罚。考虑到石井的势力和他在日本上层社会的影响力，这威胁并不是一句空话，石井的部下也知道他可以多冷酷无情。

在大多数科学家逃离东北的同时，少数宪兵队士兵留下来收尾，他们负责摧毁平房区基地内的设施。然而这一任务基本没有成功，因为这些建筑物在战争爆发前修建得固若金汤，而且留给士兵们的时间也不够。许多重要的证据因此得以保存完好。没过多久，苏联人以及中国人就弄清楚这些红砖建筑是用来做什么的了。在七三一部队的其他一些驻地，日军的秘密更是暴露无遗。驻扎在南京的日军一六四四部队只是清理了档案和标本，并用陆军卡车把这些东西运往最近的机场。他们曾经使用的建筑则原封不动地留给了中国人。如今，这里已经是南京市的一所医院，但绝大多数走进大门的病人并不知道这座建筑在二战中的可怖历史。例如，在上海有一座名为“桥楼”的建筑，它位于著名的外滩附近。在1937年至1945年期间，这座建筑是日本宪兵队实施酷刑和谋杀的中心；现在，它却成了公寓楼，还挤满了在那里生活的普通家庭。

石井四郎和他的同事作为科学家和研究人员，在中国东北和其他地区进行了长达20年的人体实验，由此获得了大量数据。他们竭尽全力把相关数据保存下来。随着日本战败，这些数据将成为他们讨价还价的重要筹码。石井等人知道，盟军正准备以战争罪的罪名把一些日本人送上法庭，就像他们让战败的德国人在纽伦堡受审那样。但这群七三一部队的老兵们坚信，他们不会因为大日本帝国的亚洲事业尽忠效力而付出代价。实际上，他们中的许多人还认为，不管研究内容多么残忍，无论研究过程中进行了多少谋杀，他们在七三一部队的研究活动都是在推进科学知识的发展，而他们都只是单纯的医生和科学家。

从1945年9月开始，道格拉斯·麦克阿瑟将军指挥美军占领日本，美方则任命哥伦比亚大学一位受人尊敬的微生物学家默里·桑德斯博士调查日本的生物战计划。桑德斯曾在战时被美国陆军委任为中校，并被派往美国主要的生物武器研究机构德特里克堡工作。桑德斯将于1945年9月搭载美国军舰“斯特吉斯”号抵达横滨，而日本人不知如何获知了他的行程。日本人决定在美国人找到自己之前先声夺人，并主动派出七三一部队的一名高级科学家在码头与桑德斯会面。

桑德斯从未听说过“七三一部队”的称谓，因此起初也并未对这名彬彬有礼的日本男子生出疑心。乘客们开始下船时，这名男子拿着桑德斯的照片，仔细比对着每位穿制服乘客的面容。这个等在岸边的日本人正是石井四郎的亲信内藤良一中佐，他曾是七三一部队东京实验室的重要成员。他有几分机灵，毛遂自荐做了桑德斯的翻译。桑德斯很快被安排在东京的一个办公室，并开始寻找和约谈日本生物战精英，但他却不知道这些精英中最高级别的人物之一就坐在自己的身边。每天晚上，内藤医生都不见人影。其实，他是去了城中各处的日本军事部门参加秘密会议，让七三一部队人员充分了解美国正在进行的调查。

在接到上级指示后，内藤医生步步为营，一点点地向桑德斯放出了有关日本生物武器计划的信息，同时也让日方充分了解桑德斯对嫌疑人的审讯情况。利用职务的便利，内藤有效妨碍了桑德斯的调查，这让美国方面相当恼火。意识到自己被“玩弄”了，桑德斯决定加大力度，用日本人最害怕的事情来威胁他们。他直接告诉内藤，如果自己的调查一直停滞不前，他将别无选择地邀请苏联人参与进来。桑德斯回忆说：“我之所以这样说，是因为日本人对共产党表现出极大的恐惧，他们不想让共产党参与其中。他（内藤）第二天早上便带着一份手稿现身，手稿的具体内容令人震惊。实际上，那些内容简直是爆炸性的；简而言之，就是日本人和生物战脱不开干系。”[1]

英国人也得到了这份手稿的副本，并对这一材料进行了非常仔细的审阅。英国跨军种生物战小组委员会称，该手稿是对日本生物战活动的总结，还包括日本军方相关政策的一些信息。英国人指出：“（美国）审问者没有拿到任何具体文件或实验规程，而且，报告中的图纸也是根据日本人提供给桑德斯上校的草图绘制的。”[2]和美国人一样，英国人也已经掌握这一事实：在哈尔滨平房区存在一个大型实验基地，而且这个基地已经运行了8年。一群来自英国威尔特郡波顿当生化战争研究中心的科学家们仔细研究了这份副本，但当时他们还未充分了解日本生物战计划的规模之庞大。英国人只是草草定论：“尽管报告罗

1　哈尔·高德，《七三一部队证词：日本战时人体实验项目》，北克拉伦登，佛蒙特州：塔特尔出版社，1996年，第97—99页。

2　“《关于日本生物战的情报》（*Japanese Biological Warfare Intelligence*），跨军种生物战小组委员会，1946年1月16日”，英国国家档案馆（公共记录办公室），英国陆军部文件188/659。

列了这么多研究内容，但几乎不含任何有技术含量的信息；如果说部分信息确有技术含量，也只是体现出了日本人做研究时粗野、业余得不可思议。”[1]

麦克阿瑟是驻日本美军的军事长官，是当时日本最有权有势的人。桑德斯把手稿呈交给他，并在手稿中随附了七三一部队的组织结构图，其中包括制造细菌和使用动物进行生物战研究的医疗和军事分遣队的名称及其行政架构。图表显示，裕仁天皇处于整个架构的顶端，指挥链下方则包括位于东京的日本陆军参谋本部、医学事务局以及日本对中国远征军中的关东军（占领华中地区）司令部和南方军（占领中国南部、印度支那、马来亚和荷属东印度群岛）司令部。重要的是，最初交给桑德斯的文件中并未提到有关人类实验的只言片语。在这个阶段，日本人还吊着盟军的胃口，并未呈上“主菜”。麦克阿瑟将军做出对七三一部队人员的处理决定时，也还没能掌握有关日本人罪行的全部信息。但后来，即使石井和部下为了进行研究而杀死了数千人这一事实已昭然若揭，美国人以及他们的英国盟友也从未有过医学伦理方面的顾虑，更不用说产生什么心理负担了。

麦克阿瑟将军立即意识到了桑德斯所提交信息的重要性。对美国来说，内藤及其同事能够提供的资料有无法估量的价值。最重要的是，麦克阿瑟写道，美国希望获取这些信息，并且是“独家获取”[2]。为了获得他们想要的信息，美国人别无选择，只能与日本人做交易。麦克阿瑟对桑德斯指出，美国无法通过胁迫手段来获得想要的信息，因此最终只能做出一个令人遗憾但也可以理解的决定。按照麦克阿瑟的指示，桑德斯提出，他们会在即将到来的东京审判中给予内藤及其朋友诉讼豁免权，以换取这群日本人的充分合作，条件是这些人必须向美国提供生物武器研究的所有相关信息。美国人那时显然已对过去七三一部

1 《关于日本生物战的情报》，跨军种生物战小组委员会，1946年1月16日。

2 哈尔·高德，《七三一部队证词：日本战时人体实验项目》，北克拉伦登，佛蒙特州：塔特尔出版社，1996年，第97页。

队战时的所作所为完全知情，因此这个决定是极其不道德的；但是，在即将到来的冷战面前，美国人可以为了国家安全放弃崇高的人道主义原则，如此行事也不会在美国政界招致反对的声浪。

美国调查人员审问了7名日本高级军官，这些人是最有可能了解七三一部队研究细节的人。但最大的幕后黑手石井在这一阶段并未受到审问。在一份日期为1945年11月1日的报告中，桑德斯转述了他与日本陆军军医神林中将谈话的内容。神林中将在谈话中“称他个人出于人道主义和实用性的考虑，反对使用生物武器”[1]。更令人难以置信的是神林的下一个论断，他声称，据他所知，“日本并未进行任何将生物武器用于攻击的研究”。这位日本陆军中最高级别的军医“声称东京当局可能对关东军进行的研究一无所知”[2]。这个说法显然是事先想好的，旨在向美国人表明七三一部队的骇人行径与日本陆军或日本政府无关，而是远在日本人所谓“帝国”边界活动的军队内部有个别“流氓分子”在自作主张。桑德斯说：“这位军医中将只是听过石井将军的名号，但显然石井在东京并不受欢迎，大家都觉得他在军队里一门心思往上爬。”[3]这个谎言后来被美国人灌输给了英国，而伦敦方面当时强烈希望美国人能够分享他们手里的生物战数据。1946年5月，跨军种生物战小组委员会主席、空军元帅诺曼·博顿利爵士声称：“就目前所知，日本最高指挥当局反对使用生物武器。因此，最高指挥当局并未下令开展相关工作，而且显然对已发生的事情知之甚少。当然，这一说法

1 “《日本科学情报研究报告》(*Report on Scientific Intelligence Survey in Japan*)——1945年9月及10月，第五卷，‘生物战’；美国陆军总司令部，太平洋战争、科学及技术篇，1945年11月1日”，附于“《关于日本生物战的情报》，跨军种生物战小组委员会，1946年1月16日”(*Japanese Biological Warfare Intelligence,Inter-Service Sub-Committee on Biological Warfare,16 January 1946*)，英国国家档案馆(公共记录办公室)，英国陆军部文件188/659。

2 《日本科学情报研究报告》——1945年9月及10月，第五卷，‘生物战’；美国陆军总司令部，太平洋战争、科学及技术篇，1945年11月1日。

3 《日本科学情报研究报告》——1945年9月及10月，第五卷，‘生物战’；美国陆军总司令部，太平洋战争、科学及技术篇，1945年11月1日。

有待考量。”[1]英国人对平房区的基地也知之甚少，因为他们根本接触不到正在东京接受美国人密集质询的日本科学家。博顿利记载道：“据说在俄罗斯人到达前，位于平房的设施就早已被摧毁了。由于没有文字记录，对发生在平房区的事情进行技术定性会非常模糊。”[2]而事实上，这些所谓“不存在的”文字记录后来不久就到了麦克阿瑟将军和他的部下手里。

一旦达成交易，大量令人垂涎的材料就落入了美国人手中。“在随后的会谈中，美国军方的讯问者收到了大量信息，其中包括对中国和俄罗斯人中活体解剖受害者的多份尸检报告，以及数以千计的人体组织和细菌战病原体的切片样本。”[3]英国人虽然不知道秘密交易的全部细节，但还是开始要求美国人提供更多信息。事实上，英国人曾多次要求“美国人对这一设施（平房区基地）进行进一步详细调查，如果可能的话，应当保存好日本人进行实地实验和其他工作的记录”。[4]其实，美国人正是这么做的，只是他们一边这么做着，一边故意不把真正有用的数据交给英国人。即便英国是美国最亲密的盟友，让英国在生物武器研究方面分一杯羹也不利于美国实现自身利益最大化。英国人不仅未得到美国人的坦诚相待，反而只得到了模糊的报告和总结，这些资料对他们在威尔特郡波顿当进行的生物武器研究几乎毫无贡献。

麦克阿瑟将军决定与石井、内藤等人进行交易，这也意味着七三一部队及其骇人作为本应早就被揭露出来，但却在很长一段时间里不为人知。日本人曾巧借“医学实验”之名目，让数以万计的男人、女人和儿童牺牲在医学的祭坛之上。对这些人来说，正义没有得到

1 《跨军种生物战小组委员会会议记录》（*Inter-Service Sub-Committee on Biological Warfare,Minutes of a Meeting*），1946年5月10日，英国国家档案馆（公共记录办公室），英国陆军部文件188/659。

2 《跨军种生物战小组委员会会议记录》，1946年5月10日。

3 丹尼尔·巴伦布莱特，《人性的瘟疫：轴心国日本发动细菌战的种族灭绝式秘密行径》，伦敦：纪念出版社，2006年，第207页。

4 《跨军种生物战小组委员会会议记录》，1946年5月10日，英国国家档案馆（公共记录办公室），英国陆军部文件188/659。

伸张，而这一情况至今如此。双方的秘密交易给予了那群创建、管理七三一部队的日本战犯永远免于被起诉的待遇。至于这一决定是否正确，则仍存在广泛争议。美国人选择进行交易，是因为美国的国家安全需要生物武器的支持，以期在可能爆发的“第三次世界大战”中对抗苏联。但显而易见的是，比起人们在七三一部队所遭受的痛苦和死亡，美国政府和军方更关心的是夺得日军在那一起起血腥谋杀中获取的信息和数据。

美国和英国战俘是否曾如同中国和俄罗斯战俘一样被用于实验？在这个问题首次被提出时，美国政府巧妙地规避了正面回答，随后又将其归类为胡思乱想；这一问题横亘六十年，至今依然未得到回答。从对外国人进行实验中受益是一回事，利用从本国士兵和最亲密盟友士兵的痛苦、死亡中收集的数据则完全是另一回事。后者不但完全应该受到谴责，还会在两国媒体和公众中掀起重重波澜。由此可以推测，七三一部队在奉天战俘营对盟军战俘进行实验一事的真相将会被永远保密，而美英两国政府对此事的官方立场也将永远是断然否认。他们并非从未被提醒“日军可能在实验中使用了盟军战俘”，实际上，早在日本投降后不久，第一次“警钟”便已敲响。

在麦克阿瑟将军提出可对内藤医生及其同伙免于起诉的决定后不久，美国人首次得到暗示，日本可能在人体实验中使用了盟军战俘。1946年1月6日，美国军方报纸《太平洋星条旗报》刊登了一篇出于日本共产党之手的报道。该报道大胆宣称日本人对美国战俘进行了人体实验，还指出石井四郎是这一项目的主要策划者。报道称，石井利用奉天、哈尔滨的美中两国俘虏进行人类生物战实验。《纽约时报》注意到了这则报道，随后也刊登了这则报道。作为回应，美国调查人员1946年1月12日在东京讯问了石井，但他聪明地否认了曾对盟军战俘或俄罗斯人进行过实验。美国人选择暂时相信他的说法。

盟军最高统帅麦克阿瑟紧接着收到一封日期为1946年2月10日的信函，这封信的落款是木野武司，他在信中称盟军战俘曾被用于实验，并指出石井的三名同伙“在视察牛瘟情况时，在‘满洲’‘新京’（即长春）陆军第一〇〇部队的解剖场地解剖了许多盟军战俘”。[1]麦克阿瑟还收到一封日期为1946年10月4日的信函，落款为植木宏史，他声称：“石井四郎中将……利用许多盟军战俘进行了残酷的人体实验。”[2]1947年，美国军事情报机构撰写了一份关于石井医生战时活动的报告。在这篇报告的编写过程中，12个不同的消息来源分别提出了12项指控，均声称石井与其同事曾在人体实验中使用盟军战俘。同年晚些时候，一份情报备忘录进一步指出：“驻日盟军司令部法务局在1947年6月7日的第C531690号电报中称，日本共产党声称，石井领导的生物战组织在奉天对被俘的美国人进行了实验，同时东京和京都也有人进行了类似的研究。”[3]“东京”这个词可能指的是靠近东京的品川战俘医院，日本人在此对盟军战俘进行了生物战实验。事实上，1947年8月，美国政府的一份文件承认，“有很小的可能，苏联人在奉天地区进行的独立调查不仅查出了美国战俘被用于生物武器实验的证据，还证明了这些战俘已因此类实验而丧生。”[4]

正如我们之前所见，在1949年西伯利亚哈巴罗夫斯克战争罪审判期间，前七三一部队课长柄泽十三夫少佐承认在奉天的生物战实验中曾使用过美国战俘。显然，相比接下来被（美方自己）披露的事情，美国人更相信苏联人的调查结果。正如我们所见，联邦调查局曾于1956年试图调查此事，但最终不得不因为信息保密而终止调查。调查人员在给埃德加·胡佛[5]的备忘录中写道：“上述这类信息受到严密控制，且被视为极度敏感信息。”

这一切都说明这是高层在有意隐瞒。美国政府决定对公众隐瞒真相的原因也很简单，那就是美国人秘密使用了日本人交出来的生物战

1　谢尔顿·H.哈里斯，《死亡工厂》，纽约：劳特利奇出版社，2002年，第114页。
2　谢尔顿·H.哈里斯，《死亡工厂》，纽约：劳特利奇出版社，2002年，第115页。
3　谢尔顿·H.哈里斯，《死亡工厂》，纽约：劳特利奇出版社，2002年，第115页。
4　谢尔顿·H.哈里斯，《死亡工厂》，纽约：劳特利奇出版社，2002年，第115页。
5　埃德加·胡佛为美国联邦调查局第一任局长。——译者注

数据，而这些数据有一部分恰恰是来自对美国公民的人体实验与谋杀。如果完全承认这一事实，政府就会因为漠视其对日本侵略受害者应承担的道德义务受到谴责，还会被指控对那些日本战争罪嫌疑犯实行了选择性正义。当桑德斯上校和他的助手们正忙着从石井、内藤和其他七三一部队的科学家嘴里撬出种种信息时，远东国际军事法庭也于1946年5月开庭了。远东国际军事法庭相当于针对日本战犯的纽伦堡审判，而此时距离石井四郎首次与美国调查人员开口交谈已经过去了4个月之久。

1946年5月，此次审判的远东国际军事法庭国际检察局局长约瑟夫·季南收到了关于日本军方进行生物战实验和在战场部署生物武器的报告。然而，美国陆军化学部队调查人员所知道的日本人是否应该上法庭受审？没有任何人就此展开任何调查。国际检察局告知美国陆军部，苏联已经记录下了七三一部队的军官和红军1945年8月在东北俘虏的日军士兵证词，这些证词足以证明，“以石井为首的日本生物战部队确实违反了陆战规则；但如此措辞并不代表国际监察局支持对该部队成员进行起诉和审判”[1]。美国一点也不愿七三一部队的秘密在法庭上泄露，他们希望继续成为生物战相关信息的唯一受益者。

在东京审判中，苏联首席检察官要求允许苏联代表接触石井和他的两名同事，以便对他们进行详细问询。苏联人最希望质询的两名日本军官分别是太田澄大佐和菊池齐大佐。太田澄在1941年11月主使了对中国常德市空投鼠疫细菌，而菊池齐则是七三一部队另一名高级指挥官。在苏联对俘虏审讯时，这几名军官的一些同事暗指他们曾涉嫌发动细菌战袭击。苏联对这三个人以及整个七三一部队感兴趣的原因很简单——这支部队就在苏联领土附近活动，而苏联希望能对这些活动进行调查；并且日本人也对苏联红军和普通公民使用了生物武器，苏联有意进行报复。最后，用《七三一部队证词》一书作者哈尔·高德的话来说，

1 哈尔·高德，《七三一部队证词：日本战时人体实验项目》，北克拉伦登，佛蒙特州：塔特尔出版社，1996年，第108页。

苏联提出这一要求，还在为“宣传机器获得材料”[1]制造可乘之机。

1947年1月9日，苏联正式向麦克阿瑟将军提出上述要求。美国人也非常清楚，他们手上的许多科学样本来自被日本人杀害的俄罗斯公民，因此这一要求合情合理。当然，美国情报界不以为然；他们认为，必须限制苏联人接触七三一部队人员，美国才能成为生物战相关资料的唯一受益者。事实上，美国参谋长联席会议于1月24日向麦克阿瑟下达指令，要求他确保七三一部队人员所做的可怕人体实验和大规模谋杀的秘密不被泄露，尤其要做好对美国公众、英国政府等友好政府的保密工作。参谋长联席会议命令道：“所有可能有损国家安全或可能有损友好国家安全的情报信息都必须保密，要想透露这些情报，必须事先得到参谋长联席会议的批准，必要时还要得到国务院－陆军－海军协调委员会（简称“三部协调委员会”）的同意。”[2]三部协调委员会设立于华盛顿，由军方和国务院组成，是统筹美国在德、日两国占领政策的机构。上述命令似乎确实得以贯彻，因为英国的相关文件显示，伦敦并不清楚大部分有价值的数据来自何处。英国在报告中表示：“已获得有关该组织（七三一部队）及其进行实验的相关记录，记录较为模糊；研究该组织情况后，并未发现有迹象表明其实验有任何实质性进展，也未发现为生物战进行的大规模培养。”英国人在这一阶段还认为日本人一直在使用动物进行实验。“据称，在两年的炭疽研究中，有100匹马和500只羊被用于现场实验。”[3]

1947年2月7日，麦克阿瑟将军将苏联的要求转达给了美国参谋长联席会议。3月21日，参谋长联席会议指示麦克阿瑟，允许苏联特工接触石井和另外两名被苏联点名的日本军官，但要麦克阿瑟确保日本

1　哈尔·高德，《七三一部队证词：日本战时人体实验项目》，北克拉伦登，佛蒙特州：塔特尔出版社，1996年，第103页。

2　丹尼尔·巴伦布莱特，《人性的瘟疫：轴心国日本发动细菌战的种族灭绝式秘密行径》，伦敦：纪念出版社，2006年，第208页。

3　《跨军种生物战小组委员会会议记录》，1946年5月10日，英国国家档案馆（公共记录办公室），英国陆军部文件188/659。

人听从他麾下美国情报人员的指示，不向苏联人透露有关生物战计划的任何重要信息。因此，美国人开始精心调教这群日本人，而为了继续逍遥法外、不因战争罪受到起诉，后者也乐得合作。麦克阿瑟甚至设法将会面时间推迟到1947年5月中旬，并指示美国官员必须时刻与苏联审讯人员待在一起。关于苏联人是否看出来七三一部队这群人只是在背美国人给的台词，正史没有留下记录；但内务人民委员部的特工也不是傻子，他们肯定怀疑过美国人的动机，怀疑过这群日本人的行为和对审讯问题的回答。

此时，桑德斯上校已返回美国。美国微生物学家阿尔沃·汤普森博士作为桑德斯的继任者来到东京履职。阿尔沃曾在美国陆军化学部队任上校。在这一时期，诺伯特·费尔博士协助他对七三一部队的众多顶尖科学家和研究人员进行了审问，获得了大量价值难以估量的数据，这也为德特里克军营的美国生物战计划提供了帮助。19名日本科学家向费尔提交了一份长达200页的农作物破坏实验报告，另有10名科学家提交了一份关于用人类进行的鼠疫实验的报告，此外还有日本人在苏联人抵达前设法从东北带出的数千张切片标本，还有600页七三一部队科学家撰写的关于人体实验、细菌战和化学战的绝密文章。[1]

石井及同伙开始鼓动美国人做出更正式的安排。也许是担心自己一旦失去了利用价值就会被交给苏联人，或是害怕因战争罪受到审判，他们要求美国人就“永不起诉他们”这一项给出书面保证——日本人还想在麦克阿瑟给出承诺的基础上得寸进尺。石井四郎满怀信心地对美国人写道：“如果你们给我本人、上级和下级下达书面豁免，我可以为你们提供所有信息。”他说：“我希望美国聘请我为生物战专家。在准备与俄罗斯开战期间，我20年的研究经验可以为美国带来优势。”[2]石井

1　丹尼尔·巴伦布莱特，《人性的瘟疫：轴心国日本发动细菌战的种族灭绝式秘密行径》，伦敦：纪念出版社，2006年，第210页。

2　丹尼尔·巴伦布莱特，《人性的瘟疫：轴心国日本发动细菌战的种族灭绝式秘密行径》，伦敦：纪念出版社，2006年，第211页。

的后一句话并非信口开河。他的请求于1947年5月6日被转达给麦克阿瑟将军，后者则将其往上递到五角大楼。美国人如此热切渴望得到七三一部队的研究材料，麦克阿瑟对于这些资料是通过什么方法得来的也早已心知肚明；但与石井就这些资料进行谈判对麦克阿瑟来说毫无道德负担，他甚至品头论足道："关于（人类）活体解剖的信息非常有用。"[1]麦克阿瑟还致信陆军部，进一步概述了石井此人的潜在"用途"："石井声称在使用生物武器进行防御和进攻方面有极高的理论知识，精通生物武器相关战略战术；他称自己曾在远东地区研究过最好的生物武器，还了解在气候寒冷的条件下如何有效使用生物武器。"[2]

石井请求美国人出具书面保证时，东京审判也正在进行。作为研究七三一部队相关问题的权威，丹尼尔·巴伦布莱特表示，华盛顿方面非常仔细地监督了法律程序，也并没有承诺在现阶段就对他的豁免请求做出答复。显然，美国人想要知道，在他们自行排除了就生物战起诉日本人的可能之后，与生物战相关的秘密是否还会在法庭上公开泄露，也就是说美国决定见机行事。如果包括英国、中国和苏联在内的盟友提出要求，美国还是会把石井和他的同谋交给法院审判。与此同时，五角大楼向日本派出了更多专家去进行更多的询问，并从愿意合作的日本人那里获取了大量信息。

许多前七三一部队人员对站出来和美国人对话仍然持谨慎态度，因为这些人仍然相信，他们提供的任何信息都会传递给他们的死敌苏联人。日本人还声称他们是受害者，是被迫研发生物武器的，这么做是因为他们发现苏联人也在对他们进行研究。正如我们所见，许多日本高级官员都谴责石井是一个目无日本军部等级制度的叛逆者，这种说法被证明是一派胡言。事实上，不难从调查中发现：七三一部队不

1　丹尼尔·巴伦布莱特，《人性的瘟疫：轴心国日本发动细菌战的种族灭绝式秘密行径》，伦敦：纪念出版社，2006年，第212页。

2　哈尔·高德，《七三一部队证词：日本战时人体实验项目》，北克拉伦登，佛蒙特州：塔特尔出版社，1996年，第107页。

仅是关东军不可分割的一部分、始终资金充足，而且裕仁天皇本人直接授予了七三一部队极大权力。有人断然否认日本医学界人士曾帮助石井，这是一个谎言；裕仁天皇对七三一部队的活动完全不知情，这又是一个谎言。

后来，人们发现日本皇室的一些高级成员曾在战争期间到过平房，甚至还亲眼目睹了人体实验。记录这些实验的胶卷都是由七三一部队的一名工作人员亲自送到东京的皇宫，并被直接交给了照顾皇室生活的政府部门宫内厅。

抛开这些谎言不谈，日本人很快意识到，与美国人合作实际上是一件天大的好事。美国对战败敌人的态度与他们之前预想的截然不同，这使得他们更愿意同美国人进行合作。“在战争期间，日本平民遭到轰炸、焚烧和辐射。但美国自占领之初起的所作所为就一直表明，日本人现在将得到有秩序、有同情心的对待。”[1]除了担心被交给苏联，石井和他的同伴们还担心被送回中国。麦克阿瑟向陆军部施压，要求给予七三一部队那群人豁免权；压力之下，陆军部最终同意给出豁免。陆军部同意这么做，很大程度上是因为这个决定本身就很好做。“把石井和他的战友送到东京审判”与“赦免日本高级研究人员”带来的好处是不一样的，美国在这两者间进行了权衡。授予这群人豁免权，意味着日本人手上令人垂涎的生物武器数据不会在法庭上公布，苏联人和美国的盟友就无从获取这些数据。豁免权批下来的时候，华盛顿对石井四郎在战时的活动已不是一无所知了。这一点确凿无疑，因为苏联人其实把他们在哈巴罗夫斯克审讯七三一部队人员的问讯记录交给了美国人。麦克阿瑟告诉陆军部，这些笔录“证实了苏联审讯的真实性，表明日本人：（1）进行了人体实验；（2）在现场实验中使用了中国人；（3）进行的是大规模计划；（4）通过破坏作物进行了生物战的研究；（5）日本参谋本部可能对此知情，并授权了方案的推行；（6）对生物武器的战

1　哈尔·高德，《七三一部队证词：日本战时人体实验项目》，北克拉伦登，佛蒙特州：塔特尔出版社，1996年，第107页。

略战术运用进行了思考研究。上述几点对我们具有重要的情报价值”[1]。

1947年6月3日，华盛顿特区的官员联系了驻日盟军法务局的阿尔瓦·C. 卡朋特。这些官员想知道对石井及其下属不利的战争罪证据到底有多少。华盛顿也想知道都有哪些盟国对石井等七三一部队成员提出了战争罪指控。卡朋特告诉华盛顿，他掌握的唯一“证据”是匿名信、道听途说得来的证词和谣言。在卡朋特看来，这些证据“不足以支持战争罪指控，而且受害人身份不明。一些未经核实的指控显示，有罪犯、农民、妇女和儿童被用于生物武器实验”[2]。此人虽然是这么说了，但也没有将法务局实际掌握的证据一次性摊牌。随后，日本共产党也再次向驻日盟军司令部提出指控，称七三一部队“在奉天对被俘的美国人进行了实验；同时，东京和京都也有人进行了类似的研究”。[3] 1946年4月17日，一个名为羽畑修的日本老兵向驻上海的国际检察局调查员戴维·萨顿提交了一份书面证词。羽畑修曾服役于七三一部队驻扎在南京的分部——荣字一六四四部队。他对一六四四部队所从事的活动如此厌恶，以至于在战争后期投靠了国民党。他在这份证词中表示，日本曾在1943年利用致病的炸弹和已掌握的毒药知识对中国的人口密集地区发动袭击。1946年4月29日，又一位良心不安的前一六四四部队成员也提交了一份书面证词。这位老兵名叫哈桑，他进一步描述了关于人体实验和对中国平民发动生物战的更多细节。

当然，如果美国人愿意，完全可以把上述指控与苏联人对七三一部队课长柄泽十三夫少佐的审讯记录放在一起，因为苏联人早就把对柄泽的审讯记录交给他们了。上述这些文件都包含了对日本人拿美国战俘做实验的直接指控。而当时的美国总统杜鲁门不仅知晓美国对

1 哈尔·高德，《七三一部队证词：日本战时人体实验项目》，北克拉伦登，佛蒙特州：塔特尔出版社，1996年，第110页。

2 哈尔·高德，《七三一部队证词：日本战时人体实验项目》，北克拉伦登，佛蒙特州：塔特尔出版社，1996年，第111页。

3 哈尔·高德，《七三一部队证词：日本战时人体实验项目》，北克拉伦登，佛蒙特州：塔特尔出版社，1996年，第111页。

七三一部队人员的调查，还十分清楚己方做的种种手脚，显然，他也支持麦克阿瑟将军和陆军部给予石井及其同伙起诉豁免权的决定。

在东京审判中，羽畑修和哈桑的书面证词从未成为呈堂证供，苏联对柄泽十三夫的审讯记录更是不见踪影。事实上，七三一部队的活动在审判过程中曾被人提起过一次，并在法庭上引起了轩然大波。然而，辩方律师利用了这一机会，声称指控的内容太不人道，指控不可能成立。来自澳大利亚的首席法官威廉·韦布爵士称，检方所作的这种陈述“只是想当然的断言，没有任何证据”[1]。他的态度显然对辩方有利，并且相当于在法庭上宣布了对七三一部队的一切指控均为无效。在这一司法障碍被扫清后，美国人无疑松了一口气。苏联人知道美国人在此案中的态度之后大为恼怒，因为他们早就向美国国务院提供过对七三一部队人员的审讯细节。正如哈尔·高德在书中所写的一样：“人们可能会提出这样一个问题：日本的生物战潜能被转送给美国一事在促使苏联在核武器能力上超过美国方面发挥了什么作用。”[2]

到1947年，美国人以从日本人那里掌握的生物战项目为基础，开始与英国人进行更密切的合作，比如，美方同意在美国德特里克堡生物实验室和英国的秘密生物武器研究中心波顿当之间进行人员交流。阿尔登·韦特少将曾在1945年至1949年间担任美国陆军化学部队司令，这支部队被指传承了七三一部队的秘密并制造出了美国自己的大规模杀伤性武器。韦特曾多次与英国相关官员召开联合会议；他在一次会议上承认，在远东国际军事法庭开庭审理期间，能证明日本人曾进行生物战实验的最重要的证据确已被暴露出来。在对初步报告进行陈述总结时，他表示：“若对现有的种种证据进行透彻研究，人们对生物战的看法将天翻地覆。”换句话说，美国人已经准备好让英国人看一眼他

1 丹尼尔·巴伦布莱特，《人性的瘟疫：轴心国日本发动细菌战的种族灭绝式秘密行径》，伦敦：纪念出版社，2006年，第217页。

2 哈尔·高德，《七三一部队证词：日本战时人体实验项目》，北克拉伦登，佛蒙特州：塔特尔出版社，1996年，第115页。

们从石井等人处收集的众多生物武器研究材料，并且在向英国人暗示这些资料能改变他们对生物战的理解。报告在结尾处轻描淡写地说："全体与会成员饶有兴趣地注意到了这一点。"[1]

1947年9月，美国人通知内藤医生，麦克阿瑟将军最终决定给予他和他的朋友们书面形式的豁免文件，只要他们在七三一部队相关问题上做到"知无不言"；内藤自然喜出望外。美国审讯人员记载道："令人印象深刻的是，紧跟着资料就来得滔滔不绝……我们几乎都来不及记录。"[2]为了保证石井的安全，同时也为了保持对他的控制，美国占领当局采取了直截了当的措施——软禁石井。阿尔沃·汤普森中校曾多次亲自审问石井四郎，试图破解七三一部队迷宫般的组织结构，并尝试厘清哪些研究是针对军用武器的，哪些是民用医学方面的，进而希求理解从日本人那里得到的堆积如山的数据。

尽管美国人成功地在东京法庭上压下了与七三一部队有关的秘密，但他们确实起诉了九州大学的几名教授及其助手。这几人进行了残忍而致命的人体活体解剖实验，而解剖的对象，就是在日本上空被击落的B-29"超级堡垒"轰炸机上的8名机组成员。诉讼过程中，甚至披露出了令人震惊和恶心的食人行为，但由于驻日盟军司令部法务局将此案被告列为"乙级"或"丙级"战犯，所以盟国媒体并未关注对这些战犯的审判。1948年8月27日，两名九州大学教授因谋杀8名美国空军机组人员被美国军事法庭判处死刑，其余被告则被判处15年到25年不等的有期徒刑。上述审判是西方盟国唯一一次试图惩罚与七三一部队活动有关的日本人员。对七三一部队人员的另一次审判则是1949年在苏联发生的。

事实上，两名被判绞刑的九州大学医生都没有被处以极刑。其中

1 "跨军种生物战小组委员会会议记录，1946年5月10日"，英国国家档案馆（公共记录办公室），英国陆军部文件188/659。

2 哈尔·高德，《七三一部队证词：日本战时人体实验项目》，北克拉伦登，佛蒙特州：塔特尔出版社，1996年，第107页。

一人在狱中用一根绳子假装自杀而逃脱了死刑，另一人则被改判无期徒刑；后来，在20世纪50年代中期，他和其他日本战犯一起被释放。在审判过程中，日本人在东北进行的类似实验中犯下的无数杀孽甚至都没有被提及过一次，这直接导致了日本九州大学、中国哈尔滨平房区两地发生的事件看起来毫无关联——尽管两地发生的事件在机构上有密切的联系。到1948年，美国的掩盖行为已经深入到了每个角落。

尽管基本上是一场表演性质的审判，但苏联至少真的审判了七三一部队的一些罪犯，这一点值得褒赞。哈巴罗夫斯克的审判之所以成为可能，是因为苏联成功地控制了密切参与平房区活动的12名日本人。1945年8月，苏联红军占领东北，关东军投降，这12名日本人被一网打尽。1949年，他们在西伯利亚受审，这是苏联用来让美国难堪的宣传策略之一，也是对美国不与苏联分享生物战秘密而进行的冷战报复。当意识到日本生物战计划的大部分都落入美国手中并为他们所用时，被激怒的苏联人决定羞辱美国人，因此苏联让俘获的七三一部队人员向世界讲述了他们所犯下的滔天罪行。他们的证词中首次提到了对盟军战俘进行的人体实验。莫斯科甚至出版了一本英文的审判记录[1]，但这场审判在西方被斥为共产主义宣传。考虑到日本人犯下了罄竹难书的罪行，苏联法院随后对日本人判处的刑罚固然公正，但仍极为宽大：

1. 前关东军总司令，山田乙三大将——25年
2. 前关东军军医部长，梶塚隆二中将——25年
3. 前关东军兽医部长，高桥隆笃中将——25年
4. 前七三一部队课长，柄泽十三夫少佐——18年
5. 前七三一部队部长，西俊英中佐——20年
6. 前七三一部队支队长，尾上正男少佐——12年

1 《前日本陆军军人因准备和使用细菌武器被控案审讯材料》，莫斯科：外国文书籍出版局，1950年。

7. 前关东军第五军团军医处处长，佐藤俊二少将——20年

8. 前关东军一〇〇部队研究员，平樱全作中尉——10年

9. 前关东军一〇〇部队成员，三友一男曹长——15年

10. 前七三一部队第643支队医务实习员，菊地则光——2年

11. 前七三一部队第162支队医务实验员，久留岛祐司——3年

以上所有在哈巴罗夫斯克被判有罪的日本人都在1956年被遣返回国，并以自由人的身份开始了新的生活。

几乎可以预见，美国人是如何回应哈巴罗夫斯克审判（即伯力审判）的：除了谴责它是"共产主义宣传"之外，美国人还信誓旦旦地说这些指控毫无根据、全然建立在道听途说的基础之上——他们好像全然忘记，己方出于对国家安全的考虑，也正窃喜着比照苏联人手里审讯记录的副本来确定从内藤和石井处得到的一系列文件的真实性。美国政府起初还是在公开否认七三一部队或人体实验的存在，后来甚至直接将柄泽少佐对在奉天的美国战俘曾被用于人体实验的供述贬为胡言乱语。美方称，整份证词都是苏联捏造的。

丹尼尔·巴伦布莱特指出，1982年，苏联的材料被重新进行了评估，有人认为这些材料是首次对七三一部队在各驻地所犯罪行的真实和准确的反映。东京审判中，最后一名在世的盟军法官是来自荷兰的罗林。他知道七三一部队的相关情况之后也大为震惊。罗林说，东京审判的法官在审判期间从未听说过石井医生或他的邪恶组织。他对美国在20世纪40年代的掩盖行为尤为愤怒，还说美国人应该"感到羞耻，因为他们向法院隐瞒了日本人在东北对中国和美国战俘进行生物实验的消息"[1]。但凡是认真研究过"盟军战俘被用于实验"一事的人都知道，罗林这段话说得太轻了，也太迟了。大部分参与研究的日本科学家都

1　丹尼尔·巴伦布莱特，《人性的瘟疫：轴心国日本发动细菌战的种族灭绝式秘密行径》，伦敦：纪念出版社，2006年，第223页。

成功融入了战后的日本社会，并在各行各业担任着高级职务。还有很多人，包括石井在内，热火朝天地为美国做着绝密的研究。无论从哪方面看，这些人几乎都是不可触碰的。

石井在马里兰州定居了下来。他在那里为美军进行生物武器研究，直到1959年死于喉癌。还有一些人在美国的工作完成后便偷偷潜回日本。这些人之中就有著名的七三一部队成员北野政次，甚至成了日本最大制药企业绿十字公司的高层。[1]这相当于臭名昭著的奥斯维辛集中营战犯约瑟夫·门格勒医生还能安然坐在拜耳公司或者葛兰素史克公司的董事席位上。其他曾活跃于七三一部队的日本军官后来也各自迎来了潇洒的战后生涯，这些人之中甚至出了一名东京都知事、一名日本医师会会长还有一名日本奥委会主席。石井在战争结束时还叮嘱他们保持低调，这话全被他们当了耳旁风。

1 谢尔顿·H.哈里斯，《死亡工厂：1944—1945日本生物战及美国的遮掩》，纽约：劳特利奇出版社，1994年。

▲9-1 战后日本总督道格拉斯·麦克阿瑟将军（他敦促美国政府给予石井和他的同事免于战争罪起诉的豁免权，以换取获得来自日本的人体生物和化学战实验的秘密数据，包括盟军战俘）

▲9-2 日本的裕仁天皇（裕仁天皇以及皇室成员和七三一部队之间有密切的联系）

▲9-3 今天的七三一部队遗址（它清晰地反映了日本占领中国期间的残酷程度）

第十章

“PX 行动”

尽管日军指挥官们接下来很有可能在使用管辖范围内所有化学武器及生物武器时行使自由裁量权，但我们并不认为日本人会把化学武器或生物武器的使用提升至战略规模。

——G.D.穆雷教授，战时内阁细菌战委员会，1944年

旧金山上空，一架日本海军的单引擎飞机以大幅转角急速掠过。地面上的高射炮徒劳地追着它射击，但只在清澈的天空中留下一团团炸开的烟雾。两架日军飞机紧随第一架而来，这三架飞机投下各自携带的炸弹后便呼啸着飞离了这座美国大都市上空。但奇怪的是，即使人们看到深色柱状物体从飞机上脱离，继而在林立的高楼之间翻滚着落下，但地面上没有任何爆炸的声音和迹象。只有飞机航空引擎发出的尖锐啸叫和防空炮弹连续而沉闷的射击，仍回荡在旧金山湾区上空。首先发现异样的是防空警报哨和消防队员，他们在一辆废弃的有轨电车附近发现了一枚没有爆炸的“炸弹”。这颗炸弹就像一颗磕碎了的巨大鸡蛋，只不过蛋壳是灰色的。“炸弹”周围的地面上散落着奇怪的颗粒物，除此之外，一切似乎都很正常。抢险队员认为这是一枚哑弹。人人都很庆幸：尽管日本人的空袭突如其来，但没有给美国人造成任何损失。然而他们不知道的是，他们呼吸的空气虽然与往常一样清新而温暖，但已经充满了看不见的夺命细菌。市民们每呼吸一口，都会将可怕的病菌吸入自己体内。没过几天，将会有上千人病倒、死去，医院里也将人满为患。随着更多人的逃离，城市将逐渐失去生机，对战时活动至关重要的公路也会被堵得水泄不通。有幸逃离的人每经过一座城镇或村庄，都会给更多人带去感染和死亡。这一切仿佛末日来临，而每个人都可能身陷其中。不过，令人庆幸的是，以上描述均为虚构——然而，事实上很多人都没有意识到，这场虚构的灾祸与现实之间的距离几乎就在咫尺之间。

虽然石井四郎坑害了数万条性命研究、设计和制造的“大规模杀伤性武器”从未用在西方的盟国军队身上，但差一点就被部署在了中

国以外的战场上。如果真的有人部署甚至使用了这些武器，二战的历史很可能会被改写。在战局对日军越来越不利之际，日本人如何研发出了能够将生物弹药直接投放到美国本土的武器？这一问题值得考察。曾有一段时间，日军严肃地考虑过使用生物武器，但他们随后便意识到，虽然可以肆无忌惮地针对手无寸铁的中国平民使用这种恐怖的武器，但对一个拥有几乎无限军事潜力以及直接打击日本本土能力的强大国家使用生物武器，则需要三思而行。最后，日本人不得不放弃部署七三一部队研制的生物武器的真正原因还是这一点：他们担心，美国人会使用自己的战略细菌武器实施对日反击。这时候的日本人还不知道，美国人手里掌握着一种更强大的武器——原子弹；他们更不知道，美国正准备用原子弹轰炸日本。

二战历史上存在着很多“如果”，生物武器投送平台的研究制造和部署使用就是其中之一。这种武器和投送平台的研发过程表明，七三一部队与日本人的战略考量之间存在着千丝万缕的联系。在日本人看来，万一战争最后失败了，还有石井四郎在中国东北研究和试验的各种生物武器为他们兜底，日本也不会遭受战败的耻辱。虽然日军大势已去，但日本人仍在负隅顽抗。这群丧心病狂的科学家和军官绞尽脑汁，企图把战火烧到敌人的土地上。对一个工业能力只有其主要对手十分之一的国家来说（这十分之一甚至还已经在战争后期美军对工业中心的战略轰炸和盟军对日本海上运输船只发起的潜艇战下被大幅度削弱），这无疑是一个野心勃勃的计划。但令人难以置信的是，就是这样一个计划，居然差点成功了。

1942年，一架日军侦察机从潜艇上起飞，这架侦察机飞得不紧不慢，速度比一辆赛车快不了多少。在美国俄勒冈州的森林上空，它投下几枚燃烧弹。日本人本来计划在美国的太平洋西北地区制造大范围森林火灾，让无数财产和生命葬身火海，以打击美国人的士气。而这一计划最终未能奏效，很大一个原因就是炸弹落进的森林刚刚经历了一场大雨。几天后，日本人试图故技重施，然而同样没能成功。[1]

日本军方不得不承认，尽管投掷燃烧弹行动设想的目标是没有问题的，但海军飞行员藤田信雄准尉两次驾驶飞机袭击俄勒冈的效果都不理想。日本人只是把一架很小的飞机运过太平洋，让它向美国本土投下区区几颗炸弹，就需要花费巨大的物力财力，甚至还要动用一艘宝贵的潜艇。最好的结果就是，这轰炸能起到不错的战争宣传作用，让美国人意识到日本人有能力攻击美国本土。然而不遂人愿的是，美国媒体对此事反应平平。于是，日本科学家决定把目光投向另外一种经济实用的选择——无人操控的纸气球。

起初，日本人准备在行动中再次使用潜艇部队。1943年，他们精心准备了大约200只气球。每只气球的球体高20英尺，飞行距离能够超过600英里。日本人准备出动伊-34和伊-35这两艘经过改装的潜艇，把热气球放飞到美国本土。1943年8月，准备工作全部就绪。但是，日本海军很快意识到，让宝贵的潜艇执行这样的任务是对其有限作战潜力的一种浪费，特别是在战局日渐不利于日本的情况下。于是，原定行动被搁置下来，日本海军也完全放弃了对气球炸弹的研究。虽然日本陆军仍不死心，还在秘密推进该研究，但陆军没有潜艇，无法前往美日之间位于太平洋上的中间点海域，所以他们不得不把气球设计成在日本本土施放。

代号“飞象计划”（亦称“风船爆弹”）的日本陆军气球炸弹项目主要在草场季喜少将麾下的第九陆军技术研究所为基地进行。基地内的研究人员与来自东京管区气象台的科学家密切合作，最终制造出一款被命名为A型气球的产品。气球气囊的曲面部分由64块的梭形日本桑皮纸巧妙地拼接而成，日本人用一种土豆泥把这些梭形材料黏合在一起，制作成一个周长100英尺的气囊，并充入1.9万立方英尺的氢气以

1　马克·费尔顿，《藤田计划：二战时日本对美国和澳大利亚的攻击》（*The Fujita Plan:Japanese Attacks on the United States and Australia during the Second World War*），巴恩斯利：笔与剑图书出版社，2006年，第141—143页。

使气球能够升上足够的高度，一直飘过太平洋到达美国本土。气囊下面悬挂有硬铝制成的吊环，吊着炸弹和36个沙袋压舱物。吊环上的平台装有三个无液气压表和一个C型电池，这些装置共同组成一个控制电路，控制气球的飞行高度以及炸弹的投放。每只气球携带两枚11磅重的热熔石燃烧弹（疑为“铝热剂燃烧弹”）和一枚33磅重的碎片式杀伤炸弹。那时的日本人还没想过用气球携带石井四郎发明的陶瓷细菌炸弹，但把气球的有效载荷换成细菌炸弹对他们来说也很简单。当然，如果把有效载荷改成细菌炸弹，就有必要更改轰炸目标点；毕竟，对日本人来说，让气球把细菌炸弹投放到洛杉矶、旧金山等人口稠密地区的效果要好得多。与之相比，让人力基本不可控的气球对广阔的森林地带实施轰炸则更容易实现。日本人称这种最新制造出来的武器为“风船爆弹”或“气球炸弹”，并把它们的释放地点确定在本州岛的大津、一宫和勿来。

释放后，气球将随风而动，在2万至4万英尺高度，它们可以在高空气流的推动下飘到北美大陆上空。为了在飞行过程中保持这一高度，气球一旦出现下降趋势便将自动抛弃沙袋压舱物。一般来说，气球在白天的时候飞行高度最高，在晚上则因为气囊沾满露水而逐渐变重，继而降低飞行高度。当出现高度下降的情况时，气球上安装的高度计会触发一系列释放装置，抛下若干小沙袋以恢复高度。这种释放装置是日本人另外一项简单高效的发明。当所有沙袋都被抛掉后，炸弹就成了最后的压舱物，并且也将被自动抛放，此时，日本人经过精心计算后设定气球应该恰好在美国本土上空。最后，气球启动自毁装置——装满黄色炸药（即苦味酸炸药）的自毁包将被引燃，随之炸毁气囊下方的吊篮，导致事先安装在气球上的火药被引信点燃。接下来，混合在一起的氢气、空气和炸药将引燃气囊，整个气球将变成一团巨大的橘红色火球，一切与制造、来源、搭载物和投放系统有关的痕迹都将被销毁。又因为气球所在的高度极高，地面人员很难发现它们。那时，美国的大多数拦截战斗机也很难爬升到气球的最高巡航高度去击落它们。总之，气球炸弹是一种简单、廉价但却非常巧妙的武器，它很有可能将死亡和毁灭带给美国本土。该武器因而令美国政府感觉到异常紧张。

第一只气球炸弹于1944年11月3日升空。两天后，美国海军的一艘巡逻艇在距离加利福尼亚州圣佩德罗66英里的海面上发现了一只漂在水面上的神秘气球。1944年12月6日，气球炸弹首次完成了对美国本土的攻击。根据记载，日本人放飞的气球将炸弹抛投在猫头鹰溪山西南约12英里处。那里距离怀俄明州瑟莫波利斯不远。气球的气囊和吊篮残骸则在阿拉斯加州和蒙大拿州被发现。美国人对它们进行了取证鉴定，确认了这些残骸来自日本。[1]留给美国政府的疑问是，日本人究竟是怎么把这些炸弹投放到美国本土的呢？美国政府并未向美国公众公布这起袭击事件，美国媒体也被政府下达了封口令，不准对日本人的邪恶新武器进行报道，以免在公众中传播恐慌。

美国人迅速组织起针对这一特殊威胁的应对措施，代号为“萤火虫行动”。按该行动要求，美军第四航空队将装备有高空战斗机的作战中队集中起来，随时准备派遣他们升空，在日本气球投放炸弹前将其击落。气球在阿留申群岛上空向东飞行时高度下降，第四航空队也确实借此机会击落了不少气球，他们还在俄勒冈州上空也击落了一只。有意思的是，首先想到日本人可能会利用气球向美国本土投送化学或生物武器的还是美国人。为应对这种可能的威胁，美国政府向西部各州紧急发放了大量化学去污剂。农场主们也接到命令，要求他们随时注意作物和牲畜的情况，一有异常立即上报。与此同时，美国政府有意识地淡化气球炸弹可能造成的潜在损失。农业部官员莱尔·瓦茨在1945年6月评论道，林业部门“一点都不害怕日本气球炸弹的袭击。与之相比，在森林中远足和野营的美国人手中的火柴和香烟反倒更让人担心”[2]。但美国方面仍采取了更进一步的防范措施。美国陆军第555伞

1　在渥太华的加拿大战争博物馆，陈列有一只气球的吊篮及其载荷。

2　马克·费尔顿，《藤田计划：二战时日本对美国和澳大利亚的攻击》，巴恩斯利：笔与剑图书出版社，2006年，第194页。

降步兵团（因其番号，获绰号“三五银币”）接受了专门训练，准备在日本人的气球炸弹引发森林火灾时充当消防战队。

日本人从本土放飞的9300只气球只有212只被确认飞到美国和墨西哥，其降落点东至密歇根州；另外还有73只降落在加拿大。气球炸弹的袭击只造成了一起伤亡事件：1945年5月5日，俄勒冈州布莱附近的吉尔哈特山区有一群野炊的大人和孩子试图把一枚没有爆炸的15公斤杀伤性炸弹从树丛中拽出来，结果炸弹爆炸，一个大人和五个孩子被炸死。这六个人是已知的二战期间敌军行动在美国本土造成的唯一一例伤亡事件。[1]至于是否有气球炸弹如日本人所愿引发森林火灾，我们至今也不清楚。

1945年4月，日本人不再继续放飞气球。此事很大程度上是因为他们认为气球炸弹没能取得预先想象的效果，因为美国媒体几乎从未报道过与气球炸弹袭击相关的新闻。但可以确定的是，仍有很多气球炸弹下落不明，甚至可能至今还分散在美国领土上。那场大战结束60年后，这些致命的遗留物仍未被发现。

气球炸弹看上去并未奏效，但日本人在提到对美国本土发起攻击一事时并不承认自己竹篮打水一场空。日军认为，自己需要的只是一种更有效的武器投送系统，以便更精确地对具体目标进行打击，而不是寄希望于靠运气成功。因此，在气球炸弹行动被叫停前，日本海军就一直在暗中努力，试图制造出一种新型武器系统——日军的高层官员这次终于把生物武器的使用纳入讨论范围，而且拟定了一份恶毒而致命的计划，准备将死亡和毁灭施加到美国民众身上。

“（与德国纳粹相比）从道德水平上看，日本更可能使用生物武器，但在现实中，他们却严重缺乏有效使用该武器的能力。”[2]英国顶级生物

1　马克·费尔顿，《藤田计划：二战时日本对美国和澳大利亚的攻击》，巴恩斯利：笔与剑图书出版社，2006年，第194页。

2　“战时内阁细菌战委员会：往来书信”（*War Cabinet Bacteriological Warfare Committee:correspondence*），英国国家档案馆（公共记录办公室），英国陆军部文件188/654。

战学者G.D.穆雷教授在1944年7月31日写给战时内阁的信中提道。穆雷认为日本并不具备对盟国发起生物战打击的技术或资金。“盟国的重要工业中心与核心制造活动都处于日本舰队和航空部队的打击范围之外。退一步说，即使在其本国水域，日本这两大军种的战术和战略优势也已经荡然无存。”[1]但穆雷教授忽略了另外一个日本仍占据若干优势的领域——远程潜艇的设计和制造。就在丘吉尔首相及其战时内阁在白厅阅读穆雷教授的这封书信时，日本人也在紧锣密鼓地制造着所谓的“理想运载平台”。只要他们想，这一平台就会给美国本土带去一场生物战浩劫。坦白地说，日本人手里确实掌握着这种改变整个二战轨迹的能力，更不用说要给美国本土带去痛苦了。穆雷教授不知道的还有，日本军队仍在负隅顽抗，甚至还企图使用生物武器，防止日本遭受战败的耻辱。

日本军方高层在石井四郎参与下制订了一项令人毛骨悚然的计划。他们决定，要将曾用于攻击中国城镇的所有类型的细菌炸弹与新型武器投送系统结合起来。如果该计划当年实现了，日本就将犯下战争史上最严重的罪行。

1944年时，盟国方面对石井四郎设在平房区的基地并不十分了解，也不清楚日本人在制造实用型生物武器方面处于多么领先的位置。自各方汇总而来的消息非常混乱，一切都被包裹在一团疑云里。盟国分析人员始终认为，与纳粹德国相比，日本不过是低级的对手；这种评估后来被证明大错特错。“与德国或后来在联合国中实力排名前三的国家相比，日本的科技能力与工业资源不值一提，”穆雷教授写道，“尽管日军指挥官们接下来很有可能在使用管辖范围内所有化学武器及生物时行使自由裁量权，但我们并不认为日本人会把化学武器或生物武器的使用提升至战略规模。”[2]

1 “战时内阁细菌战委员会：往来书信”，英国国家档案馆（公共记录办公室），英国陆军部文件188/654。

2 “战时内阁细菌战委员会：往来书信”，英国国家档案馆（公共记录办公室），英国陆军部文件188/654。

二战开始以来，美国由于远离战场，几乎没有受到来自两个主要轴心国的威胁。日本人也清醒地意识到，要想把战火烧到美国本土，就必须研制出一种独一无二的新型装备。日本潜艇建造项目的终极目标，就是制造出一款所有二战参战国海军能够想象得到的最先进的潜艇。伊-400级潜艇应运而生。建造该级潜艇的目的，就是执行日本对美国本土实施打击的计划，直至美国成为一片焦土。早在1942年4月，日本海军就决定建造一款具备远程打击能力的潜艇。建造完成后，该型潜艇将在吨位、性能等方面全面超越之前服役的所有日军潜艇。根据他们的需求，这款新型潜艇不仅要有足够大的外形尺寸，并保证能够在不补充燃料的情况下抵达针对美国陆地目标的攻击阵位，而且还要能携带至少一架飞机，且能在抵达目的地后执行攻击任务。被潜艇携带的飞机也必须是一款新型轰炸机，既要能携带和投掷足够多的炸弹，又要保留水上飞机的特性，以便其可以随浮出水面的潜艇在海面上执行作战任务。总的来说，日本人需要的是一款潜水航母——这正是他们在1942年4月至1944年12月之间设计和建造的东西。

建造完成后的每艘伊-400级潜艇都是一个庞然大物，它将“人类建造的最大潜艇”的头衔一直保持到冷战时期，其外形尺寸直到1962年美国海军“拉法耶特”号潜艇服役才被超越。伊-400级潜艇艇身长400.3英尺，宽39.3英尺，水面排水量5223吨。每艘潜艇安装有四台柴油引擎和电动引擎。潜艇的露天甲板上有一座115英尺长、12英尺宽的防水机库，足够容纳3架特别设计和制造的鱼雷轰炸机。机库前的宽阔甲板上固定着一个85英尺长的气动式起飞弹射器，旁边是一座液压式强力起重机，可用于回收在水面上降落的飞机。[1]日本海军还从德国人手里抄来了原本用于战争后期U型潜艇的通气管技术，给全部四艘伊-400级潜艇都安装了通气管。当潜艇在潜望镜深度潜航时，通气管

1 亨利·酒井、加利·尼拉、高木晃志，《伊-400：日本秘密潜艇之巴拿马运河空袭任务》（*Gary Nila & Koji Takaki, I-400:Japan' s Secret Panama Canal Strike Submarine*），飞行器出版社，2006年。

可以伸出水面，帮助潜艇使用柴油引擎而不是电动引擎航行。此举可大大增加潜艇的水下航速，同时还能保护潜艇不被航空侦察发现并成为攻击目标。

伊－400级潜艇拥有非常高的航行速度。水面航行或通气管航行状态下速度可达18.7节，使用电动引擎潜航状态下速度为6.5节。尽管相比德国的标准来看有些缩水，但四艘伊－400级潜艇都安装了雷达和雷达探测装置。伊－400级潜艇的主要任务是充当飞机弹射平台，同时还拥有不逊于其他任何级别潜艇的作战能力。每艘潜艇都安装有8具鱼雷发射管以及1门经过改良的140毫米50倍身管长甲板炮。潜艇还对自身防空系统进行了强化，在指挥塔上安装了一门25毫米防空炮，机库上方安装了三座三联装25毫米防空炮，大大提高了潜艇对抗空中打击的能力。紧急情况下，伊－400级潜艇可在1分钟之内实现急速下潜，最大潜深可达330英尺。[1]该级潜艇还设计有容量巨大的燃料箱，所携带的燃料可供其以14节的速度航行3.55万海里[2]。换句话说，日军的潜艇指挥官可乘这艘潜艇绕地球航行一圈半。伊－400的超远航程意味着日本海军在战争期间首次拥有了一款能够横渡太平洋对美国西海岸发起攻击的武器。而且从理论上说，这级潜艇甚至还能绕过合恩角进入大西洋，对纽约或华盛顿特区等美国东海岸城市发起空中打击。值得注意的是，战争后期东京的海军计划制订者确已考虑将上述两座城市列为攻击目标；而如果执行打击任务的飞机又携带了石井四郎特别设计的陶瓷细菌炸弹，那么美国最重要城市中的人口可能遭受的毁灭性灾难将让人不敢想象。如果瘟疫在东海岸和西海岸最大的制造业中心城市扩散，那么美国的战时生产将承受巨大损失。整个二战的进程也许都会因此改变，朝着有利于日本的发向发展。

威力强大如伊－400的超级潜艇需要搭配同样先进且强大的作战

1　数据源自鲍勃·哈克特和桑德·金赛普的《潜水舰》，详见 http://www.combinedfleet.com/sensuikan.htm。

2　海里，计量海洋上距离的长度单位，1海里等于1852米。——编者注飞机，而日本人也颇精于制造战斗机之道。在他们的设计下，每艘伊-400级潜艇都搭配了三架爱知飞机制造公司研制的M6A1“晴岚”鱼雷轰炸机。在日语中，“晴岚”的意思大概相当于“从天而降的雷暴”。这意味着它是一款拥有极强毁灭能力的钢铁巨鸟。“晴岚”轰炸机依旧保留着水上飞机的配置，机体长35英尺，翼展40英尺。为了让新型潜艇拥有最完美的作战伙伴，日本海军对艇载飞机的性能提出了一系列非常严格的要求，爱知飞机制造公司首席设计师尾崎纪男仔细地遵循着这些要求，最终设计出单引擎的“晴岚”。尾崎的设计工作始于1942年下半年。根据海军的要求，他设计的新飞机必须能够携带一枚1288磅（800公斤）重的航空炸弹或鱼雷。鉴于日本面临的战略形势日益严峻，新飞机如果需要执行自杀式攻击任务，可以拆除浮筒，增加燃油和炸弹的携带量，从而强化其执行单程任务时的威力。在执行正常的非自杀式作战任务时，“晴岚”的作战航程可达654英里。这意味着搭载它们的潜水母艇可以在远离敌方海岸的安全地点对其进行放飞和回收，而不必冒险靠近敌方海岸，再毫无安全保障地浮在水面上等待完成任务归来的飞机。在海上航行期间，“晴岚”被安放在巨大的甲板机库内。此时它们的浮筒被拆下，机翼和尾翼也被折叠起来。这三架“晴岚”从装配、加油、挂载鱼雷或航空炸弹到被推上弹射装置放飞，都只需要45分钟。

1943年10月，首架“晴岚”原型机制造完成，另外几架也被送上组装线。1944年初，飞机的最后测试工作尚未完成，爱知公司就接到了全面生产的命令。日本人被迫做出这个决定，是因为当时日本海军在战略战术上逐渐落了下风，新型潜艇和飞机必须尽快服役。但新飞机的制造工作并非一帆风顺；到1945年3月，在美军的多次空袭和地震的双重夹击下，爱知公司的生产线竟彻底关闭了。至此，工程师们只是匆匆制造了26架“晴岚”鱼雷轰炸机（包括原型机在内）以及2架陆基教练机。不过，海军对新飞机的需求量也大大减少，因为越来越衰弱的日本经济已迫使他们大幅缩减了伊-400级潜艇的建造数量。1944

年12月30日，伊–400级潜艇终于首次加入现役。几天后，伊–401号潜艇也开始服役。后续潜艇中，伊–402号艇改换角色，被日本人改装成了一艘潜艇油料补充艇。伊–404和伊–405的建造则完全停滞了：这两艘潜艇一直放在造船台上，直到1945年8月日本宣布投降也未能完工。

服役后的伊–400和伊–401两艘潜艇与另外两艘经过改装的潜艇（均属于巡潜甲型改二潜艇的伊–13号和伊–14号）一起，被编入一支新作战单位。巡潜甲型改二潜艇原本只能携带一架水上飞机，但日本人在1944年的建造过程中对其设计和配置进行了更改，使其能够携带两架“晴岚”轰炸机。上述四艘潜艇组成第一潜艇战队，指挥官为有泉龙之助大佐。潜艇搭载的飞机和机组人员则组成第六三一海军航空队。伊–13和伊–14两艘潜艇各搭载两架飞机，两艘伊–400级潜艇则为满编配置，各携带三架“晴岚”轰炸机。如果这支战队将所搭载的轰炸机同时放飞，日本海军就可以让总计十架轰炸机空袭日方指定的任意目标城市，或是在敌方来不及做出任何预警的情况下同时对数座沿海城市发动空袭。

就在新潜艇整装待发之时，日军高层内部有人开始叫嚣用飞机向美国本土投洒腺鼠疫（黑死病）、霍乱、登革热、斑疹伤寒或其他同样致命的病毒和细菌，以达到在美国大陆广泛传播瘟疫、制造恐慌的目的。他们知道，与飞机所能携带的小小几颗常规炸弹相比，少量细菌炸弹能够造成更具毁灭性的影响。日本海军军令部次长小泽治三郎中将是细菌战计划的主要支持者。他和下属一起炮制了所谓的“PX行动”方案。

榎尾义男大佐是当年参与制定“PX行动”方案的海军高级军官之一。他在1977年第一次公开讲述了该行动。“……当时的日本正节节败退，任何可能帮助获胜的手段都是受欢迎的。”[1]开始时，“PX行动”被构想为陆军和海军的联合行动。日本陆军方面也派出服部卓四郎大

1　哈尔·高德，《七三一部队证词：日本战时人体实验项目》，北克拉伦登，佛蒙特州：塔特尔出版社，1996年，第89页。

佐充任执行代表。1944年12月，行动方案报送到东京的海军军令部时被发现有两个漏洞。一是海军缺乏相应病原体的有关数据，二是他们也没有可供使用的病原体。于是，石井四郎中将被紧急召唤来解决这两个问题。石井的行动很迅速。他意识到，自己在平房区基地的研究工作终于要有用武之地，数据将被转化为实战工具，还能在美国人认为最安全的地方——美国本土，消灭那些讨厌的美国佬。对野心勃勃的石井来说，这就是他毕生等待的机会。二十多年来，他和他的七三一部队在致命病菌武器化方面做了广泛而深入的研究，而“PX行动”将证明他们的研究是正确的。对石井和他的同事们而言，该行动可以说是七三一部队的高光时刻。1945年3月26日，“PX行动”最终得以完善，一切都箭在弦上。当年，七三一部队的科学家们曾收集过无数数据资料，资料中详尽记录了白人对各种病原体的免疫能力，这其中或许就有从奉天战俘营的战俘身上获得的资料。我们几乎可以肯定，这些数据就要在实战中大发淫威。

日本军队二战期间的领导者通常被描绘成一批狂热分子。他们毫不在意自己的言行可能造成什么后果；为了争取最终胜利，他们不惜付出包括生命和财产在内的任何代价。虽然这种形容在某种意义上来说是很准确的，但直到战争的尾声，在被公认道德沦丧的日本陆军和海军内部仍存在一些谨慎的声音。这些人终于开始旗帜鲜明地反对“PX行动”的启动。反对派的领军人物就是日军的头号人物——陆军大将梅津美治郎。时任陆军参谋总长的梅津美治郎自“PX行动”方案于1945年3月26日出台时就想方设法试图将其撤销，他的态度对石井四郎、小泽治三郎及其同伙来说是个重大打击。梅津美治郎后来解释称，“PX行动”成功实施后固然可以给美国人造成异常沉重的打击，但“细菌战一旦开打，交战双方就将不再局限于美日两国，全人类也将陷入与细菌的无尽战争。日本也将因此遭受全世界的白眼”[1]，所以他认为

1　哈尔·高德，《七三一部队证词：日本战时人体实验项目》，北克拉伦登，佛蒙特州：塔特尔出版社，1996年，第89页。

有必要终止“PX行动”。尽管石井四郎中将、服部卓四郎大佐和榎尾义男大佐以及其他负责构思和制订“PX行动”计划的军官言辞激烈地反对梅津美治郎的决定也无济于事，行动方案最终被束之高阁。梅津美治郎十分清楚，日本将走向既定的结局。大势不可违。

“PX行动”被叫停后，日本海军仍试图使用那十架“晴岚”轰炸机对美国本土目标实施轰炸，不过配置的是常规炸弹。海军参谋人员的案头很快摆上了各个目标的资料，目标之中包括了旧金山、纽约、华盛顿特区以及交通要道巴拿马运河。日本海军认为对巴拿马运河的打击会最大程度地影响美国针对日本的作战行动，于是开始了广泛的针对性训练。但最终，就连这场行动也被取消了。日军高层决定派人用潜艇和飞机执行无意义的自杀式任务，攻击美国海军设在乌利西环礁的锚地。但该任务尚未来得及执行，日本就宣布了投降，这让所有相关人员都长出了一口气。

现在我们可以推测的是，日本人从在盟军战俘和俄罗斯平民身上做的实验中获得了很多数据，其中一些数据或许就曾被用于“PX行动”计划的制订；如果说七三一部队做实验的目的是确定白人暴露在各种疾病面前时是否会出现与亚洲人相同的症状、以便将成果应用于类似“PX行动”的实战，也完全符合逻辑。我们甚至可以基本确认，在平房区基地以及其他类似单位（也许也包括了奉天战俘营）利用白人战俘做过多次实验后，“PX行动”计划的制订者十分清楚哪种病菌对白色人种最致命。虽然仍不确定七三一部队利用盟军战俘做实验所获得的数据在多大程度上影响了计划制订者做出对美国本土发起生物战的决定，但可以肯定的是，石井四郎完全了解生物战可能带来的后果。梅津美治郎已经把“PX行动”的秘密永远带进了坟墓，他对这个疯狂行动的强硬反对态度在客观上拯救了众多美国人的生命；可是谁也不知道，如果事先就知道美国将对日本使用原子弹，梅津美治郎是否仍会叫停“PX行动”。

◀10-1 海军中将小泽治三郎（1945年，当日本输掉战争时，小泽治三郎和石井四郎一起策划了一个名为“PX 行动”的计划，用七三一部队研制的细菌炸弹攻击美国）

▲10-2 梅津美治郎（前排，右），在东京湾的“密苏里”号上日本正式投降时的照片

第十一章

暗收渔利

1966年9月20日，我丈夫像往常一样去波顿当上班，但当天晚上回来时就剧烈胃痛，整个人状态非常糟糕。他说："他们给我注射了该死的美国黑死病。"三个月后，他死了；他们跟我说，他死于胃癌。但我知道，这群人在过去的五年时间里给他注射了19种乱七八糟的疫苗，包括天花、炭疽、瘟疫和脊髓灰质炎等。他们说，他需要通过这种注射接种来获得免疫能力，但我觉得那只是他们的借口。他们把他当成实验用的小白鼠。他不会对他们说不，因为他担心丢了自己的工作。[1]

——海蒂·妮曼

在很长一段时间里，七三一部队的存在曾给中国蒙上了一层阴影。在中国与其旧敌日本之间的外交史上，双方时有唇枪舌剑之时；而在言语机锋中，七三一部队的旧事也不断被提起。然而，伤害中国人民的不只是言语——直到21世纪初，石井四郎一系列疯狂实验的遗留物仍在戕害着中国人民，给人们带来身体和心理上的创伤。2003年8月，黑龙江省某地的民众就曾在建筑工地上挖出日军的一处炮弹储藏点，而储藏其中的炮弹填装的正是七三一部队工厂制造的化学物质——战争结束时，日本人埋藏了这些炮弹，试图瞒天过海，掩盖罪行；几十年后，当地民众还在因这些炮弹遭难。此次事件中，有29名当地建筑工人被送进医院。这次事件还造成了新一轮的言语不和，中日两国又一次因日本战时的暴行产生龃龉。如今，中日两国国力渐强，日军当年的暴行好似隐匿在一衣带水、友好邻邦的沸水之下，而来自民众的抗议行为则好似细小的气泡，不时浮出水面爆开。

在平房区基地的侵华日军第七三一部队遗址，馆长讲述了这处设施的用处以及日本人在其中犯下的滔天罪行。他说："这不仅是中国人

1 《波顿当——可怕的秘密》(*Porton Down - The Terrible Secret*)，Global-Elite.org，http://www.rense.com/general39/secret.htm，获取于2011年4月13日。

民关心的事情，也是全人类应该关心的事情。”数十年来，历史的钟摆从未停止摆动。那些隐藏颇深的丑恶秘密时不时地被揭露出来，并像石子被投入污浊有毒的池水中一样，激起一圈圈涟漪，而秘密的核心便是七三一部队的存在及其所作所为。1945年，盟国竭力掩盖的也是这一核心秘密，而直到今天，他们仍然在试图掩盖这段秘辛。然而，七三一部队和他们在平房区基地犯下的邪恶罪行已被人们普遍知晓，只是一些重要问题至今未见明确答案。比如，仍无法确认英国士兵当年有没有在七三一部队的魔窟中遭受虐待。虽然有证据涉及日本人对关押在奉天战俘营的英军战俘犯下了罪行，但每一届英国政府都以无法确认为借口，对此予以忽略甚至是断然否认。另外，英国政府在战争结束后也曾做过生物战实验，但却一直在对有关档案加以限制。

1945年德国战败后，英国曾从他们手里意外获得了大量生物战和化学战资料。与自己的美国盟友一样，英国从别人的研究中获益颇多。但要证明英国是否也从日本人所做的人体实验中获益却困难得多。我在英国国家档案馆查阅资料时发现，大多数相关文档在战争已经结束大约70年的时候仍处于保密状态，或者干脆就是不完整的——有些可能记载着敏感资料的页面被拿走，代之以一张卡片，标明“该页处于政府保管之下”。但纸终究包不住火。档案中确实包含着某些线索，涉及七三一部队当年所获数据的去向。我们可以从中做出判断，石井四郎的实验结果确实在英国的相关研究中得到了再利用；而这些研究的目的，是在冷战时期保护这个国家免受苏联攻击。不可否认的是，日本人的实验资料仍然在现代生物武器研究中发挥着作用。

英国对化学武器的实验始于1916年第一次世界大战激战正酣的时候，当时，他们在波顿当建立了皇家工兵实验站。波顿当在波顿村东北部，靠近威尔特郡索尔兹伯里市。自那以后，波顿当一直是英国化学和生物战研究的中心。今天，英国国防部还在这里设有一处超绝密级执行机构，即国防科学与技术实验室。该实验室占地7000英亩，戒备森严。除了国防科学与技术实验室外，英国健康保护署的应急准备和反应中心也设在波顿当。当地还有一座小型科技公园。波顿当西北部则是国防部下属的博斯库姆当实验靶场。

第一次世界大战期间，波顿当的科学家制造了用于进攻的氯气、光气和芥子气。第二次世界大战时，这里的科学家在化学武器和生物武器方面做了大量研究工作，氮芥、炭疽和肉毒杆菌都是他们的研究对象。1942年，他们使用生物武器在苏格兰的格鲁伊纳岛成功完成了一次炭疽实验。此前，英国人一直想知道如果德国决定使用炭疽武器，会在人口稠密地带造成什么样的后果。于是他们把80只羊运到了方圆76平方英里、无人居住的格鲁伊纳岛上，让羊群暴露在牛津大学研究制造的致命炭疽病菌之下。结果所有羊全部死亡，格鲁伊纳岛也受到了严重污染，并被置于无限期隔离之下。直到1990年，英国政府采取了移除表面土壤等广泛的净化措施后，格鲁伊纳岛才被确认为安全。

战争结束后，波顿当的科学家又开始针对当时发现的由纳粹制造的神经毒剂（比如塔崩、沙林、梭曼等）展开研究。英国人的研究工作于1952年取得突破，他们制造出了极其致命的VX神经毒剂。与此同时，英国人还在化学战防御方面做了大量研究工作，其中包括针对化学和生物战剂的快速侦测和洗消。实验期间，研究人员召募了志愿者参与实验，波顿当也因而被指进行了不道德的人体实验。实验室内出现被试人员死亡案例后，死者的亲人组成抗议团体，要求实验室就死亡原因给出合理的解释，还要求提高工作透明度。同时，死亡被试者的家属还对参与实验的志愿者到底有多自愿提出了质疑。

备受公众关注的典型案例之一便是来自英国达勒姆县的皇家空军二等兵罗纳德·麦迪逊之死。1953年，这位时年20岁的年轻人与其他大约3400名战后志愿者自愿报名，准备参与在波顿当进行的化学武器实验。结果他在参加毒性试验时因暴露在沙林神经毒剂之下而死亡。在英国武器研究史上，该案例至今仍是一次饱受争议的事件。许多被试者后来都声称自己是受到了军方的诱骗才报名参加的，而且在实验过后长期遭受着身体健康问题的折磨。想一想奉天战俘营存活下来的美国老兵的讲述，二者何其相似！导致麦迪逊死亡的实验是在1953年5月6日进行的；除了麦迪逊以外，还有4名志愿者也参与了这次实验。实验中，这些被试者佩戴着防毒面具坐在毒气室里，每人各有一侧手臂上搭着一块浸蘸了200毫克沙林的布。

沙林是磷的一种有机化合物，它是一种无色无臭的液体；它被联合国归类为“大规模杀伤性武器”。自1993年起，《化学武器公约》便禁止各缔约国生产和储存沙林毒剂。沙林是几名德国科学家于1938年偶然发现的，他们当时本来打算制造强力杀虫剂。沙林曾两次因被用作武器而得到媒体的报道。1988年3月，萨达姆·侯赛因连续两天向伊拉克北部的库尔德城市哈莱卜杰施放沙林毒气，城内居住的7万人中有大约5000人因此死亡。1995年，日本的一个邪教组织在东京地下铁内释放了混合型沙林毒气，造成13人死亡、数十人受伤。

实验前，麦迪逊被告知实验的目的是“寻找治疗普通感冒的方法”。但实验开始后不到20分钟他就报告身体不适，然后就倒在地板上，开始抽搐。实验人员立刻把麦迪逊移出毒气室，摘下他的防毒面具并给他注射阿托品，随后用救护车把他紧急送往附近的医院。最终，麦迪逊死在了医院里。沙林毒剂阻碍了肺部吸入空气，造成麦迪逊的大脑和身体严重缺氧。尽管官方很快启动了事故调查，但相关调查仅在暗中进行。1953年5月16日，麦迪逊的死因被宣布为“运气不佳”。有报道称，英国国防部其实支付了麦迪逊的丧葬费用。然而事情并未就此结束。1999年7月，负责波顿当所在地区治安的威尔特郡警方，发起了“鹿角行动”，旨在调查自第二次世界大战以来波顿当地区的违法渎职事件。最终，警方发现波顿当在二战之前、之中和之后总共雇佣了大约两万人充当“人体小白鼠”。警方对700名幸存者进行了询问，而其中有许多人称自己是在受到诱骗的情况下签署了参与“志愿服务计划”的文件。1953年，也就是麦迪逊死亡的那一年，英国国防部支付给每名志愿者的补助为15先令，相当于今天的12英镑以及三天的免费交通卡。这笔酬劳少得可怜，而被试者则面临肢体残废甚至是失去生命的危险。到2004年，威尔特郡警方已准备好25个案例的卷宗并起草了起诉书，并最终向英国皇家检控署提交了8个案例。但可惜的是，皇家检控署决定对所有在波顿当参与实验的科学家不予起诉，案件也被一一终结、封存。2004年时，针对麦迪逊之死重新启动的调查将相关事项定性为“违法行为”，英国国防部也于2006年同意向麦迪逊的家人支付10万英镑的赔偿金。[1]

英国至今仍在继续化学战和生物战的研究，但相关实验都处于严格保密状态下，哪怕是议会议员也无法知晓波顿当正在发生着什么。议会保守党成员帕特里克·默瑟上校曾任陆军军官，他年轻时也曾来过波顿当。帕特里克回忆说：“那是一处可怕的营地，到处都是小棚子、小屋子，好像天天都在下雨。不过，营地里设置有很多地下掩体，你会时不时到里面经受催泪瓦斯的折磨，或者是戴着防毒面具在地下参加一些讨厌的实验。”[2]很多老兵也讲述过自己参与的奇怪实验。“据我们所有参与者所知，实验只是某个项目的一部分；而这个项目的目的，是寻找治疗普通感冒的方法。”前海军航空兵仓库管理员艾里克·海瑟拉尔回忆说。军方会将预算耗费在没有任何军事用途的研究项目上，这本身就让人很惊讶。“如果早知道根本不是这么回事，我绝对不会报名参加，”海瑟拉尔说，“他们给我们每人一杯水，让我们喝下去；我喝了，没有任何不适。对我来说，那杯水尝起来就是一杯水。但其他喝了水的人里，有几个人反应很强烈；有人开始爬墙，有人则蜷缩在墙角。他们不住地尖叫；有人产生了幻觉，大声喊着屋内有巨大的蜘蛛。现在看来，这显然是使用致幻剂或其他药物的表现。”[3]

有一件事情可以确定，即波顿当进行了大规模的动物实验。英国国防部曾于2009年发布报告称，波顿当申报了8168次与动物实验相关

1　维基百科，获取于2011年3月21日。

2　《波顿当——可怕的秘密》，Global-Elite.org，http://www.rense.com/general39/secret.htm，获取于2011年4月13日。

3　《波顿当——可怕的秘密》，Global-Elite.org，http://www.rense.com/general39/secret.htm，获取于2011年4月13日。

的“程序”。[1]猪在此处用于爆炸物及其他武器实验，帮助科学家为一线部队研发单兵防护装备。老鼠通常用于微生物和病毒感染的疫苗研究；各种猴子则被用于炭疽病毒研究。上述内容只是在波顿当进行的一部分实验，以及用于实验的一部分动物。

通常我们会认为，美国在第二次世界大战期间以及冷战期间掌握了大量研究资料和情报，而身为美国铁杆盟友的英国应该自然而然地从中获益。不管过去还是现在，美国都是盟国中实力最强劲的国家，且在世界范围内都保持着绝对的军事优势。他们之所以能有今天的地位，一部分原因就是美国贪婪地抓紧了秘密技术和秘密情报源。我们知道，道格拉斯·麦克阿瑟将军曾于1946年至1947年在东京与石井四郎做过暗中交易。美国明令禁止日本人生物战的任何资料流入苏联，同时还在本国彻底消化这些资料并对之加以利用前，延缓了向英国转交相关细节的速度。然而，英国方面很清楚日本人在战争期间做过很多令他们感兴趣的实验，也知道美国人已经设法获取了这些实验取得的数据。事实上，美国正是在一点点地把这些诱人信息提供给英国，以便吊起白厅更大的胃口。

美国人从日本人手里获得了大量宝贵的数据资料。笔者认为，相信英国不会从中获益的想法是天真的。档案清楚地显示，美方确曾向伦敦转交过相关文件，德特里克堡与波顿当之间也曾安排过人员交流。至于那些从日本人手里转到美国人手里，再转到英国人手里的资料中到底有没有从奉天战俘营人体实验（可能涉及美国、英国和澳大利亚战俘）中获得的资料，我们至今仍无法确定。坦白来讲，即使真相是其中确实包括了这些资料，我们也永远没有机会知道了。

1　维基百科，获取于2011年3月21日。

结　论

来访的日本人对尸体进行了解剖。

——罗伯特·皮蒂少校，1943年2月15日

把本书中提到的证词、文件和其他证据综合在一起，就很难否认1942年至1943年间盟军战俘在奉天战俘营受到的待遇至少可以说是略显怪异。总的来说，所有证据在表面上都指向一个事实——日本人曾在战俘营利用战俘做过医学实验。亲历者们国籍不同，但在不同时间回忆起的事情基本相同，还在不经意间互相印证了彼此的证词。或许，他们述说的一切都是巧合？又或许，战俘们目睹的怪事只是一些被误解的普通项目——毕竟大多数战俘都没有受过专业的医学训练，在后来回忆时又有事后聪明之嫌。巧言辩称战俘们的证词和回忆太过个人化还能说得过去，但七三一部队的前成员对这些实验的公开讲述就很难否认了。“七三一”的日本人为什么要说谎呢？这样做完全没有意义。而且，日本人还是冒着被惩罚的风险承认做了那些实验。

如果选择接受美英两国政府对奉天战俘营发生的战俘人体实验的官方说法，我们就必须承认以下几点假设：与关押在另外数百座亚洲日占区战俘营内的盟军战俘相比，奉天战俘营内关押的战俘受到的待遇不好不坏、一般无二；大批日本医疗人员在奉天战俘营进进出出，为战俘检查身体并给他们注射，是为了治疗该战俘营特有的痢疾病症；日本人不给确诊战俘对症发放药物是合乎逻辑的正确做法，或者，日本医生都是庸医；尽管日军的正式命令是由与七三一部队关系密切的高级军官签发的，但进出奉天战俘营的医疗人员中没有七三一部队成员，或者，即使有，他们的出现也与战俘的身体情况与种种遭遇无关；所有在证词中表示日本医生给他们做了实验的亲历者都在撒谎（他们接受的实验有些需要开刀手术，有些让人失去尊严，还包括了各种各样的药物注射）；柄泽十三夫少佐等曾在七三一部队基地工作过并公开宣称七三一部队研究人员确实在奉天利用盟军战俘做过实验的日本人也是在说谎。在此基础上，我们还不得不相信：美国联邦调查局局长

约翰·埃德加·胡佛1956年向美国国防部索要与奉天战俘营盟军战俘人体实验有关的情报时被国防部拒绝，是因为美国政府并没有任何事情需要隐瞒。如果在本书中细细寻找，会找到更多类似的假设，但悬而未决的假设就像半埋在地下的尸体一样，根本无法瞒过世人的目光。美英两国政府给出的苍白说法，根本不是已有证据体现出的事实。

根据已有证据和证词，我们可以相当准确地重现奉天战俘营当年的场景。笔者认为，既然某些政府自战争结束后能够一直宣传已方粉饰太平的说法，那么我们不妨自行对这件事评判一番。1942年某个时候，七三一部队的一群科学家接受了一项任务，准备研究盎格鲁-萨克逊人对某些特定疾病——特别是痢疾——的免疫能力。亲历者们指证了一个名叫“港”或“皆田”的七三一部队医生。他在七三一部队的分支机构，即奉天军事医院工作，很可能是这支研究团队的领头人。他们的研究是日本人急需的，因为日本正加速研制各种致命性生物战武器。但如果要用这些生物战武器对付美国和英国这两个日本的主要敌人，那么用盟军战俘做实验就比用中国人做实验更有意义。毕竟二者目的不同——用中国人做生物武器实验，是为了帮助日军占领中国。为了在盟军战俘身上做实验，他们要解决的下一个问题就是找到必需的人体实验材料。

1942年上半年，大批驻亚洲美军和英军兵败投降，沦为日本人的俘虏。当时，说英语的盎格鲁-萨克逊裔盟军战俘主要关押在菲律宾和新加坡两地的多座战俘营内。随即，有命令要求把他们集中转运到奉天，也就是七三一部队设在哈尔滨平房区的基地以南350英里处。对于为什么被转运的战俘大多是美国人，而不是被俘人数更多的英国人、澳大利亚人或荷兰人，我们可以合理猜测：从医学角度来说，把美国战俘用作“实验材料”更有价值。由于美国社会“熔炉”的特性，美国陆军中几乎囊括了所有地区的男性白人。医生们因此可以通过在他们身上进行的实验，对祖先来自欧洲不同国家或地区的多类白人男性进行比较。这一点可以很好地解释为什么日本医生在奉天战俘营询问得那么详细，这些医生的目的应该是打探美国战俘的家庭背景。另外一点值得注意的是，只有100个英国和澳大利亚战俘被从朝鲜战俘营转送到奉天战俘营。为什么人数这么少？为什么日本人的战俘船从菲律宾出发时不再多带上100个美国战俘？答案很简单——对日本人来说，无论从历史上还是地缘上看，英国人和澳大利亚人都是纯正盎格鲁-萨克逊人的代表（澳大利亚人的祖籍通常可追溯至大不列颠或爱尔兰）。当时的英国尚未成为今天的多元文化社会，澳大利亚也是如此；因此这些人在实验中可能无法体现出不同地区白人之间的巨大差异。但美国人可以，因为美国人口的融合度更高。在奉天战俘营，被用于实验的英国战俘人数大约占总被试人数的十分之一，他们只是实验中的对照组。所以当美国战俘纷纷死于某种不知名的、症状类似于痢疾的疾病时，英国战俘却活了下来。

美军战俘中有些人可能在到达奉天的临时营地前就感染了痢疾病菌——这足以解释为什么很多老兵都回忆称从朝鲜半岛的釜山向中国东北转运时，日本人给他们进行了检查和注射。战俘们一到新战俘营，关东军总司令部就下达了一道命令，要求七三一部队派遣一队32名医生和医疗兵前往奉天战俘营。这些人的指挥官很可能是“皆田”医生。尽管仍不清楚这队人究竟是从七三一部队本部派来的，还是自该部分支单位奉天军事医院派来的，但可以确定他们的确是七三一部队成员。被关押在战俘营内的英军高级军官罗伯特·皮蒂少校在日记中秘密记录下了这些人的到来。弗兰克·詹姆斯回忆时称，自己曾被迫帮助这群看上去长得没什么区别的日本医生对疑似死于痢疾的美国战俘尸体进行解剖，这话也在皮蒂少校的另一则日记中得到了印证。詹姆斯还在1986年回忆称，1943年时日本医生曾对他的祖先血统进行了详细盘问。老兵詹姆斯和沃伦·威尔切尔两人都提到了在到达奉天战俘营后接受的注射、直肠检查和诡异的面部喷雾。其他老兵回答相关询问时则忆及了营内发生的类似事情。

基于已有证词，可以做出如下推断：被挑选出来的战俘首先接受验血，然后被人为传染上痢疾病菌，可能是通过面部喷雾，也可能是通过摄入日本人发放的、被病菌污染的饮水或水果。不少人因此感染了严重的痢疾而死。日本人的医疗小队对几具死于痢疾的战俘尸体进行了解剖，目的是评估病菌对人体内部造成的影响。这个推断得到了亲历者证词的支持。1949年时柄泽十三夫少佐在法庭上陈述称，七三一部队的医生，特别是曾在距离奉天战俘营很近的奉天军事医院与他共事过的“皆田”医生，对测试盎格鲁－萨克逊人的免疫能力很感兴趣。另外一名七三一部队老兵岛田恒二也在1985年时说，有一个“港”医生故意让奉天战俘营内的美军战俘感染上痢疾细菌，然后让他们验血，最后对这些战俘的尸体进行解剖。很多亲历者都讲述了同样的事情，但只有两人，即威尔切尔和詹姆斯，向同一个国会的退伍军人事务委员会提供过证词，其他证词都是由不同国籍的老兵在不同时间、不同地点和不同场合做出的。将以下四份不同时间的证词和文件综合起来，就能勾勒出日本人在奉天战俘营的所作所为：1943年，皮蒂少校秘密写下日记；1949年，柄泽十三夫少佐在法庭留下供词；1982年和1986年，沃伦·威尔切尔和弗兰克·詹姆斯分别在国会宣誓作证；1985年，岛田恒二接受记者采访。我们还掌握了两名日本亲历者相隔50年先后提到的“港”或“皆田”这个名字，以及关东军医务部部长、七三一部队的上级梶塚隆二签发的命令。根据该命令，日本人向奉天战俘营派遣了若干医疗兵，这群人的到来也被皮蒂少校秘密记录在日记里。

考虑到当时的形势，如果日本人自己的档案里不存在清晰阐述针对奉天战俘营盟军战俘进行人体实验的文件，显然也是不合理的。其实，利用战俘做医学实验构成了战争罪，所以此类命令的措辞通常严谨、含蓄。战争结束时，相关记录也被仔细销毁了。

到目前为止，亲历者的每份证词以及每份相关“证据”都留下了合理质疑的空间，有些证据甚至可以被单独驳回。正因如此，我们才无法在排除合理怀疑的前提下，得出“日本人在奉天战俘营进行了非法人体实验”的结论。也就是说，要想让这个结论成为公认的历史事实，还需要更多证据。但是，如果把现有证据放在一起，并在合乎逻辑的基础上以线性顺序进行梳理，则不难发现这些证据恰恰构成了对奉天战俘营秘事的官方说辞的合理怀疑。至少可以说，“被送到中国东北的美国、英国和澳大利亚战俘身上究竟发生了什么”这个问题，还远远不到尘埃落定之时。幸存的二战老兵带着没能得到答案的问题不断逝去；人走之后，曾经的信仰和言论也不断受到诋毁。因此，我们需要付出更多努力，找寻那令人不安的真相。也许，最令人不安的真相，以及七三一部队与奉天战俘营之间关系将永不见天日的真正原因，正是这一不争的事实——美国军方是成千上万平房区基地战俘及其他日占区民众之死的直接受益者，然而并没有人因为这个事实而出离愤怒，也没有人在这个问题上敢于发声。这就是奉天战俘营惨事背后的真正原因，也解释了为什么战俘营内明明发生着医学怪事，但要证实怪事确实存在却困难重重。

附录

附录1

奉天战俘营中的英国战俘[1]

罗伯特·皮蒂少校	皇家陆军军需团
R.S.霍纳上尉	马来联邦志愿部队
A.L.N.格雷格中尉	马来联邦志愿部队
A.R.格里芬少尉	马来联邦志愿部队
汉森参谋军士	皇家陆军军需团
阿诺特军士	皇家陆军医疗队
李军士	忠诚团第二营
李特尔军士	皇家陆军医疗队
拉塞尔军士	皇家陆军医疗队
J.罗伯特军士	皇家陆军医疗队
B.H.法兰特代理下士	所属部队不详
古比代理下士	忠诚团第二营（在1944年12月10日的空袭中受伤死亡）
莱因哈特代理下士	所属部队不详
伍尔汉姆代理下士	忠诚团第二营（3854639）
安格尔下士	皇家陆军医疗队
比下士	所属部队不详
菲尼下士	忠诚团第二营

1　此处名单并不完整，仅包括确定曾于1942年末被转运到奉天战俘营的人员。上述名单总结自罗伯特·皮蒂少校的日记以及苏联红军的疏散花名册，并未涵盖高级军官团或充当其勤务兵和厨师的士兵（来源：www.mansell.com;《罗伯特·皮蒂少校日记》，罗伯特·皮蒂少校私人文件，伦敦帝国战争博物馆，分类号6377）。

斯科特下士	所属部队不详
一等兵希克	皇家陆军医疗队
一等兵约力	所属部队不详
一等兵波特	忠诚团第二营
一等兵斯考尔	皇家炮兵第一二二野战团（死于1944年12月7日的空袭）
列兵布赖尔利	忠诚团第二营
列兵查普曼	忠诚团第二营
列兵克里斯蒂	忠诚团第二营
列兵克劳利	所属部队不详
列兵迪金森	忠诚团第二营
列兵达克沃思	忠诚团第二营
列兵埃克尔斯	忠诚团第二营
炮兵甘宁	皇家炮兵第一二二野战团
列兵休伊特	皇家陆军医疗队
列兵希顿	忠诚团第二营
列兵希尔	忠诚团第二营
列兵凯尔	皇家陆军军需团
列兵梅森	忠诚团第二营
列兵明绍尔	忠诚团第二营
列兵普卢默	忠诚团第二营
列兵里森	皇家陆军医疗队
列兵里默	忠诚团第二营
列兵罗宾逊	忠诚团第二营
列兵罗杰斯	皇家海军陆战队
列兵斯科比	所属部队不详

列兵希勒斯	皇家陆军医疗队
列兵斯潘瑟	忠诚团第二营
列兵斯坦顿	忠诚团第二营
列兵沃恩	皇家陆军医疗队

附录2

主要人物

安东洪次医生

七三一部队大连实验室头目。逃脱了战争罪行处罚，后来成为东京大学传染病研究所教授，以及日本实验动物中央研究所所长。

荒木贞夫大将（1877—1966）

强硬的右翼军官和政治理论家，侵华日军激进派领导人之一。1931—1936年任日本陆相，后任教育总监部本部长。强烈支持石井四郎组建七三一部队。战后因战争罪受审，并被判处终身监禁；1955年获释，1966年去世，终年89岁。

蒋介石（1887—1975）

中国国民党党首，自1936年起担任中国军队总司令。1944年曾推动盟军进入缅甸作战。其人以腐败和受贿闻名。1949年中国共产党解放大陆后携妻逃往台湾。

二木秀雄医生

七三一部队活体解剖小组头目，后成为日本绿十字公司联合创始人。

裕仁天皇（1901—1989）

日本战时天皇，许多历史学家指责他和天皇家族犯下了战争罪行。尽管日本民众在战后竭力助其恢复名誉，但他仍因麦克阿瑟主导日本制定并施行新宪法而失去神位。在今天的日本社会中被尊称为昭和天皇，地位尊崇。

石井四郎中将（1892—1959）

细菌学家，七三一部队建立者。1940年任关东军细菌战部部长，1942年至1945年间担任日本第一陆军军医部部长。1946年在日本被美国占领当局逮捕，但以交出细菌战资料为条件免受战争罪惩处。后迁居美国马里兰州，帮助美国军方进行生物武器研究。67岁时因喉癌死于东京。

板垣征四郎大将（1885—1948）

经历过1904—1905年的日俄战争。1927—1929年任驻华日军旅团长，后任关东军情报处处长，帮助策划“奉天事变”（“九一八”事变）。1937 年至1938年任驻华日军师团长。1945年担任在新加坡和马来亚作战的日本第七方面军司令官。63岁时被以战争罪绞死。

木村兵太郎大将（1888—1948）

1918—1919年在俄国境内与布尔什维克作战，任日本驻德国武官。1939—1940年任驻华日军师团长，1940—1941年任关东军参谋长。后任陆军次长及军事参谋本部部员。1944—1945年任缅甸方面军司令官。以战争罪被处以绞刑，死时60岁。

北野政次中将（1894—1986）

医学博士，微生物学家，1942年从石井四郎手中接管七三一部队。1945年日本投降后被监禁在上海监狱内，1946年被遣送回国。未受过任何战争罪行指控。回到日本后在制药商绿十字公司工作，1959年担任该公司董事长。北野还为日本南极特别委员会和文部省工作。91岁[1]

1　北野政次生于1894年7月14日，死于1986年5月17日。——编者注时死于东京。

小泉亲彦大佐（1884—1945）

石井四郎的早期追随者，曾帮助石井为位于中国东北的首个人体实验基地筹集资金。1934年任陆军军医总监，1941—1945年任厚生省[1]大臣。1945年9月13日为逃避战争罪审判而自杀。

村田良介医生

七三一部队下属荣字第一六四四部队（驻南京）指挥官，逃脱了战争罪指控，后为日本国立预防卫生研究所工作。

冈本耕造医生

七三一部队病理学研究小组组长，后成为京都大学医学系主任、近畿大学医学系主任。

佐藤俊二少将（1896—1977）

1941—1943年任七三一部队下属波字八六〇四部队（驻广州）指挥官，1943—1945年任关东军第五军军医部部长。1945年被苏军逮捕，1949年被送上哈巴罗夫斯克战犯审判法庭，并被判处20年监禁。81岁时死于日本。

篠塚良雄（生于1923年）

曾在七三一部队担任医务实习员，少数几位承认自己曾在该部队服役的老兵之一。他曾承认在哈尔滨郊外参与过对中国人的解剖实验。1997年，他代表180名中国民众出席作证，为后者争取日本政府的赔偿，并要求日本政府向在实验中死亡的中国人亲属道歉。

1　即厚生劳动省，是日本负责医疗卫生和社会保障的主要部门。——编者注

园口忠男医生

七三一部队生物战发展小组组长，战后担任日本自卫队卫生学校副校长。

竹田宫恒德王，中佐（1919—1992）[1]

裕仁天皇的表兄，帝国大本营内负责七三一部队事务的军官。曾对七三一部队进行视察并目睹过人体实验。1947年皇室旁系被废除后成为平民。1962年担任日本奥委会主席，负责1964年夏季奥运会和1972年冬季奥运会的组织工作。1967—1981年任国际奥委会委员。1992年突发心脏病死亡，终年83岁。

田中英雄医生

七三一部队携菌跳蚤培养小组成员，战后任大坂市立大学医学系主任。

寺内寿一陆军元帅（1879—1946）

职业军人，前日本首相之子，军内皇道派分子。1937—1941年任华北方面军司令官（七三一部队便在其麾下），1941—1945年任南方军总司令官（士兵总人数超过68万人）。1946年出庭接受审判前在英国战俘营内死于中风。

东条英机大将（1884—1947）

1941—1944年任日本首相兼陆相。日军残暴对待盟军战俘和平民的背后推手。1947年因战争罪被绞死。

1　原文如此。此处应为笔误，竹田宫恒德王出生于1909年。——编者注

附录3

日军化学战和生物战单位

本部：七三一部队（东乡部队）

地点：伪“满洲国”哈尔滨平房区

指挥官：1934—1942年石井四郎中将，1942—1945年北野政次少将

下属部队：

一〇〇部队

地点：伪“满洲国”长春孟家屯

指挥官：若松有次郎大佐

二〇〇部队

地点：伪“满洲国”

五一六部队（通称号部队）

地点：伪“满洲国”齐齐哈尔

五三四部队

地点：伪“满洲国”海拉尔

七七三部队[1]

地点：孙吴

荣字一六四四部队

地点：南京

二六四六部队（或称80部队）

地点：伪“满洲国”海拉尔

波字八六〇四部队（奈末部队）

地点：广州

指挥官：佐藤俊二少将

九四二〇部队（冈字部队）

地点：马来西亚柔佛州淡杯和新加坡（可能包括泰国）等地

指挥官：北川政隆少将

1 疑为六七三部队，亦称“孙吴支队”。——译者注

附录4

亚洲—太平洋战场时间线

1935年

秋	石井四郎在哈尔滨的平房区组建七三一部队

1936年

	裕仁天皇颁布谕旨，准许七三一部队扩充规模
11月25日	日本与德国签订《反共产国际协定》

1937年

7月7日	日本入侵中国
12月13日	南京大屠杀

1939年

5月至8月	在中国东北与蒙古边境进行的诺门坎战役中，日本被苏联击败
9月1日	德国入侵波兰
9月3日	法国及英联邦国家对德宣战

1940年

6月22日	德国占领法国
	日本入侵并占领法属印度支那
6月26日	美国对日本实施钢铁禁运
8月	日本首次启用“七三一部队”名称

9月27日	日本、德国、意大利签订《三国同盟条约》
	日军向中国宁波投放被瘟疫病菌感染的跳蚤

1941年

1月10日	泰国入侵法属印度支那
	日军向中国常德投放被病毒感染的跳蚤
6月22日	德国入侵苏联
7月26日	美国对日本实施石油禁运
12月7日	日军轰炸珍珠港、威克岛、中途岛和菲律宾
12月8日	日军入侵英属马来亚、泰国和香港
12月9日	中国对轴心国宣战
12月10日	日本击沉“威尔士亲王”号战列舰和“反击”号战列舰并在菲律宾登陆
12月14日	日军入侵缅甸
12月16日	日军入侵婆罗洲
12月20日	日军攻击荷属东印度群岛
12月24日	日军与美国激战后占领威克岛
12月25日	香港向日军投降

1942年

2月3日	日军在荷属东印度群岛登陆
	日军飞机袭击新几内亚莫尔斯比港
2月15日	驻新加坡英军向日军投降
	日军飞机袭击澳大利亚达尔文港
	九四二〇部队在新加坡成立
2月27日	日本海军在爪哇海海战中取胜
3月8日	日本入侵新几内亚
4月6日	日本入侵阿德默勒尔蒂群岛和英属所罗门群岛

4月9日	驻菲律宾巴丹半岛美军向日本投降
4月18日	杜立特空袭发生在东京
5月1日	日军占领缅甸曼德勒
5月6日	驻菲律宾科雷吉多岛美军向日军投降
5月7日	珊瑚海海战
5月23日	英军全部撤出缅甸
6月4日	日军攻击中途岛
6月6日	日军入侵阿留申群岛
	美国海军取得中途岛战役胜利
8月7日	美军在英属所罗门群岛的瓜达尔卡纳尔岛登陆
8月9日	日本海军在萨沃岛战役中获胜
8月12日	日军在新几内亚的布纳登陆
9月18日	澳大利亚军队开始沿新几内亚科科达小径推进
10月11 — 12日	日本海军在埃斯佩兰斯角战败
10月17日	英军进抵缅甸若开邦
10月26日	日本海军在圣克鲁斯海战中获胜
11月11日	盟军战俘抵达奉天临时战俘营

1943年

2月2日	苏军在斯大林格勒战役中获胜
2月13日	英军在缅甸发起第一次钦迪特远征
	盟军战俘被转移到新建的奉天战俘营
3月2日	俾斯麦海海战
6月20日	美军入侵新乔治亚
9月3日	盟军在意大利登陆
11月20日	美军在塔拉瓦岛登陆

1944年

1月31日	美国在马绍尔群岛登陆
3月2日	英军在缅甸发起第二次钦迪特远征
3月15日	日军从英帕尔和科希马方向入侵印度
4月22日	美军在新几内亚的霍兰迪亚登陆
5月31日	日军开始从科希马撤退
6月4日	盟军占领罗马
6月6日	诺曼底登陆
6月15日	美军在西班牙登陆
6月19日	菲律宾海海战开始
7月18日	日军开始从英帕尔撤退
9月15日	美军在贝里琉岛登陆
10月20日	美军在菲律宾的莱特岛登陆
10月24—25日	莱特湾海战
11月12日	日军为246名盟军军官及随从建立奉天战俘营第一分营
12月1日	日军为34名盟军高级军官建立奉天战俘营第二分营
12月7日	奉天战俘营遭到美军轰炸
12月21日	奉天战俘营遭到美军轰炸

1945年

1月9日	美军在菲律宾吕宋岛登陆
1月11日	英军在缅甸渡过伊洛瓦底江
2月19日	美军在硫黄岛登陆
3月2日	英军占领缅甸密铁拉
3月20日	英军占领缅甸曼德勒
4月1日	美军在冲绳登陆

4月12日	罗斯福总统逝世
4月29日	奉天战俘营接收134名新战俘
4月30日	希特勒在柏林死亡
5月3日	英军进入缅甸仰光
5月8日	德国投降
5月20日	奉天战俘营第一分营关闭，战俘被送往奉天战俘营主营
7月26日	丘吉尔辞任英国首相
8月6日	美军在日本广岛投下原子弹——奉天战俘营内的战俘遭受殴打
8月8日	苏军向日本宣战并进入中国东北
8月9日	美军在日本长崎投下原子弹
8月15日	日本宣布投降
8月16日	美国战略情报局小组空降进入奉天战俘营
8月20日	苏军近卫坦克第六军解放奉天战俘营
8月26日	苏军全面占领中国东北
8月21—9月7日	奉天战俘营内的战俘乘飞机撤离
8月29日	第一战俘解救小组到达奉天战俘营
9月2日	日本正式投降
9月10—11日	奉天战俘营内的战俘乘火车前往大连
9月19日	奉天战俘营被废弃

附录5

专有名词对照表

人名

罗伯特·皮蒂	Robert Peaty
丹尼尔·巴伦布莱特	Daniel Barenblatt
格奥尔吉·朱可夫	Georgy Zhukov
但丁·阿利吉耶里	Dante Alighieri
玛丽·渥斯顿克雷福特·雪莱	Mary Wollstonecraft Shelley
罗伯特·路易斯·斯蒂文森	Robert Louis Stevenson
西蒙德·施赖纳	Sigmund Schreiner
埃里克·沃尔沃克	Eric Wallwork
斯坦利·汉金斯	Stanley Hankins
琳达·高兹·霍尔姆斯	Linda Geotz Holmes
马克·G. 赫布斯特	Mark G. Herbst
德斯蒙德·布伦南	Desmond Brennan
基恩·伍滕	Gene Wooten
莱奥·帕迪拉	Leo Padilla
威廉·W. 阿瑟斯特	William W. Ashurst
J. M. 威廉姆斯	J. M. Williams
匹兹	Pitts
R. 斯普林格	R. Springer
A.A. 波塞尔	A. A. Bochsel
安德鲁·普莱夫扎克	Andrew Prevuznak
拉塞尔·布拉登	Russel Braddon

西里尔·怀尔德	Cyril Wild
加万·道斯	Gavan Daws
乔纳森·温赖特	Jonathan Wainwright
约瑟夫·B·查斯坦	Joseph B. Chastain
维克托·帕里奥蒂	Victor Paliotti
斐迪南·梅林戈洛	Ferdinand Meringolo
基思·伯特里尔	Keith Botterill
珊顿·托马斯	Shenton Thomas
谢尔顿·H. 哈里斯	Sheldon H. Harris
韦克斯	Weeks
哈巴罗夫斯克	Khabarovsk
B. G. 尤金	B.G. Yudin
弗兰克·詹姆斯	Frank James
沃伦·W. 威尔切尔	Warren W. Whelchel
格利高里·罗德里格斯	Gregory Rodriguez
W. 韦斯利·戴维斯	W. Wesley Davis
罗伯特·布朗	Robert Brown
约翰·埃德加·胡佛	J. Edgar Hoover
詹姆斯·J. 凯利哈	James J. Kellehar
哈罗德·凯什纳	Harold Keschner
罗伯特·戈特利布	Robert Gottlieb
约翰·哈切尔博士	Dr. John Hatcher
威廉·霍兰德	William Holland
阿瑟·珀西瓦尔	Arthur Percival
司考尔	Scholl
古比	Gooby
马文·瓦特金斯	Marvin Watkins
泰迪·波恩扎	Teddy Ponczha

罗伯特·拉马尔	Robert Lamar
爱德华·斯塔尔兹	Edward Starz
哈尔·莱斯	Hal Leith
詹姆斯·F. 多诺万	James F. Donovan
亚历山大·华西列夫斯基	Aleksandr Vasilevsky
默里·桑德斯	Murray Sanders
阿尔沃·汤普森	Arvo Thompson
阿尔瓦·C. 卡朋特	Alva C. Carpenter
戴维·萨顿	David Sutton
哈桑	Hasane Hari
威廉·韦布	William Webb
阿尔登·韦特	Alden Waitt
罗林	B. V. A. Roling
G. D. 穆雷	G. D. Murray
莱尔·瓦茨	Lyle Watts
海蒂·妮曼	Hettie Nyman
罗纳德·麦迪逊	Ronald Maddison
萨达姆·侯赛因	Saddum Hussein
帕特里克·默瑟	Patrick Mercer
艾里克·海瑟拉尔	Eric Hatherall
亨尼西	Hennessey
普里图拉	Pritula
牧野明	Akira Makino
石井四郎	Shiro Ishii
原田	Harada
高桥是清	Korekiyo Takahashi
滨口雄幸	Osachi Hamaguchi
犬养毅	Tsuyoshi Inukai

荒木贞夫	Sadao Araki
永田铁山	Tetsuru Nagata
板垣征四郎	Seishiro Itagaki
石原莞尔	Kanji Ishiwara
小泉亲彦	Chikahiko Koizumi
东条英机	Hideki Tojo
柄泽十三夫	Tomio Karasawa
远藤三郎	Saburo Endo
安藤	Ando
立原	Tachihara
若松有次郎	Yujiro Wakamatsu
北川正隆	Masataka Kitagawa
内藤良一	Ryoichi Naito
镰田	Kamada
三笠宫崇仁亲王	Prince Mikasa
松山	Matsuyama
寺尾	Terao
川岛	Kawajima
曾根健一	Kenichi Sone
菅辰次	Tatsuji Suga
松田元治	Genji Matsuda
山本	Yamamoto
哈伯德	Hubbard
三木	Miki
星岛进	Susumi Hoshijima
吉田	Yoshida
石原勇	Isamu Ishihara
皆田	Minata

梶塚隆二	Ryuji Kajitsuka
永山太郎	Saburo Nagayama
梅津美治郎	Yoshijiro Umezu
岛田恒二	Tsuneji Shimada
港	Minato
大森	Omori
德田久吉	Hisikichi Tokada
平野永之助	Einosuke Hirano
竹田	Taketa
东野利夫	Toshio Tono
石山福二郎	Fumio Ishiyama
木户文雄	Fumio Kido
和野武男	Takeo Wano
越定男	Sadao Koshi
森下清人	Kiyohito Morishita
仲西贞喜	Sadayoshi Nakanishi
神林	Kambayashi
木野武司	Takeshi Kino
植木宏史	Hiroshi Ueki
太田澄	Kiyoshi Ota
菊池齐	Hitoshi Kikuchi
羽畑修	Osamu Habata
山田乙三	Otozo Yamada
高桥隆笃	Takaatsu Takahashi
西俊英	Toshihide Nishi
尾上正男	Masao Onoue
佐藤俊二	Shuniji Sato
平樱全作	Zensaku Hirazakura

三友一男	Kazuo Mitomo
菊地则光	Norimitsu Kikuchi
久留岛祐司	Yuji Kurushima
北野政次	Masaji Kitan0
藤田信雄	Nobuo Fujita
草场季喜	Sueyoshi Kusaba
尾崎纪男	Toshio Ozaki
有泉龙之助	Tatsunosuke Ariizumi
小泽治三郎	Jisaburo Ozawa
榎尾义男	Yoshio Eno
服部卓四郎	Takushiro Hattori

地名

奉天[1]战俘营	Mukden Camp
关东州	Kwantung Leased Territory
威尔特郡	Wiltshire
波顿当	Porton Down
四国岛	Shikoku
马绍尔群岛	Marshall
加罗林群岛	Caroline
马里亚纳群岛	Marianas
澎湖列岛	Pescadores
中马城	Zhong Ma Fortress
背荫河	Beiyinhe
安达县	Anta
科雷吉多岛	Corregidor Island

1　奉天，清代至民国时期沈阳市的旧称。原著中，奉天的英文名有两种：Mukden，源于满文的音译“谋克敦”（盛京）；Hoten，为日语ほうてん（奉天）的罗马音。——编者注

樟宜战俘营	Changi Cantonment
米亚克河	Sumyak River
堤岸	Cholon
德班	Durban
巴达维亚	Batavia
吉登戈托	Tjideng Ghetto
婆罗洲	Borneo
巴都林当	Batu Lintang
山打根	Sandakan
宋克雷战俘营	Songkrei Camp
马鲁古群岛	Moluccas
安汶岛	Amboina
坦泰军营战俘营	Tan Toey Barracks Camp
哈罗科岛	Haroekoe Island
望加锡战俘营	Makassar Camp
大牟田	Omuta
第17战俘营	River Valley Road Camp 17
花莲战俘营	Kwarenko Camp
奉天1号战俘营	Hoten Camp No. 1
上石神井	Kamisha
盛冈	Morioka
福冈	Fukuoka
立赖机场	Tachirai Airfield
康提	Kandy in Ceylon
大津	Otsu
一宫	Ichinomiryu
勿来	Nakaso
圣佩德罗	San Pedro

猫头鹰溪山	Owl Creek Mountain
怀俄明州瑟莫波利斯	Thermopolis
布莱	Bly
吉尔哈特山区	Gearhart Mountain
在乌利西环礁	Ulithi Atoll
威尔特郡	Wiltshire
索尔兹伯里	Salisbury
博斯库姆当	Boscombe Down
格鲁伊纳岛	Gruinard Island
达勒姆县	County Durham
哈莱卜杰	Halabja
奉天战俘营第一分营	Hoten Branch Camp No.1
奉天战俘营第二分营	Hoten Branch Camp No.2

机关机构

奉天军事医院	Mukden Military Hospital
九州帝国大学	Kyushu Imperial University
三菱公司	Mitsubishi
东京陆军军医学校	Tokyo Army Medical College
关东军防疫给水部	Kwantung Army Anti-Epidemic Water Supply and Purification Bureau
日本海军军令部	the Naval General Staff
“满洲”工作机械株式会社	MKK
“满洲”皮革株式会社	Manshu Leather
“满洲”机器制造公司	Manshu Machinery Manufacturing Company
远东国际军事法庭	International Military Tribunal for

	the Far East
国会众议院退伍军人事务委员会	U.S. House of Representatives Veterans' Affairs Subcommittee
品川战俘医院	Shinagawa Prisoner–of–War Hospital
第一战俘解救小组	POW Recovery Team 1
海军青年团	Naval Youth Corps
国立卫生试验所	National Hygiene Laboratory
宫内厅	Imperial Household Agency
特别行动处	SOE
东南亚盟军司令部	Southeast Asia Command
东京战俘情报局	Prisoner of War Information Bureau
英国跨军种生物战小组委员会	he Inter–Service SubCommittee on Biological Warfare
远东国际军事法庭国际检察局	the International Prosecution Section
国务院–陆军–海军协调委员会	the State–War–Navy–Coordinating Committee
东京管区气象台	Central Meteorological Observatory in Tokyo
皇家工兵实验站	Royal Engineer Experimental Station
国防科学与技术实验室	the Defence Science and Technology Laboratory
英国健康保护署	Health Protection Agency
应急准备和反应中心	Centre for Emergency Preparedness and Response
英国皇家检控署	Crown Prosecution Service

武器装备

鸟取丸	Totori Maru
福海丸	Fukai Maru
丹戎丸	Tanjong Maru
鸭绿丸	Oryoku Maru
“科伯特”号	Colbert
“斯特吉斯”号	Sturgess
“拉法耶特”号	Lafayette

部队番号

东乡部队	Togo Unit
一〇〇部队	Unit 100
若松部队	Wakamatsu Unit
一八五五部队	Unit 1855
荣字一六四四部队	Unit Ei-1644
多摩部队	Tama Unit
八六〇四部队	Unit 8604
波字部队	Nami Unit
二〇〇部队	Unit 200
五七一部队	Unit 571
九四二〇部队	Unit 9420
河野部队	Kono Unit
梅冈部队	Umeoka Unit
华北海军陆战队	North China Marines
第一潜艇战队	1st Submarine Flotilla
第六三一海军航空队	631st Air Corps
第四〇四分遣队	OSS Detachment 404
拉包尔水净化部队	Rabaul Water Purification Unit

缩略语及其他称谓

美军战略情报局	OSS
远东国际军事法庭国际检察局	IPS
国务院–陆军–海军协调委员会	SWNCC
明治维新	Meiji Restoration
巴丹死亡行军	Bataan Death March
洛岛红鸡	Rhode Island Reds
弗拉明戈	Flamingo
飞象计划（日本陆军气球炸弹项目）	Operation Fugo
热熔石燃烧弹	thermalite incendiary bombs
《化学武器公约》	*Chemical Weapon Convention*

译者后记

地狱空空荡荡，恶魔却藏匿人间。

这是初读马克·费尔顿(Mark Felton)所著《恶魔医生》的感想。

马克·费尔顿是英国著名历史学家，著有《魔鬼实验室：记录日本七三一部队的罪恶行径》《日本宪兵队秘史——亚洲战场上的谋杀、暴力和酷刑》等多部揭露二战期间日军暴行的书籍。《恶魔医生》是他在多方收集资料、走访当事人、与专家学者讨论的基础上撰写的又一部记述日军虐俘恶行的著作。

1942年，亚洲正处于第二次世界大战中比较黑暗的阶段。驻守新加坡、菲律宾等战略要地的盟军部队被击溃，在狼狈退出亚洲的同时留下数万名战俘。日军海陆并行，冒着巨大风险辗转新加坡、菲律宾、日本和朝鲜等地，把其中的数千名美国、英国、澳大利亚以及零星的新西兰和荷兰战俘送往设在中国北方冰天雪地中的奉天战俘营。对战俘们来说，奉天战俘营是一处神秘而特殊的所在。在这里，他们遭受到日军非人待遇。辽宁省档案馆馆藏的一份1946年2月15日《澳军向国民政府提列的东北日本战犯名单》，记载了澳军方面详细陈述奉天战俘营的日本看守虐待澳军战俘的犯罪事实。

"饥寒交迫的战俘挨打挨骂是家常便饭，日军还会采用压肠子、敲肋骨和膝盖等手段，蹂躏战俘肉体。"

根据盟军战俘日记的记载，他们每天摄入的食物仅是规定食物的1/4左右，温饱都是一种奢望。战俘马康·弗蒂尔等人用铅笔创作了多幅表现战俘劳作和生活的漫画，成为那段鲜为人知历史的珍贵见证。在一幅漫画里，两名瘦骨嶙峋的战俘，一个在摘向日葵的籽，一个在地上挖野菜。弗蒂尔在画上写道：战俘们在寻找一切可以吃的东西。

盟军战俘在长时间的关押中受到残酷奴役，人的尊严荡然无存。长期的虐待和极端恶劣的生存条件，造成了极高的战俘死亡率。更可怕的是，盟军战俘们还在奉天战俘营遭遇了一系列不寻常的医学事件。根据英军少校罗伯特·皮蒂在战俘日记中的描述，总会有很多日本医生莫名其妙地到访奉天战俘营。紧随他们而来的，是“始终无法查明的疾病”，以及战俘们不得不接受的、频繁的皮下注射。疾病是致命的，“每天都会有1到3个不幸的年轻人消失”。美军战俘罗伯特·布朗也回忆说，他们到达奉天不久，就有一车“医生”打扮的日本人来到战俘营，给战俘们注射并编号。随后有很多战俘死去。后来，他们才得知这些所谓的“医生”，其实就来自日军的七三一部队。

很显然，日本人在用奉天战俘营中关押的白人战俘做试验，正如他们在哈尔滨平房区做的那样。曾在七三一部队服役的日本人口供明白无误地确认，日本医生确实在奉天战俘营的盟军战俘身上做过试验，目的是测试白种人对某些疾病的抵抗能力，验证日军是否能发动针对美国人的生物战。

上述事实也很好地解释了日本人为什么不惜花费巨大代价也要把数千名盟军战俘送到奉天战俘营——他们运送的，实际上不是战俘，而是臭名昭著的七三一部队急需的“白色马路大”。

1945年8月日军投降后，奉天战俘营被盟军解放。战后美国国家档案馆揭露，奉天战俘营自1942年设立并关押第一批人至1945年8月日军无条件投降后释放，共关押战俘2000多人，其中校级以上军官523人，准将以上军衔76人，包括美军驻菲律宾最高军事长官乔纳森·温莱特中将、英军帕西瓦尔中将等人。而在这些战俘中，又以美国白人居多，死亡率占16%，在各国中最高。

奉天战俘营是一份以盟军战俘的生命和苦难所书就的负遗产。日本人在这里对待手无寸铁的盟军战俘的罪行，罄竹难书，骇人听闻。正如《恶魔医生》作者马克·费尔顿所说，战争造就了变态化心理的日本。他们置国际公约于不顾，无论对中国军队还是盟军战俘都采取了极其残暴的行为，造就了一桩桩人间惨剧。他们的所作所为突破了人类底线，与行走于人间的恶魔无异。

恶魔之恶，不仅在于其行为之残暴，而且还包括其死不悔改。

战后的1946年，美国《纽约时报》等相继报道了石井部队利用盟军战俘做生物武器细菌实验的事情；1947年8月，一份美国政府档案资料表明："目前有一种可能，在奉天附近有苏军成立的独立调查组已经发现日军用美军战俘进行活体细菌实验的证据，并且许多美军战俘因此失去了他们的生命。此外，这些证据很可能已被苏联运用在对日本战俘的法律审判当中。"1956年3月，美国联邦调查局一份备忘录中记载："国防部特别行动办公室在美军占领日本后进一步证实认定，日本人在1943至1944年在'满洲'把美军战俘用作细菌实验，美军战俘无疑成为受害者……相关方面的资料被视为高度敏感并严格控制。"

但令人痛恨的是，日本投降后不仅销毁了大量罪证，而且还极力否认、隐瞒在战俘营中的暴行。2000年，包括怀特少将在内的200多名曾关押在奉天战俘营的美军战俘，在美加州法院控告强迫战俘劳动的日本公司，要求道歉和赔偿，然而，尽管这些老兵一再声明是七三一部队生化试验的受害者，但日本就是死不认账。

真相是那么冷酷，那么令人不安。

我们唯一希望的，是那些在战俘营中饱受折磨的人们能够顺利走完余生，让外界知道他们曾经承受过敌人的暴行，曾经从地狱中生还，但他们是在为正义而战。我们永远不希望再遭遇他们所遭遇的一切。

李学华

2023年11月于沈阳

译者介绍

李学华，毕业于解放军外国语学院，本科英语专业，硕士历史学，博士情报学。先后翻译过《樟宜战俘营》《日本宪兵队秘史》《美国国家档案馆馆藏中国抗战历史影像全集》等作品。

校译吕晶，南京大学历史学院副教授、硕士生导师，南京大学历史学博士。任教育部人文社会科学重点基地中华民国史研究中心副主任，南京大屠杀史与国际和平研究院研究员。主要从事中华民国史、抗日战争史等方面研究，主持或承担国家社科基金一般项目、国家社科基金抗战专项工程项目、教育部人文社科研究攻关项目、教育部人文社科研究基地重大项目和境外合作项目等9项，出版专著、合著及资料汇编近20余部，在《光明日报》《江海学刊》《民国档案》等海内外报刊发表论文多篇，获得教育部高等学校科学研究优秀成果奖（人文社会科学）等多项奖励。

承前启后　继往开来
——写在《日本远东战争罪行丛书》第三辑出版之际

时光如白驹过隙，距离《日本远东战争罪行丛书》第一辑出版快十年了。丛书第一辑新书发布会的场景还历历在目。2015年12月4日，在中国社科院近代史所学术报告厅，数十位著名学者济济一堂，对于丛书第一辑的出版给予了高度评价。

该系列丛书先后获得了国家“十二五”“十三五”“十四五”国家重点出版物规划项目，以及中宣部、新闻出版总署一百种抗战经典读物、国家重点主题出版物、国家出版基金等各项荣誉近十项。张宪文先生评价该丛书为“从全球视角揭露日本战争罪行的典范之作”。中国日本史学会荣誉会长汤重南先生评价该丛书：“聚焦不同国家、不同身份、不同遭遇的个人或者群体身上，比如劳工、战俘、‘慰安妇’，甚至被奴役者的家属等，让日本远东战争罪行的全貌越来越清晰地呈现在世人面前。”

丛书甫一诞生，就得到了众多抗战史名家的厚爱。丛书第一辑邀请了张宪文先生和中国抗战史学会原会长、中国社科院近代史所所长步平研究员撰写总序。第二辑邀请了张宪文先生和汤重南先生撰写总序。第三辑几乎沿用了第二辑的总序——两位泰斗又与时俱进地将总序进行了修订。

宪文先生是我亲爱的祖师爷，也是季我努学社的荣誉社长，在季我努学社的发展过程中，他对我的指导和鞭策非常多，可谓耳提面命、指导有加。他作为丛书总顾问，对于《日本远东战争罪行丛书》一直非常重视，丛书的组稿始终贯穿着宪文先生关于亚洲·太平洋战争的学术思想——宪文先生一直认为中国战场是亚洲·太平洋战场的一部分，丛书应该将日本战争罪行的研究越出中国大陆的范畴，更多地着眼于日本在二战期间制造的在中国大陆以外的战争暴行——包括日军在亚洲·太平洋地区对于东南亚国家和西方国家的战俘和平民的战争暴行的研究。相对于国内学者主要搞的日军侵华战争暴行研究，基于“亚洲·太平洋战争史观”的《日本远东战争罪行丛书》从更加宽广的层面响应了习近平总书记“从全球史视角整理抗战史料”的伟大号召。

在这一点上，我和宪文老师的看法一致，我也认为中国的抗日战争，应该放到亚洲·太平洋战争的历史框架当中去。所以我按照宪文老师的指导思想遴选的都是名家名作——每一本书都记录了日军在二战期间制造的战争暴行。丛书中的很多图书具有填补国内学术空白的价值，出版后受到很多国内主流媒体的关注，得到了大量的报道。

有些书甚至在国内出版后，在国际上产生了一定的影响力——中国媒体和国外媒体去采访相关暴行的受害者，以及相关专著的作者。比如，揭露日本征发白种人妇女充当“慰安妇”的《被折断的花朵：八个荷兰“慰安妇”的伤痛回忆》在国内出版后，除《环球时报》等国内权威媒体刊发大篇幅文章外，还在荷兰国内产生了较大反响。很多荷兰媒体，以及中国驻荷兰的媒体纷纷去采访本书的作者和译者——《人民日报》欧洲版专门采访了本书日文版译者、荷兰莱顿大学村冈崇光教授，采写的大幅报道发表在2015年8月24日的《人民日报》欧洲版上。

宪文老师对丛书的关心，不单表现在丛书遴选图书的指导原则上，他对于丛书的翻译质量也非常强调，乃至入选书目的国内版序言，他都要提出具体的指导意见——如专家写得比较短，他就要求专家增加篇幅。

由于丛书选题的重要学术价值，抗战史学界和日本史学界、国际关系史、军事史学界的诸多著名学者给予了高度肯定和大力支持。诸如中国日本史学会荣誉会长、中国社科院世界史所研究员汤重南先生，中国抗战史学会原会长、中国社科院近代史研究所所长步平研究员，华东师范大学历史系王斯德教授，大连民族大学原副校长关捷教授，北京大学历史系王晓秋教授，中国社科院近代史所荣维木研究员，中国第二历史档案馆原馆长马振犊研究员，重庆市委宣传部副部长、西南大学中国抗战大后方历史文化研究中心主任周勇教授，河北师范大学原党委书记戴建兵教授，四川旅游学院校长王川教授，南京师范大学副校长张连红教授，西南大学党委副书记潘洵教授，中山大学国际关系学院院长庞中英教授，上海师范大学人文学院院长苏智良教授，上海交通大学东京审判研究中心主任程兆奇教授，浙江大学蒋介石与近代中国研究中心主任陈红民教授，北京师范大学历史学院院长张皓教授，《军事历史研究》杂志主编、南京政治学院历史系宗成康教授，军事科学院《军事历史》杂志主编刘向东研究员，国防大学战略研究所所长孟祥青教授，南京大学历史学院李玉教授，上海交通大学国际关系与公共事务学院翟新教授，日本长崎县立大学国际社会学院祁建民教授，中国人民大学历史学院杨雨青教授等数十位著名学者，为丛书撰写了精彩的总序、序言和推荐语。还有很多著名学者，请恕我不一一列举了。

日本远东战争罪行丛书自2015年出版以来，十年时间一晃而过，丛书由第一辑的五卷本，随着持续出版，变得越来越厚重。然而揭露日本战争罪行的历史责任，对于季我努学社的译者和重庆出版社的编辑们来说，从未懈怠。现在丛书已经进入成熟阶段，书目的积累，包括未来准备翻译的名家名作的积累，已经达到相当厚重的程度。季我努学社在众多名家的指导下，在众多伙伴们的共同努力下，发展为一个优秀的以青年学者为主的学术翻译团队。我们从翻译日语和英语，现在已经发展为可以翻译英、日、法、德、意、俄、西、葡、希等语种的军事历史翻译团队。

我们的学术蓝图也越来越清晰，目前主要将学术视野放在中共党史和抗日战争史上，进一步细分，可以说是三大板块：长征史、中共抗战史及亚洲·太平洋战争中日本战争暴行研究。中共抗战史又被细分为五大板块：东北义勇军与东北抗联、八路军、新四军、华南抗日游击队、中共对日情报战。我们的核心工作，仍然是甘当史学界的铺路石——持续地为国内学界提供新鲜的海外大型史料，以及译介国外关于以上三大板块的外文专著、回忆录等。不过，未来我们将强化学术研究工作，争取在以上三大板块上推出研究性丛书。

在季我努学社学术目标的实现上，重庆出版社提供了巨大助力——学社的很多重要学术成果都在重庆社推出，初步统计学社与重庆社携手合作，获得的国家级出版荣誉就已接近20项，而在这些沉甸甸的荣誉中，通过《日本远东战争罪行丛书》获得的国家级荣誉超过了半数。我要衷心感谢重庆出版社原董事长罗小卫、原党委书记陈兴芜、原副总经理陈建军，以及现在担任重庆出版社党委书记、董事长、总编辑的郭宜编审及徐宪江副总编辑，以及重庆出版社北京公司原总编辑、重庆出版社社科分社现任社长的秦琥老师，与重庆出版社北京公司现任总编辑连果老师。我也要感谢从第一辑开始，就为丛书付出巨大心力的众多编辑老师们——他们是陈丽、李翔、何彦彦、马巧玲、高芳芳、刘霜等老师，第三辑的顺利出版，张铁成主任出力最多！

郭宜书记是郭汝瑰将军的亲孙，我研究民国特工史，恰巧对郭汝瑰将军很熟悉，因此与他认识很多年，可谓情谊甚笃，合作愉快——“十三五”国家重点图书出版规划项目和国家出版基金资助项目《联合国欧洲办事处图书馆馆藏中国禁毒问题档案·第一辑》已经顺利精装出版。徐宪江副总编和我共同策划了《日本远东战争罪行丛书》，他待人真诚，是一个非常优秀的编辑，我见证了他一步一步由北京公司部门主任走上了出版社副总编的领导岗位。我相信在他们的坚强领导下，《日本远东战争罪行丛书》一定可以取得更大的学术和出版成就！

十年光阴，转瞬即逝。学社的很多伙伴，已经从意气风发的青年学者，成长为成熟稳重的教授、博导。季我努学社也由小到大，拥有了众多的伙伴。学社在《日本远东战争罪行丛书》的规划上，希望逐步涵盖东京审判庭审记录上面所提及的日本在广大亚洲·太平洋占领区的所有著名战争暴行——力争每一种著名战争暴行，都能够找寻到权威厚重的学术专著并翻译出版。此外，我们将倡导并支持国内学者开展对中国以外地区日本战争暴行的研究——推出研究性丛书，并将其纳入《日本远东战争罪行丛书》——未来我们也将热烈欢迎扎实厚重的日本在华战争暴行原创性著作加入丛书。

这篇出版说明，算是对前三辑的一个总结，我之所以起“承前启后 继往开来”这么一个标题，有两个意思。一是希望我们未来的丛书，能够“承前启后 继往开来”，拿出更加扎实的研究成果奉献给学界；二是对学社的伙伴和朋友们说的，希望年轻学者可以继承前辈学者的学术风范，在抗战史研究及日本战争罪行研究上“承前启后 继往开来”。年轻学者应该奋发进取，推出推陈出新的研究成果，以回报前辈学者的指导和支持。

很多年轻学者已经成长起来，走到了抗战史研究的前台。所以我在第三辑当中，邀请了诸如中国传媒大学广告学院院长赵新利教授，浙江大学中国近现代史研究所所长肖如平教授，山东大学新闻传播学院俞凡教授，山西大学中国社会史研究中心主任张俊峰教授，外交学院英语系主任冉继军教授，南京大学文学院暨学衡研究院刘超教授，武汉大学历史学院王萌教授，西安邮电大学马克思主义学院院长袁文伟教授，广西民族大学东南亚语言文化学院覃秀红院长，杭州师范大学人文学院周东华教授，山东师范大学历史文化学院杨蕾教授，广西大学外国语学院彭程教授，南京医科大学医学史研究中心主任李沛霖教授，燕山大学马克思主义学院包巍教授，北华大学东亚历史与文献研究中心赵文铎教授，重庆抗战遗址博物馆钱锋副馆长，南京大学中华民国史研究中心吕晶副主任，华南师范大学华南抗战研究中心吴佩军研究员，四川师范大学外国语学院佘振华副院长，山西大学国家革命文物协同研究中心刘伟国副主任，《中华儿女》报刊社采编中心任华南总监等青年学者中的翘楚，来撰写序言和推荐语。

请青年学者走到前台来，并不意味着完全由青年学者独挑大梁，相反，丛书更需要前辈学者的指导和支持。所以在第三辑当中，我还邀请了北京师范大学历史学院院长张皓教授、山东大学历史文化学院徐畅教授、安徽大学历史系武菁教授、重庆大学新闻学院副院长张瑾教授、辽宁大学历史学院院长王铁军教授、长春师范大学历史文化学院张晓刚教授、河北师范大学历史文化学院张同乐教授、香港中文大学化学系刘志锋教授、重庆大学档案馆馆长杨艳研究馆员、洛阳师范学院历史文化学院原院长湛贵成教授、侵华日军第七三一部队罪证陈列馆金成民馆长撰写序言和推荐语。

感谢各位老师对丛书的鼎力支持！丛书的顺利出版，最要感谢的就是辛勤的译者老师们。从第一辑开始，以我为主任的翻译委员会的各位成员们，就如辛勤的小蜜蜂一样，对书的内容进行了精心的翻译。以日本学习院大学张煜博士、复旦大学李越博士、洛阳外国语学院李学华博士、澳门科技大学叶龙博士为首的翻译团队——他们都是在国内高校、科研院所任教的优秀青年学者，他们对于丛书翻译的贡献功不可没。从第三辑开始，为进一步提高翻译质量，我又特别邀请了张晓刚、湛贵成、刘超、彭程、吕晶老师对五本书的全文进行了逐字逐句的审校。《日本远东战争罪行丛书》的翻译质量一直受到学界肯定，我们将继续保持这一优良传统。

最后，我想专门缅怀一下对丛书的进展始终保持高度关注，并对我个人指导、提携有加的三位著名学者。他们是汤重南、步平、荣维木先生。

汤先生对季我努学社非常支持，对我个人可谓关怀备至——汤先生始终关怀着丛书的出版工作，对于书目的遴选，提出过非常具体的指导性意见，甚至还帮忙找过译者。汤先生入院前，我请他和杨天石、马勇、雷颐等先生在朝内南小街的徽商故里聚会——当时汤先生还精神矍铄，神采奕奕，说自己可能肾出了一点儿毛病，需要入院治疗一下。没想到汤先生入院后，身体一直没有恢复，后来由于感染新冠肺炎突然故去。他的逝世是中国抗战史学界、日本史学界的巨大损失，每当怀念起汤先生和蔼可亲的音容笑貌，以及对我个人春风化雨的关怀，我一直悲痛不已。我想从书第三辑的顺利出版，也是对汤先生的一种告慰。

汤先生跟我可以说是忘年交，他对于季我努学社整理抗战史料的工作一直非常肯定和支持。对我而言，让我心理上感到一丝安慰的是，我算是遂了汤先生想回重庆看看的夙愿。汤先生出生在重庆，所以才叫“重南”，但是他出生后就一直没有回过重庆。2021年6月，我与郭宜书记、钱锋老师在重大举办“联合国欧洲办事处图书馆馆藏中国禁毒问题档案整理与研究”学术研讨会——钱锋老师是分卷主编之一。我特别邀请汤先生莅临。会议结束后，我又特别请钱锋兄安排年轻教师，专门陪同汤先生去歌乐山下寻找他当年居住的老房子——可惜重庆发展日新月异，当年的老房子已经变成了繁华的高楼大厦。汤先生后来说，长大后，一直想回重庆看看，但由于工作繁忙一直没有机会，此次研讨会，算是遂了心愿了——汤先生是日本史、抗战史大家，作为国家对日外交的重要智囊、日本史学会的灵魂人物，实在是太忙了。

步平、荣维木老师对我及学社的成长支持力度非常大。

最初认识步老师是我在南京师范大学读历史学本科的时候，连红老师邀请步老师给我们作报告。步老师大家风范令我折服，讲座结束后，我还向步老师请教了一个抗战史的问题。步老师一点儿架子也没有，耐心地回答。当时我备受鼓舞。我硕士毕业后，到新华社解放军分社工作。由于在北京，便有了更多接触步老师的机会。步老师与我硕导连红老师有深厚情谊，因此步老师对我指导、关照有加。他见我始终没有放弃对于历史学的追寻，非常鼓励和支持，多次拨冗为我这个名不见经传的青年人的新书撰写序言、总序。《日本远东战争罪行丛书》第一辑的总序，就是步老师亲笔撰写的。我至今还记得，并将永远铭记。步老师对我个人的教诲：从事抗战史研究，要保持冷峻，不要太感情化。

荣维木老师对于我个人的成长可谓是鼎力支持。他一直是古道热肠，对于我在抗战史料的整理与研究上给予了非常多的指导。我曾经请荣老师到多个城市参与“季我努沙龙”的公共讲演。每次讲座结束聚餐的时候，荣老师总是豪爽地说：“国平，整点儿白的。”丛书第一辑专家研讨会非常盛大，荣老师一个人主持完全场。得知荣老师生病后，我立即去医院看他，那个时候肿瘤已经从肝部转移到脑部，但他充满乐观，情绪饱满，还跟我谈抗战史应该关注的新领域。等我第二次去医院看望他时，老人家已经到了弥留之际，我恳求医生许久，才被许可去见他一面。当时荣老师已经不能说话，他看着我，不能说话。我眼泪止不住地往下流，也说不出话来，被医生劝告不许哭，我放下一点儿心意，就被推出病房外。

时常想起三位敬爱的师长，不免热泪盈眶，每年清明，我都专门给他们烧点儿纸，表示怀念和敬意！

衷心地祝愿所有参与《日本远东战争罪行丛书》翻译、指导、编辑工作的名家、译者和编辑老师们身体健康，请大家多多保重！也请读者朋友和方家们对丛书多提宝贵意见，不足之处，多多指正，多多包容！

季我努学社社长
《日本远东战争罪行丛书》主编
四川师范大学革命文献研究院执行院长、教授
范国平
2025年5月10日